建築Library 12

# 住まいを語る

## ——体験記述による日本住居現代史

鈴木 成文

編集——建築思潮研究所
発行——建築資料研究社

装幀——向井一貞

# 目次

## まえがき

本書には二つの狙いがある。一つは日本住居の現代史を記述し、かつ現代住居の性格を明らかにしようということ、もう一つは住居研究において体験記述という方法を体系化し普及させようということである。

第一の日本住居現代史は、前著『住まいを読む―現代日本住居論』（建築ライブラリー5、建築資料研究社刊、1999年）の姉妹編とも言うべき関係にある。前著では現代の日本住居の種々相、即ち農村住宅・漁村住宅・町家・地方住宅・都市住宅・集合住宅等を取り上げ、それぞれの生い立ちと性格と問題点を叙述し、さらに現代の動向を考察した。いわば日本現代住居を広く俯瞰したものと言えよう。一方、本書では、住まいの実態と住様式の変遷に視点を当て、さまざまな住居の体験を通して生活と空間の対応関係、そして住居そのものの変容の過程を叙述し、これを通じて日本の住空間の特質を論じた。いわば住居を内面から仔細に見つめたものと言ってよかろう。前著と本書を併読するならば、日本現代住居を広くかつ深く理解することが出来よう。

第二の狙いの体験記述は、住居研究の方法に関する試みでありまた提示である。日本の住居研究は、住み方調査という方法を通じて著しく発達したことは広く知られている。とくに京大西山夘三氏により取組まれ、東大吉武研究室・鈴木研究室に受け継がれて組織的に発展し、公営・公団住宅等の計画にも適用され、更に各大学の建築計画系研究者間で広く行われて今日の住居研究の活況につながっている。しかしこういった「調査」は、他人の家の生活を調べるのであるからどうしても限界がある。長年に亙る変遷や、成長に応じた変化や、更にその時々に住み手の考えたこと感じたことまでを聞き出すことは困難である。その点、居住者自身の体験はこれらに肉薄することが出来る。そこで我々の研究組織であるハウジング　スタディ　グループでは、先ず研究者自らの居住体験を記述することを試み、その多くの事例を時代別・住居種別に分類整理して並べてみた。これは丁度、戦前の１９３０年代から始まり、主に戦後50年間の住居の移り変わりを正に記述する日本住居現代史となったのである。

尤も、住居体験の記述はやはり西山夘三氏が『住み方の記』で既に試みておられるが、我々のはこれを集団でかつ住居種別に整理し、組織的に住居現代史として叙述したところに特色があると言ってよかろう。なお、この体験記述は、その後研究メンバーの各大学の学生たちにより続けられて広まり、今や２０００例を超す事例が蓄積されている。これは正に現代住居のさまざまな階層、さまざまな地域の貴重な記録である。

この体験記述には、記述者のもつ視点が重要である。単なる生活描写以上に、その生活の時代性、社会性、そしてその住居空間の特質を映す眼が大切な働きをする。本書では、紙数の制約もあって我々ハウジング　スタディ　グループのメンバー自身の記述を主とし、研究に参加した大学院生（当時）の記述は2編を入れるにとどめた。

本書『住まいを語る』が、前著『住まいを読む』と並んで、日本現代住居の特質の理解の良き手引きとなることを期待する。

２００1年7月　鈴木　成文

# Ⅰ篇　現代日本住居の特質

# 1　現代住居史へのアプローチ

## 1　日本の住まいの劇的な変化

ほんの一代、二代前、父の代、祖父の代には、いわゆる日本風の家に住んでいた。それはおおむね畳ばかりの家で、椅子やソファは応接間と称する一室に限られていた。座敷はむやみに子供が足を踏み入れる場ではなかったし、家の中の空間には格の序列があった。こんなことを今の学生に話しても、どこか遠い世界のこととしか思わないだろう。それがつい数十年前の日本の住まいの姿だった。住居とは変るものだ。

大きく変化したのは第二次大戦後、そしてとくに高度成長期を通じてである。しかしその前の時期、戦時中から戦後にかけての約十年間、民間の住宅建設がほとんど停滞を余儀なくされたことが、その後の変化を準備したともいえる。敗戦はまず人々の観念の転換を強いた。日本が戦争に負けたのは古い観念のせいだと言わんばかりに、封建的家父長制的な思想を捨てろ、家族個人個人の権利を尊重せよといった論調が盛んであった。

法制度の改革がそれに伴った。明治以来の民法で規定された「家」の制度が廃され、戸主の概念は否定され、夫婦と子供といったいわゆる核家族が主体となった。

家族の構成そのものも、戦後の十年間に劇的ともいえる変化を遂げた。戦地からまた外地から帰国して新しい家庭を営んだ男女から、第一次のベビーブームが起こる。この異常に膨れた人口構成のゆがみはいわゆる団塊の世代を形成し、住居のみならず社会のさまざまな面に強い影響を与えることになる。

経済の変動もまたそれに劣らず大きな影響を住居に与えた。敗戦直後のあらゆる生産活動が停止した状態から、石炭・鉄鋼への傾斜生産、そして急激なインフレによる貨幣価値の暴落により、戦前には都市では一般的住居形態であった借家の経営は完全に破綻し、人々は小さいながら自分で家を建てることを余儀なくされ、小住宅建設のブームとなる。

より大きな経済・社会変動は、産業構造の変化である。戦前の農業主体の構造から工業主体へ、さらに続いては第三次産業主体へと移行転換した。その発端となったのは、１９５２～５４年の朝鮮動乱である。米軍の後方基地として機能した日本は、戦後の疲弊した産業ににわかに灯がともり、あまり素性のよくない軍需生産を核として工業が起こり、そして高度経済成長へと移行する。人口の急激な都市集中が起こる。零細アパートの蔓延、戸建て住宅の郊外スプロール、公営・公団住宅の大量建設、大団地・ニュータウン建設が相次ぎ、さらには民間住宅産業も勃興して、住居を巡る社会情勢は大きく変化した。

さらに忘れてならないのは、日本を占領していた米軍の影響と、アメリカからの激しい文化攻勢である。初めて見る総天然色映画、米軍キャンプから普及したジャズ、ブロンディーの新聞漫画に見るアメリカの家庭生活、これらはアメリカ生活への憧憬を掻き立て、住居・住生活の洋風化への大きな力となった。

こうして戦後の日本住居は劇的な変化の道を歩んだのである。

## 2　大戦後の時代区分

１９４５年の敗戦はそれ以前の時代と一線を画したのであるが、大戦後の50年間については、住居の変化にも時期的な相違が見られる。おおよそこれを四つの時期に分けて考えることができる。

・第Ⅰ期＝戦後復興期（１９４５〜１９５５）

第１期は１９４５年からほぼ10年間の「戦後復興期」である。戦争の終結と共に社会的、経済的、精神的に大きな転換があった。戦争による疲弊から産業は極度に落ち込み、住宅の建設も全く停滞したが、一方、新しい時代の到来、戦前の古い考えを捨てて生活を新しくしようとする意識のみは旺盛になった時期でもあった。戦後復興の歩みの一つとして公共住宅の建設が開始されたのが先づ特徴的な出来事であり、新しい住様式の開拓を目指して研究面でも意欲的に取り組まれた。一方、戦前の都市では一般的であった借家建設は貨幣価値の急落から全くストップし、人々は自ら住宅を建てなければならなかった。

　この様な状況を反映して都市では低建設費の持家小住宅建設が行われ始め、建築関係雑誌にはそれらの紹介やコンペなども頻繁に登場している。その設計には若い建築家のタッチする機会も多く、いわゆるモダンリビング的な斬新な住様式も現れて住宅に対する真摯な追求が行われた。しかしこれらは都市を中心とする一部の動きであり、地方や農村では戦前からの伝統と慣習が強く尾を引いていた。農地開放による一般農家の経済的上昇はあったが、住居に対する意識はむしろ戦前の上の階層の住居に対するあこがれがあったと思われる。

・第２期＝高度成長期（１９５５〜１９７３）

朝鮮戦争（１９５２〜５４）を契機として、戦後の日本経済は工業化を軸に回復に向かう。これと同時に激しい人口の都市集中、農業離脱と工業化、そして大都市周辺部の住宅地開発とニュータウン建設が開始された。日本住宅公団が設立されたのが１９５５年であり、標準化による大量建設が指向され、住宅関連部品の量産化も積極的に推進された。部品化のみならず住宅そのものの量産工業化構法開発も公団が先鞭をつけたが、これに触発されて民間産業も住宅建設に参入し始めたのが１９６０年代である。戸建て建売り住宅、分譲集合住宅（いわゆるマンション）、プレハブ住宅等が登場し、次第に住宅建設の中に大きな比率を占めるように成長した。

都市における活発な建設に呼応して、地方都市、農村部においても住宅建設が開始された。富裕になった農村経済を背景にして、戦前に比べ規模も拡大し、新しい様式もとり入れられて農村風景を大幅に変化させたのである。この時期の建設は、量産化に伴う画一化・均質化が次第に目立ち始める。都市住宅では公共も民間も量的拡大に追われて形態や景観を真剣に考える暇もなかったというのが実態であろう。一方地方都市や農漁村においても、新しい都会風ということが一つの目標像とされ、地域に根差した型を考えるゆとりがなかったと言えよう。より立派な住居へのあこがれから、入母屋造の屋根が流行しはじめたのも１９７０年代あたりからである。

・第３期＝低成長期（１９７３〜１９９０）

１９７３年のいわゆるオイルショックを契機として高度成長の経済にもストップがかけられ、同時に成長期には極端に押し進められた住宅の均質化・画一化についての反省も加えられた。公共住宅においても地域性・伝統性・個別性が叫ばれ、公営住宅の新しい波となって各地の意欲的な自治体に及んだ。しかし一方、住宅建設における経済的な制約もまた厳しく、いかにして低コストに効率よく建設するかという問題も大きくかかわって来ている。民間建設の集合住宅では間口を極度に切りつめた平面形が次第に一般化する傾向をもち、一つの型を形成している。高度成長期には「庭つき一戸建て持家」が一つの目標像とされたが、地価の高騰から立地が次第に遠隔地化したことから、再び都市内マンションへの回帰の傾向も見られる。戸建て住宅建設も、以前のように大工・工務店との相談による形は減少し、住宅産業の供給する商品化住宅を購入するという形が次第に一般化し、住み手と作り手の親密な関係は薄れつつある。

このような傾向は農漁村部にも波及している。地域の結束のある農漁村にあっては、住宅の建替え・新築においてもその集落や地域との関係を重視して建てるのが旧来の慣習であったが、プレハブ住宅などの進出によりその地域の様式とは遊離したものが建設されて風景を乱す例が多く見られるばかりでなく、その閉鎖的な形態が生活の上でも地域社会との連携を絶った形のものが見られている。

・第4期（１９９０～現在）

現在が住宅建設の面で第4期と区分されうるものかどうか定かでないが、日本社会全体が経済面では極度に落ち込んで低迷している。これはモノつくりに狂奔した高度成長期から、ほぼ満ち足りたモノの世界において、次のいわゆるソフト産業への転換に遅れをとったこととも関係あろうし、地球規模での環境問題に直面してモノつくりの世界が大きく変換を迫られている状況とも対応している。

住宅面でも新たな需要は乏しく、むしろストックの保全へと向かう傾向である。中に新しい徴候のいくつかが現れているが、これが大きな流れになるまでには育っていない。例えば低成長期に現われたコーポラティブ住宅などは一つの新しい住宅建設の形態であり、運動として地道に続けられ、実現例も数多く見られる様になった。また、土地を定期借地権とするスケルトン型定期借地権住宅（通称「つくば方式マンション」）なども、より一般的な都市住宅として普及のきざしがある。

１９５５年に阪神・淡路地域を襲った大震災は、その後の復興に新たな可能性を生み出すのではないかとの期待を抱かせたが、残念ながらその潮流は見出されていない。但し共同的生活を組み込んだコレクティブハウジングなどの新たな居住形式の実現を見たし、さらにグループハウジングなどの事例も数多く出現している。一方では単身居住・都心居住の増加、都心と地方との複数居住など、従来の家族型や慣習に縛られない新しい居住形態も生れており、今後はますます多様化するであろうと予測される。

## 3　体験記述による住居研究

住居研究には、これまで、観察調査、住み方調査が行われ大きな成果を収めて来た。１９２０年代から始められた日本の民家研究には、各地を巡っての観察調査が今和次郎氏らにより継続的に行われ、その住居の実態が記述され紹介された。

住み方調査は１９３０年代から西山夘三氏によって組織的に取り組まれ、庶民住宅の生活実態が詳細に調べられて平面計画の基礎として有効に機能した。その後戦後には多くの研究者によって各種の住宅に対して精力的に取り組まれたが、とくに東大吉武研究室による研究は公共住宅設計の基礎として活用され、その後住宅公団の標準設計等にも住み方調査研究は多用された。

住み方調査が住居研究ならびに住宅設計に大きな力を発揮したことは事実であるが、それにも一つの超え難い限界がある。調査対象となる他人の住まいに対して面接又は回答紙を通じてその生活実態を訊ね、あるいは観察や家具調査を通じて実態を採取するわけであるから、明白な生活行為の現象については資料を得ることができるが、生活に関わる心理的な事象や、時間的変化、季節変化、あるいは年月を経ての変化などまでを詳細に調べることは困難である。

本書で用いた研究方法は、住まいの体験記述である。住み手自身が、その記憶を辿って住まいのさまざまな側面について記述する。これは単に生活の今日の姿の現象的紹介にとどまらず、過去から今日までの住み方の変化、季節による変化、ある特別な現象や思い出の記憶、さらにはその時どきに考えたこと、思ったこと、感じたことなどにまで亘って、即ち住まいの時代的、心理的側面までを生々しく記録することが可能である。

この体験記述も実は西山夘三氏によって試みられ、自らの住まいの遍歴を『住み方の記』という著作として公にしている。その後、平井聖氏、みねぎしやすお氏その他による同種の研究や著述もある。本書の基礎となった研究は、筆者らの研究仲間ハウジングスタディグループによって、１９８７年以降これを組織的に行なったものである。

体験記述による方法にも大きな弱点がある。一つは、その対象とする住居が記述者のものに限られ、自由に対象を選択するわけに行かない点である。またその記述者の記述能力や個人的な性格に依存せざるを得ない点である。

今回の研究では、まずわれわれ研究グループの参加者自身の体験記述からとりかかった。研究メンバーは十数人であり、各自は既にいくつかの住居を移り住んでいる場合が多いから、ここで既に40件を超える住居例が得られた。これによってこの方法についてのおおよその可能性が確かめられたので、その後さらに各大学のゼミなどを通じて、大学院生や学部学生にも記述を促したところ皆大いに喜んでこれに参加し、数年の間にたちどころに千を超える事例を得ることができた。

これらの事例は、場所も時代もそれぞれ異なっているから、直ちに同列に並べて論ずるわけには行かない。しかしこれらを適切に位置づけて編成するならば、正に第二次大戦後50年間の日本の住居の歴史を語るものとなる。そしてこの手法が明確に位置づけられ公表されるならば、今後さらに多くの追随者たちによって記録が作成されることも期待できる。これは住居現代史として貴重な資料となるであろう。

なお、記述作成に当たっては、その住居の平面図がほぼ正確に復原作成できることを条件とした。そして我々建築を学んだ者（学生も含め）にとっては、複雑な大きな住宅であっても意外に作成できるものであることも確かめられている。そして文章による記述についても、書いてみるとあとからあとからさまざまなシーンが思い出されて豊富になる。学生たちもこれに興味をもって取り組むことができた所以である。

問題は集められた数多くの記述資料を適切に位置づけることであろう。ここに示したのは、我々の討論にもとづく現代住居史の観方、その解釈である。

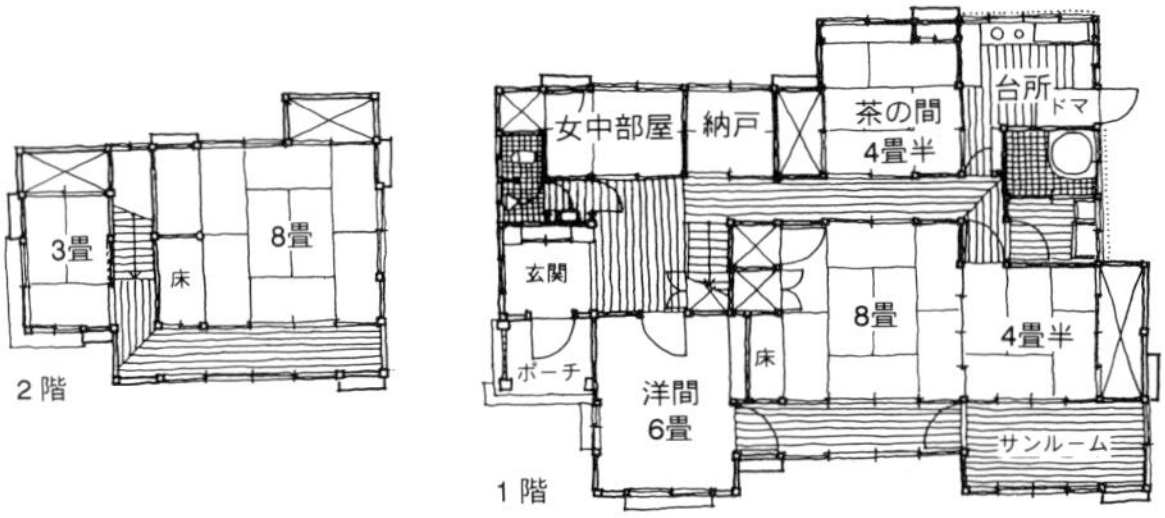


●図１−１　中廊下型住宅例（南甲子園阪神建売分譲住宅／１９３５年）

# 2　現代住居の型

## 1　住居の型

住居は絶えず変化する。その変化の様相を的確にとらえてみようというのが本書の主題である。

変化は一様ではない。ある社会条件の中で一つの姿に定着して、変化はごくゆるやかな時期があるかと思えば、激しく移り変る時期がある。その定着した姿を「型」とよぶ。「型」は同時期に一つではなく、地域・階層その他の条件に応じていくつかの「型」が並存する。そして社会条件の変化によってその型も次第に変化を強いられ、遂には崩壊して変容し、やがて次第に定着して次の新たな型を生む。このように、住居の変容は「型」の崩壊と生成の過程として見ることができる。

日本の住居は、近世までは人々の身分・階層に対応して明瞭な型が存在した。武家住宅、町家、長屋、農家などがそれである。近代以降、洋風化の波が押し寄せたがなお変化はゆるやかであり、町家、長屋、農家はそれぞれゆるやかに変化しつつもその型を保っていた。身分を失った武士たちの住宅は都市の俸給生活者の住まいである中流住宅として命脈を保ち、１９２０年代あたりから中廊下が発生して「中廊下型」は戦前の中流都市住宅の典型的な型として定着していた。

「型」は、ひとたび成立するとそれはなかなか崩れにくいものである。持続の力がある。逆に言えば、崩れにくい定着した姿を型と称するのである。しかし環境条件の大きな変化

●図1―2　中廊下型ダイアグラム

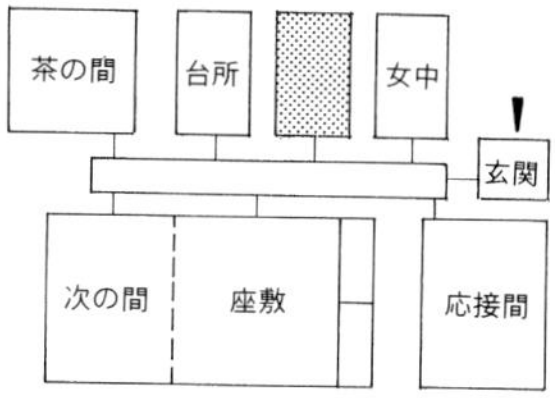


●図1―3　住居の型を変化させる力

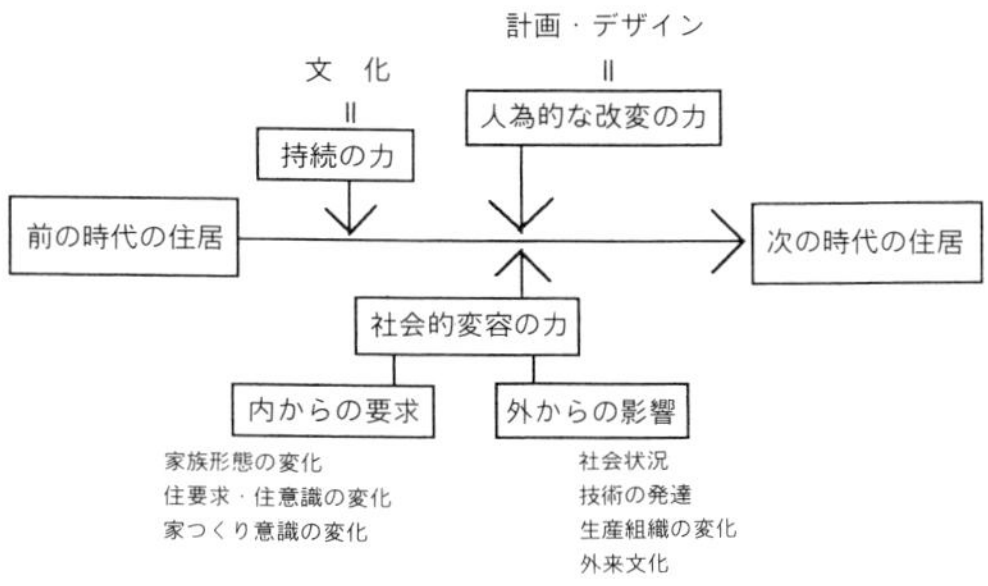


によってそれは崩れて変化を生む。

急激な変化の起こったのは第二次大戦後、とくに高度経済成長期である。その変容の要因はこの書の冒頭に列挙した。

変容を呼ぶ環境条件の変化には、外部から加わるものと内部から発するものがある。外からの影響とは、例えば経済変動や都市化などの社会状況の変化、技術の発達にもとづく構造・構法の進歩や設備の近代化などがあるが、更には外来文化との接触・流入なども型を崩し変容を招く要因となる。

一方、内からの要求変化も型の変容を強いる。例えば核家族化、少子化、高齢化などの家族形態の変化はその例であるし、更には住要求・住意識の変化も変容の要因となる。

このような外と内からの条件変化に加えて、もう一つ変容の要因を挙げる必要がある。それは、人為的な変革である。建築家や都市計画家による提案、あるいは行政的・政策的な力の場合もあろうし、更には居住者自身によって意識的に住居を改変する場合もあろう。これら人為的な改変は、外と内からの影響による自然の流れを、人間の意志によってより好ましい方向に変えて行こうとするものであり、これを計画の力と称することができる。

## 2　現代住居の三つの型

戦前からの型が激しくゆさぶられたのは、戦後期、とくに高度経済成長期である。そして今日、ある種の型らしいものが見えて来ている。これは社会の条件の変化との対応の中で自然に発生し定着してきたと見られるものであり、その社会条件のゆがみをそのまま形

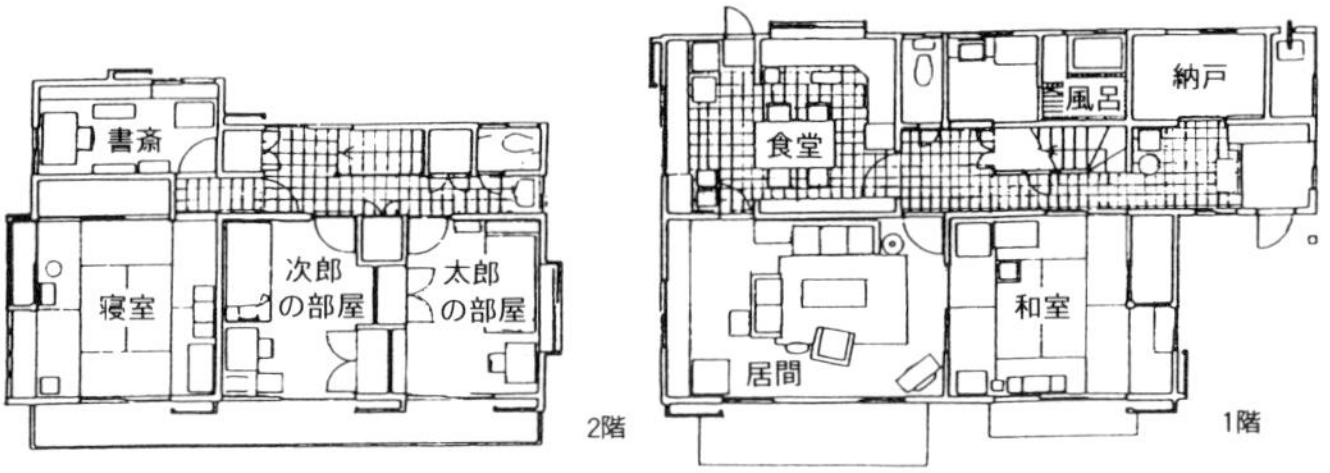


●図1－4　都市ＬＤＫ型住宅例（川崎市／1975年）

に表しているようにも見られる。抽出されたのは以下に挙げる三つの型である。

① 都市ＬＤＫ型
② 集合住宅型
③ 地方続き間型

なお他にもさまざまな動きは見られるが、まだ型として定着するまでには至っていない。

・都市ＬＤＫ型

「都市ＬＤＫ型」は、大都市圏の新築戸建住宅に典型的に見られる型であり、とくに建売り住宅等住宅メーカーによるものに一般的であるが、大工・工務店による注文住宅にも今や広く蔓延している。

高度経済成長期の都市家族は、国家や社会の繁栄よりも個人の自由を尊重し、その獲得目標を家庭生活の物資消費の中に象徴的に展開した。このマイホーム主義の中身は、企業に献身する勤勉な社員の主人と、教育ママの主婦、それにテストに追われる子供で構成され、主人のいない団らんや部屋に籠る子供の生活を当たり前として受けとめる生活スタイルが展開した。

オイルショック以降、住宅は量から質の時代へ転換したと言われる。これは住宅を供給する立場から期待値をこめて状況をとらえ直したものであるには違いないが、結果は、官・民を問わず、供給側が住宅の質を追求するのでなく、多くのメニューを用意して住み手の要求に対応するという状況を生み出したに過ぎない。産業はターゲットを絞って住宅のイメージをつくり上げ、あるいは住み手に対する多くの誘導を行った。とは言え、もう

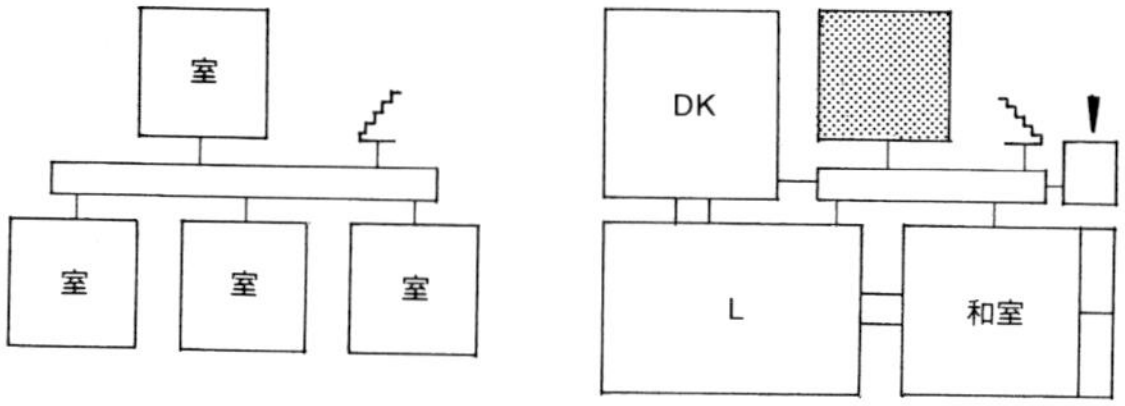


●図1－5　都市ＬＤＫ型ダイアグラム

一方では常に市場原理が貫かれていた。一見、多様性・選択性を標榜するが、その実は住宅の決定の多くを買い手（住み手）に委ねたのである。

このような状況の中で、大都市圏の新築戸建住宅は、生活との対応を無視して「ｎＬＤＫ」とひとまとめに呼称される曖昧なものへと動き、やがて低成長期を迎え、この「都市ＬＤＫ型」へと収斂して行ったのである。

「都市ＬＤＫ型」の形態的特徴は次のように整理される。

① 概ね二階建て。一階が食事・団らん・接客などの家族共用の生活部分となり、二階は個室となる。

② 食事はダイニングキッチン形式（ＤＫ）が多いが、居間の一隅に食事の場を設ける例もあり、規模の大きい住宅では独立の食事室を設ける例もある。食事はイス坐が多い。

③ 洋風の居間（Ｌ）をもつ。ＬとＤとＫが空間的に連続し、これが平面の主要部分を構成することから、「ＬＤＫ型」と名付けられた。

④ 和室を少なくとも一室もつ。これは床の間付きの整った座敷の形式をとり、概ね玄関の近くに位置し、かつ洋風居間と開放的につながる例が多い。

⑤ 主要室は南面し、水まわり等サービス部分が北側に位置する。

⑥ 二階の個室群はそれぞれ壁によって仕切られる。

⑦ 廊下および階段によって各室が結ばれ、各室は動線的に独立性がある。

間取りの細部においては、ＤＫ形式かＬの中にＤが入るかあるいはＤが独立するか、和室とＬがつながるか区切られるか、二階個室が全部洋室か和室が含まれるか（一般に主寝室と想定される部屋のみ和室という例が多い）、など若干のちがいが見られる。さらに近年の建売り住宅では、玄関に二階までの吹抜け空間を設ける、屋根裏収納（または屋根裏部屋）を設ける、などの付加的工夫も見られるようになった。

### ・集合住宅型

現代の集合住宅の住戸プランは、間口が狭く奥行きの深い一つの型に収斂している。この特定のプランを「集合住宅型」と名付けることにするが、これに至った経緯を略述する。集合住宅は、戦後、まず公営住宅により先導されたが、木造に代る不燃・積層の公共の集合住宅を実現する為にはいかに建設費の安いコンパクトなプランが可能かに努力が注がれた。次いで１９５１年度の公営住宅標準設計51C型は、住様式の合理的な組立てにより以後のプランのモデルとなったが、これは食事室兼用の台所を設け（後にダイニングキッチン（ＤＫ）とよばれるもの）、二つの居室の間に壁を設けて隔離を図るものであった。この際、ＤＫにつながる開放的な居室と、独立性ある居室とを設け、後者は夫婦寝室を想定したものであったが、現実の生活では子供部屋を優先する風潮の中で、独立室を子供に与え夫婦はＤＫに続く開放的な室で就寝する形が一般化した。

１９５５年の日本住宅公団設立とともに２ＤＫというプランの呼称も生まれ、また経済成長と共に住戸規模も少しずつ増加し、３Ｋ、３ＤＫ、さらに３ＬＤＫが登場した。３ＤＫは住戸規模拡大を単に１室付加によって対応したものである。また当時家庭経済の伸びと共にソファ・ピアノ等の所有が顕著になり自然に居間らしき空間が形成されつつあった傾向に対応して３ＬＤＫがつくられたのであるが、これらは基本的には２ＤＫの延長線上

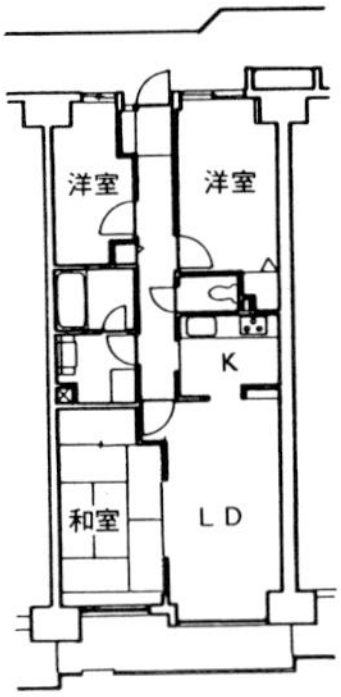


●図１−６　集合住宅型例（住宅・都市整備公団／１９９０年）

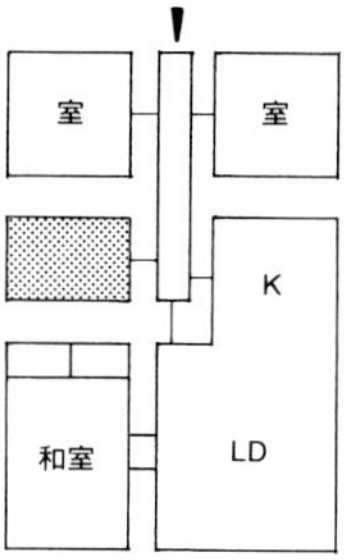


●図1-7　集合住宅型ダイアグラム

にあり、Lがつくられた後もその狭さをカバーするように和室がLにつなげて計画された。そして現代の都市住宅で「リビングに続く和室」としてごく一般的なものとなり、住戸面積が2倍以上になった今日でさえ夫婦寝室としてこの開放的な和室を使用する例が多く見られるのである。

１９６０年代に入ると民間による分譲集合住宅（いわゆるマンション）も登場し、市場経済に左右されて波をつくりながら、ブームの到来と共にその都度購入層や住戸規模・価格や建設地域を変えて対応して展開した。

民間マンションでは、高騰した地価に対応して販売価格を抑えるために、住戸間口を極度に切りつめ奥行を深くするプランが一般化した。間口は通常5・5ないし6・5m程度に抑えられ、従って奥行きは十数mに及ぶ。このウナギの寝床のプランの中に、70年代前半までは縦に2室つづきの和室を設け奥の部屋は外気に面さない事例や、採光のない中央部がＬＤＫになる事例などが登場し、形式の模索が続いた。

70年代後半に至ってようやくある一定のプラン形式が生まれて広く普及し、80年代に入ってこれが定着し逆に画一化する。公共住宅も80年代に入ってからは規模が拡大し、これに伴ってプランも多様な展開を見せたが、やはり経済性の圧力から大勢は民間マンションが収束していった平面形を踏襲する方向へと動いている。その平面形の特徴を挙げれば以下のとおりである。

① 間口が狭く奥行が深い。

② 水まわり部分を住戸中央部に置き、居室部分が南と北に分断される。

③ 南側に洋室の居間（L）を置き、これに続いてしばしば和室が設けられる。Lと和

室は開放的に連続する。

④　北側には個室と玄関が設けられる。南側の居間は玄関から短い縦の廊下で結ばれる。

⑤　片廊下型高層住宅の場合は、北側に設けられる共用通路に面して面格子付きの個室の窓と玄関のスチールドアのみが面し、極めて閉鎖的な様相を呈する場合が多い。

　このようなプランの形成は、居室には採光・通風を必要とするという当然ともいえる条件に、計画者・設計者もようやく従おうとする意識が生まれたからであるが、買い手の需要もそれを支えた。またこれを実現するには、台所・浴室など水まわり部分を建物の内部に置いて給排気を設備に依存することが技術的に可能になった結果でもある。

　以上がプランの特徴であるが、その住み方もたいへん似通う。その様に住むことを強制されるプランであると言うこともできる。即ち北側個室を子供室とし、夫婦はLに続く和室に就寝する。Lには必ずイス坐のダイニングテーブルが置かれて食事、団らん、接客に用いられるが、客との食事にはLに続く和室が使われる場合も多い。

　なお、住戸プランのみならず建物としての形式もきわめて特異な傾向を示している。間口狭小住戸を密度高く詰め込むという要請を最優先にした結果、中層・高層を問わず片廊下型住棟が一般化する。エレベータを多数の住戸で共用するという要求もこの型の形成の根拠となっており、欧米に一般的な1フロア2ないし3戸でエレベータを共用するというタイプはきわめて少ない。そしてこの片廊下はおおむね住戸の北側に設けられるが、居室の採光通風をこの通路を介してとるという必要から、外気にさらされた開放廊下になる。

　こうして、寒々とした一直線の共用通路に面して閉鎖的な鉄のドアと面格子つきの窓が並ぶという、日本的なマンション・集合住宅の姿が一般化したのである。

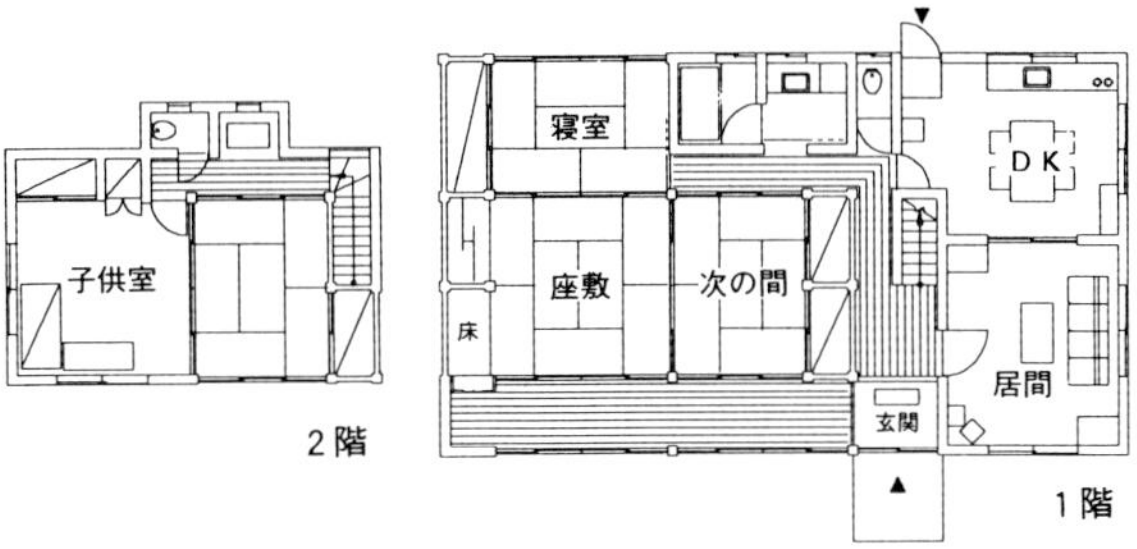


●図1－8　地方続き間型例（宮城）

・地方続き間型

かつては地域ごとに独自の型があり、それが住まいの文化を示すものであったが、今日、どの地方にも共通して見られる一つの型が形成されている。標準化・画一化が地方都市や農村にまで及んだものと見ることができる。とくに続き間座敷をもつことを特徴とするところから、これを「地方続き間型」と名付けた。

伝統的民家が急速に失われ始めるのは１９６０年代に入ってからである。地方都市の環境が大きく変わり始め、周辺地域へとスプロールを始めた。

都市化や産業化が地方都市にも及んで経済活動が活発化すると、戦前から存在した都心部の併用住宅は次第に商業施設や業務施設へと改変を余儀なくされ、他方、旧市街の周辺部に工業団地や商業施設が形成されて、その周囲に新しい住宅地がつくられていく。

この新しい地方都市の住宅は、従来の町家や長屋とは異なって、むしろ農家の特徴を強く反映すると同時に、都市住宅からの影響も受けて、両者の合体とも見られる。その形態的な特徴はおおむね次のように整理される。

①　家の主要な部分に続き間の座敷をもつ。床の間をもち、南面して縁側を備えた整った形式をもつ。

②　南向きに立派な玄関をもつ。

③　玄関ホールを挟んで座敷と反対の側に居間・ＤＫなどがある。この日常生活部分は座敷とは明確に区分される。

④　規模の大きい住居の場合は玄関ホールに階段があり、二階に複数の居室が設けられ

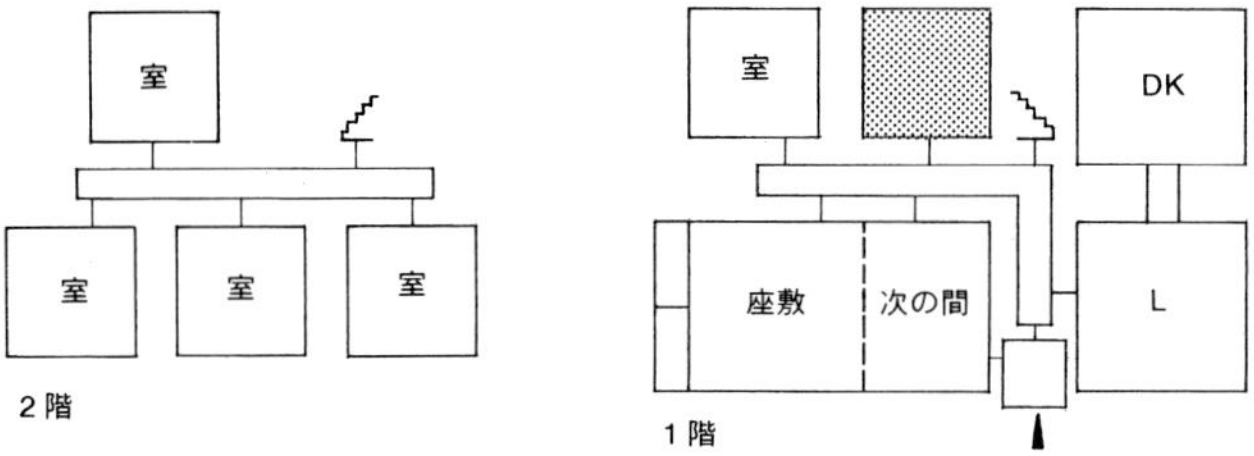


●図1－9　地方続き間型ダイアグラム

る。この居室は個室として作られる例が一般的で洋室の場合も和室の場合もある。時には二階座敷がつくられる。

⑤　外観はその地方の伝統的なつくりとは関係なく構成される。しばしば入母屋の屋根をもつ。

　このような型の成立の経緯について考察してみると、まず続き間座敷については、戦前から農家や地方住宅には広く存在していたが、それは上層階級の住居に限られていた。同時にそれは一般庶民住居から見れば一種のあこがれの対象であった。

　農地開放による一般農家の経済的上昇に伴い、住居の建替え、新築が盛んになったのが1960年代以降であるが、ここで誰もがあこがれであった続き間座敷をもつことになったのである。

　座敷、とくに続き間座敷は、人寄せのためには欠かせない空間であり、伝統的慣習の強い農村あるいは地方都市ではこれが重視される。とくに「家」を継ぐ長男の家庭など定着層世帯では、盆・正月や冠婚葬祭などの行事を営む必要からも、また家の格の表示としても欠かせないものであるが、また二・三男等の非定着層においても、その地域に住む限りこの影響を強く受けている。

　南入り玄関、およびそれによりもたらされる強い正面性は、今日の新築される農家と共通する特徴である。土間が次第に縮小退化して茶の間やDKなどになるが、入口の位置のみは変らずこれが玄関になったものと思われる。しかも、本来は存在しなかった玄関に意匠を凝らすことが一つの特徴となっている。

　一方、二階の個室部分は都市住宅からの影響の色が濃い。農家では本来は平家で二階を

●図1―10　「入母屋御殿」例（宮城）

もたなかったし、地方都市住宅では二階は座敷的な扱いが多かった。これが次第に二階をつくって間仕切をし、とくに若い層の個室的な扱いとなるのである。ただし親夫婦や老人は一階の北側の部屋に就寝する例が多い。

地方続き間型の中でとくに極端な例として「入母屋御殿」などと俗称される豪華なものがある。区画整理やダム造成などによる立ち退き移転などによって得た多額の補償金などによって新築される例が多く、派手な入母屋屋根をもつ和風豪邸である。しかもこれはその地方の伝統的民家の意匠とは関係なく、本来は都市の数寄屋の流れである入母屋を装う。全国共通のマニュアルである図面集も大工・工務店の間に広く行き渡っている。平面形式は一般の地方続き間型と同様であり、その大規模豪華版といえる。

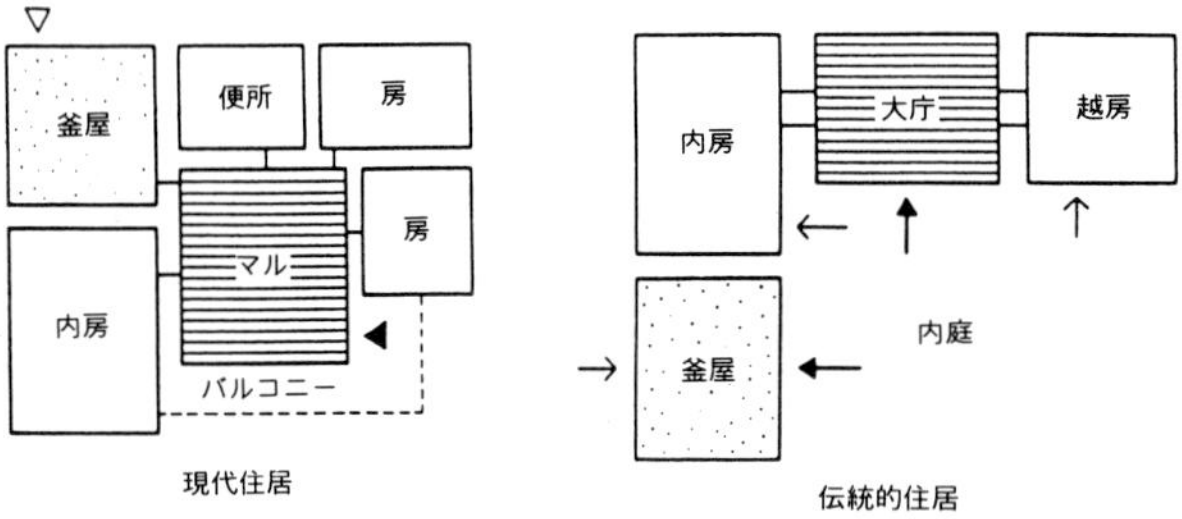


●図1−11　韓国住居のダイアグラム

# 3　現代住居の特徴に関する考察

## 1　空間の開放性・連続性と閉鎖化・個別化

・日本住居の開放性・連続性

伝統的な日本住居の空間は開放的・連続的であった。第二次大戦後の動きではこの中に間仕切壁が導入され、個室化が進行したが、なお開放・連続の流れも依然として根強い。この間の動きを考察しよう。

日本住居は、上層階級の、寝殿造から書院造、武家住宅、明治期の都市上流・中流住宅という流れを見れば、基本的な造りは開放的で、内部を軽い間仕切によって空間を分けるという手法がとられていた。庶民の住居は竪穴住居からの流れを引いて、土間を主体とし土壁で囲われた農民住居が上層階級住居からの影響を受けて座敷空間を付加しつつ、全体の構成はやはり開放的・連続的な空間構成をとり、閉鎖的空間は納戸などごく一部に限られて、それも都市化する町家などでは失われることが多かった。

このような空間のつくりは、西欧や中国のように部屋として単位空間をつくり、これを繋いで住居とする家のつくりとは著しく異なる。またごく近い隣国である韓国でも、バン(房=室)は単位の部屋として構成され、それがマル(広間)に向かって開くことはあってもバン相互を開放的に繋げることはない。

この開放的な空間構成は、高温多湿の気候風土のもたらしたものだという解釈や、豊富な木材による柱・梁の架構によりまず屋根をかけその中を分割するという構法によるものだという解釈はある。同時に、長い間に亘った封建支配により家屋のつくりは規制され、上層階級住宅では接客構えとして定型化された続き間座敷の構成がそのまま庶民にも影響を与えたという社会事情による解釈もまた可能である。

　武家住宅において間取りの骨格となる「座敷—次の間—縁—玄関」の構成は、近代の都市上流・中流住宅に受け継がれ、また農家にも影響を与えて続き間座敷を広く伝播させた。この空間に内在する「オモテ—ウチ」および「テマエ—オク」の性格、あるいは空間のヒエラルキー構造は、第二次大戦前までの日本住宅の体質に深く染みついていた。体験記述における伝統型住居の多くの事例に、その空間の性格は明らかに表現されている（伝1、伝2、伝3、伝4、伝5、近1、近2、近3など）。

・近代化・洋風化に伴う間仕切の導入

　第二次大戦後、とくに高度成長期を通じての日本住宅の大きな変化は、この開放的・連続的空間に固い間仕切が導入され、空間の閉鎖化・個別化が進行したということである。しかしそれにも拘らず、なお洋風居間（リビングルーム）と和室が開放的に繋がるなど、旧来の空間構成原理を明瞭に存続させている側面もある。

　大戦直後の約十年ほどの社会一般の気運としては、民主的・革新的なものを無条件に肯定する雰囲気があり、家族生活では家父長制的な家庭のあり方や接客本位の間取りの構成に批判の目が向けられ、個人生活の尊重、個の確立が主張された。当然、上下関係の明白な空間のヒエラルキーのある続き間座敷は、封建制の遺物として捨て去られるべきものという気運が強かったのである。

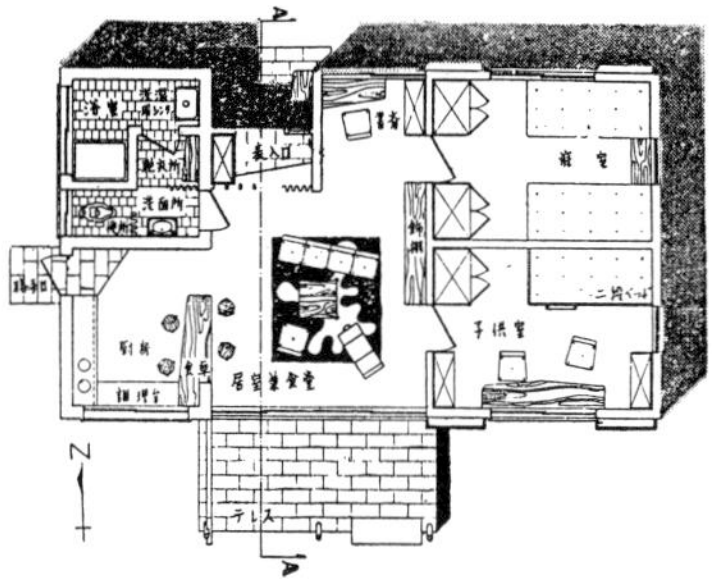


●図1−12　小住宅設計コンペ入選案（住宅金融公庫基準・懸賞設計図案と融資の手引き／1950年）

同時に、戦後日本を占領したアメリカからの文化攻勢は甚だしいものがあり、その影響から洋風のものへの憧れが社会全般を覆った。

戦後初期には、経済の疲弊から現実の住宅建設はほとんど行われなかった。しかし焦土と化した都市を復興しようという気運は広く存在し、また貨幣価値の急激な変動により借家経営は崩壊して人々は小規模ながら自らの住まいを建設する事態に追い込まれて、これらの要求と夢に応えるために住宅図集がさかんに刊行され、建築関係雑誌では繰り返し小住宅の誌上コンペが行われた。これらに登場した住宅プランは、おおむねイス坐の食事空間を中心とし個別に間仕切された個室が配されるという、いわゆるモダンリビングであった。

1952、53年の朝鮮動乱を契機として日本経済も復興に向かい、都市への人口集中が始まるに及んで住宅建設も現実のものとなる。個人小住宅の建設が始まり、また公営・公団等の公共住宅も軌道に乗る。これらはおおむね住まいを求める若い層に向けたもので、その生活様式は全般的に洋風化を指向していたのである。その特徴的な事例は体験記述に建築家の自邸のデザインとして見られるが（現1）、建売住宅や注文住宅にも形は変えつつ広く普及して行くのである（現2、現3、現5など）。

・公共住宅における間仕切の導入

より意図的・意識的な空間の分割の計画行為は、公営住宅の設計において見られた。1951年度の標準設計「51C型」は東京大学吉武研究室の原案に成るが、当時の庶民住宅住み方調査の体験を基礎にしつつ、寝室の独立性確保の意図のもとに、南北の二つの畳の

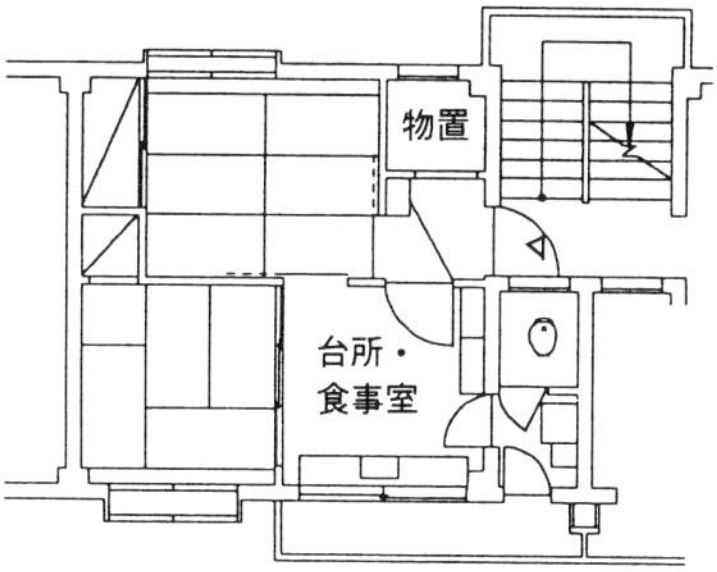


●図1—13　公営住宅標準設計51C型

居室を襖でつなぐことをせずにこの間に壁を設けて、強引ともいえる隔離を行ったのである。但し、住戸内空間が分断化されるのを避けるために、一方の居室は食事室兼用台所（DK）と襖によって開放的につなげ、空間のひろがりを確保している。

個室分割およびDKの確立は51C型を創始としこれが以後のいわゆるnLDK型普及の基になったとの説が巷間にあり、住居学の研究者間にもそう思い込んでいる者があるが、これは俗論であろう。個室化は戦後の伝統離脱の願望やアメリカの影響による洋風化指向によって当時既に存在していた空気であり、また台所で食事をするという慣習も戦前からの農家や長屋の生活では広く見られたものである。51C型はそれを意識的に適用して公共住宅の型として定立したことに意義を与えるべきであり、仮に51C型がなかったとしても、個室化や食事のイス坐化、DK化は既に避けられない傾向であったと見てよい。

ただ一方で51C型がとった1居室とDKとの開放的繋がりは、これも旧来の日本住宅で広く見られた空間の連続性を踏襲するものであるが、以後の都市LDK型や集合住宅型に見られるリビングの隣の和室の存在に尾を引いているとも考えられる。

体験記述にはこれら小規模公共アパートにおける個室とDKの生活様相が表現されている（現8、現9など）。

・続き間座敷の存続と和洋室の連続

空間の個別化動向のある一方で、新築住宅にも伝統的続き間座敷が明瞭な形で維持され、しかもますます立派に造られている。とくに地方都市および既成農村部でその傾向が顕著で、これを「地方続き間型」と名付けた。

●図1―14　洋風居間と和室の連続

ただしこの続き間座敷も、建築の様式の上では伝統から大きな崩れを見せている。本来、座敷が上等の造作、次の間がそれより一段下がるように造られるべきものが、両者とも同じ八畳の広さにつくられたり、天井や長押や襖などが同じ仕上げでつくられたりする。部屋の格式の差やヒエラルキーが失われ、生産の利便や簡便性が支配している。

都市部の「都市ＬＤＫ型」住宅では、洋風居間（リビングルーム）に隣接して和室を設ける例が一般化した。この洋風居間と和室の間はしばしば襖で仕切られ、開放的に連続する。これは居間の広がりを確保するための手段ではあろうが、居間が十分な広さをもつ場合にも同じく連続する例が多い（現4、現5など）。

本来、イス坐の居間とユカ坐の和室とは建築デザイン的にも使用家具・道具の点でもまた起座様式の点でも著しい違いがあるが、これが無造作に連続する。とくに近年はいわゆるバリアフリーの考慮から床の段差もなしに連続するのでその違和感は増幅される。しかもこれが今日の日本住宅に広く蔓延して、今やごく当り前の姿になってしまっている。

なぜこのように室が連続するのであろうか。集合住宅では居間が動線上の中心となって和室へアクセスする場合もあるが、戸建住宅では廊下が各室へ通じて動線上は独立している。いわゆる人寄せ、即ち多人数の客の集まることは、現代では特殊な層を除きほとんど稀になってしまったが、なおそれへの心の底での記憶、あるいは空間の融通性に対する期待感などが根底にあるのであろう。その裏には、日本人に古くから培われた独得の空間心理が存在するのではあるまいか。すなわち、単に広さを求めることだけでなく、部屋を繋げて見通すことから得られる空間の重層性に対する思い入れが、習性として存在するように思われる。

そしてこの和洋二つの性格の異なる空間は、来客の場合などには襖を閉じてそれぞれ独立の部屋としても使えることが利点とされる。しかしこのような間仕切は物理的にはまことに頼りない不完全なもので、空間の独立性を得るとは言い難い。それにも拘らずこれを利点とすることの裏には、やはり日本的住居観、すなわちプライバシーよりも互に気配を感ずることを好む感性、あるいは襖を立てることによって仕切られたと認める約束ごとの慣習が、今日にもなお生きていることを示すものであろう。

## 2　和室・洋室、ユカ坐・イス坐の葛藤と同化

### ・導入期の洋間・イス坐

畳が近世・近代の日本住居を特徴づけるものであることは異論あるまいが、第二次大戦以降の日本住居現代史における大きな変化は、この畳を主体としたユカ坐の生活様式に対して、洋間の空間、イス坐の生活様式が導入され、しかもこれが住居の中心ともいうべき居間・食事室の形を大きく変えたという現象である。しかしなお一方、地方住宅では茶の間や和室の居間の存在する例が多いし、都市住宅でも洋風居間とは別に和室をもつものが一般である。またさらに洋風居間においても、ソファを整えながらカーペットを敷きユカ坐の生活を併用したり、冬にはこたつを持ち込む例がはなはだ多く、むしろこの生活スタイルが一般的でさえある。このような和室と洋室の対立・葛藤・同化の様相は、現代日本住宅の最も興味深い現象である。

畳敷き主体の日本住宅に洋風・イス坐が持ち込まれたのは近代以降であり、明治期には

●図1−15　和風住宅に洋風応接間の付いた例（堀口捨巳設計　小出邸1925年　江戸東京たてもの園）

上流住宅において和風邸宅に付属して洋館が建てられた。大正期には住宅改良会・生活改善同盟会などの活動により洋風・椅子式生活の普及が推進されたが、一般に広く普及することはなかった。むしろ昭和初期の一般中流住宅に普及したのは和風住宅の玄関脇に1室だけ洋風応接間を設ける形式で、これが郊外中流住宅の典型となった（近3、など）。

イス坐は役所・学校など社会生活では明治期から一般化したため、家庭でも戦前は子供の勉強机として持ち込まれ、これを畳の上に置くのが多く見られる風景であったが、椅子式テーブルでの食事は上層住宅に限られていた。農家の土間はイス坐も見られたが、それは作業の合間に限られ、食事はユカ坐のダイドコロあるいは茶の間でという観念が支配していた。

・第二次大戦後の洋風化・イス坐化

第二次大戦後の変化の特徴的な点は、イス坐が食事の場や居間という家庭生活の中心部分に導入され普及した点である。当時のアメリカの文化攻勢はいちじるしく、これに基づく生活全般の洋風化指向は顕著であったが、他方では建築家の設計による誘導や、公共住宅設計を中心とする生活の近代化・合理化の動きによるところも大きい。

洋風居間をもついわゆるモダンリビング的な住居は、1950年前後から都市小住宅の設計において目立ち始め、とくに若い建築家のタッチする場合には一般的であった。これは住空間を家族共用の居間や食事室と家族成員の各個人の私室に分けて構成しようという考え方であり、また空間を生活機能に応じて性格づけようとする理念でもある。逆に言えば、用途を特定しない和室のつながりによる旧来の和風住宅の構成は、古いもの、捨て去るべきものとの観念が、とくに建築専門家の間では共有されていたといってよい。

公共住宅におけるイス坐の導入は、より意図的な行為であった。１９５１年度公営住宅標準設計「51C型」で食事室兼用台所が提案されたが、これは必ずしもイス坐を前提としたものではなかった。この時の計画の主題は食事の場を就寝の場とは別に設けることであり、坐の様式の問題が主ではなかったのである。

むしろＤＫにおけるイス坐を推進したのは１９５５年に設立された日本住宅公団であり、一部では造りつけの食卓を設けるなどまでしてモダンなイス坐生活へと誘導しようと試みた。ただし、当時の公団住宅居住者層は若い核家族が圧倒的多数を占め、生活スタイルの面でも先進的な層であったから、公団側の意図如何に拘らず直ちに食事におけるイス坐生活は定着していった。またこのＤＫ空間を清潔で親しみ易い雰囲気のものにするために、ステンレス流し台の開発は極めて効果的であった。ＤＫをもつ公団住宅は当時の若い層の憧れの対象だったのである。

ＤＫ形式は公共住宅のみでなく、一般個人住宅にも、零細アパートにも、建売住宅にも(現2、など)、さらには地方都市住宅にも農村住宅にも広く普及し、日本国中を席巻したのである。

このＤＫ、イス坐の普及は、住居における食事の場という、いわば家庭生活の中心ともいえる部分の生活スタイルの変革という意味でまことに重要である。家庭における生活様式というものは外部社会の変化に比べ概して保守的で、変化しにくいものであろう。それが１９５０年代から60年代にかけて、僅かの期間にこのように急速に変化したのは、高度成長期の経済成長・社会変化と不可分の現象である。家庭経済の伸展もさることながら、

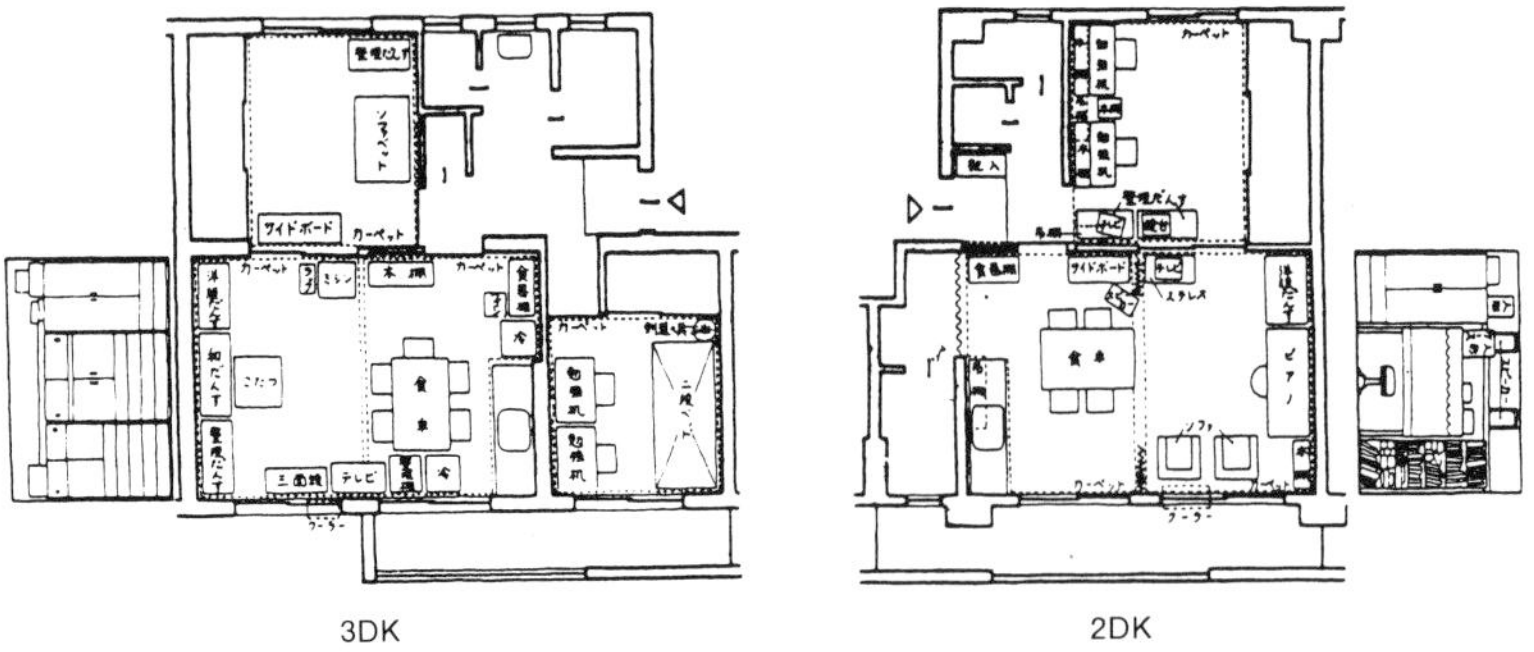


●図1−16　初期公団住宅の住み方例（1975年調査）

人口の急激な都市集中により故郷の親元を離れ伝統や慣習とも切り離された層の存在によって促進されたと見ることができる。

ＤＫの普及と同時に、それを追って洋風居間いわゆるリビングルームが普及した。そしてこれは、建築的な形態よりも先にイス坐の洋風家具の導入という生活現象の方が先行したようにも見うけられる。公団住宅などでは、ＤＫに連なる六畳の和室にソファ・飾り棚、あるいはピアノ・オーディオ機器などが置かれ、これが居間を形成した。３Ｋ、３ＤＫのみならず、２ＤＫの和室にもソファやピアノが持ちこまれる例は決して少なくなかったのである。体験記述にもその例は多く見られる。しかもこの居間がしばしば夫婦寝室を兼ね、ソファやピアノの脇に布団を敷く。このような生活上の無理をおかしてまで洋風家具を導入することには、やはりその生活スタイルへの強い憧れが存在していたと考えるべきであろう。夫婦寝室の独立性よりは洋風リビングルームの形成の方が優先したのであり、このような生活の動向が、次第に建築的な洋風居間、リビングルームの形成へと向かわせたのである。

このような生活スタイルへの憧れの発生・伝播の裏には、それを誘発するメディアの存在が大きく関与していたと見るべきであろう。戦後初期から60年代あたりまではアメリカ映画などの大攻勢があったし、高度成長期の60・70年代には、テレビの普及に伴いいわゆるホームドラマなどの影響が大きく、地方都市や片田舎にまでその生活スタイルは具体的な像として入り込んだのである。

・ユカ坐生活の根強い存続

＊「順応型住宅の研究Ｉ」（住宅建築研究所報No.１、１９７４）、「同II」（No.２、１９７５）

このような洋風化の動向に対し、他方ではユカ坐生活が根強く存続する。

公営住宅のＤＫでは、１９７０年前後の調査＊で見ると、ＤＫで食事をする例が大多数でありながらその大半はユカ坐のちゃぶ台又はこたつ台の使用であった。より先進的な生活スタイルをもつ公団住宅においてさえ、この調査で見る限り、ＤＫでのイス坐食事が大多数を占めながら、なお20％以上の世帯は和室で食事が行われていたのである。

地方都市においても、住宅の改造や新築の際にＤＫが広く普及したが、そのＤＫが必ずしも食事に使われていたとは限らない。地方・地域により大きな差があるが、たまたま調査した例（１９８０年代末）では、岐阜県益田郡萩原町ではほとんど全例がＤＫでイス坐の食事が行われていたのに対し、群馬県前橋市近在、岩手県東盤井郡、宮城県仙台市近在などの例では、ＤＫが立派に造られながら使われず、これに続く和室のチャノマで食事がとられていた。ユカ坐の慣習の根強さと同時に、食事・だんらん・近隣交際等のすべてをまかなうチャノマの伝統の強さをも示すものであろう。

食事におけるユカ坐形式の残存傾向がとくに地方住宅において著しいのは当然と思われるが、都市住宅でも決して小さくない。公共集合住宅の多くの調査（１９６０～80年代）では、ユカ坐食事がおおむね20～30％程度の率を示している。これは、次第に減少しつつある部分の残存を示すというよりは、強固に存続する住様式を示すものと見るのが妥当であろう。

・洋風居間におけるソファの定型化とユカ坐化

洋風居間についても場面は異なるが同様の状況が見られる。洋風居間（リビングルーム）

●図1―17　フロアーリビングの例
（出典／『さらばＬＤＫ』、住環境研究所）

そのものはＤＫに続いて全国的に普及し、とくに都市の建売住宅ではほとんど１００％に近い。そこにはおおむね洋風家具、即ちソファやテーブルが入るのだが、そのしつらえは型にはまったものが多い。会社や事務所の応接室然としたセット家具が購入され、家庭の生活空間としての自由な雰囲気や個性的なしつらえは乏しいのである（現２、現５、現６、など）。

考えてみればこれは無理もない。居住者の大部分は、その住宅で初めてリビングルームなるものを持つのであり、住宅新築・取得と同時に初めて家具を購入する例も多い。親の代から受け継いだ安楽椅子などはなく、いきおい、セットで買い求めることしか考えないのである。デパートや家具店もそれを勧める。住宅の居間というものは、それぞれの家庭の生活スタイルに応じて自由に構成するものだという観念が定着するにはさらに長い年月を要するのであろう。

尤も、ソファセットが置かれてもそこでの生活がイス坐であるとは限らない。近年におけるカーペットの普及にも助けられて、ソファを下り床に直接坐る生活を混用する例はごく一般的である（現１、現10、現14、など）。洋間にこたつを使用する例もまたきわめて多い（現14、など）。洋風居間での生活スタイルは日本ではなおはなはだ流動的である。

さらに、リビング雑誌などに紹介宣伝される新しい生活スタイルとして、床面に近い低いソファやクッションを使うモダンな坐様式も次第に広まる傾向がある。ここでは今やイス坐とユカ坐の融合が見られ始めている。

・ＬＤＫ型住宅における和室の存続

洋風居間（リビングルーム）が一般化しながら、その居間に隣接して和室を設けることは、都市ＬＤＫ型でも集合住宅型でも一般化している。洋風化した住宅の中にも一つは日本的な部屋を残しておこうという意識は強いのである。

とくに近年は、和風というものが日常生活からは切り離された存在になってしまったために、却ってあらたまった気分の場として意識され、家の中でもいちばん上等の部屋となり、玄関の近くに置かれて客間となる。ちょうど戦前の中流住宅に洋風応接間が一室設けられ上等の部屋とされたのと似て、その和洋が逆転しているのである。しかもこの和室が専用客室として奉られることなく、居間の延長として日常的にも利用されるのが特徴的である。この和室と洋室の唐突なぶつかり合いは、既に見慣れた存在になっているとは言え、デザイン的には必ずしも美しいものではない。しかし個人・家族・社会の関係の境界を明確には設定せずあいまいに吸収しようとする、きわめて日本的な解決法ではあろう。計画的な仕掛けというよりも、自然に生まれて広く一般に支持されている型として象徴的なものである。

日本の現代住宅にこれほどまでに強く畳が存続するには、高温多湿の気候風土といった自然条件に基づく機能的要因よりも、むしろ幼いときからその環境に身を置いたことによる心理的な刷り込み、身体的な記憶に基づくものと解釈すべきであろう。住居以外の社会生活でも、例えば旅館やそば屋・すし屋・居酒屋などで畳の間が広く存在していることも、住居の畳の存続を支持している。畳に対する好みは明らかに年齢層によって差があり高年齢層ほど高く若い層で低いことは調査によって示されている（奈良女子大今井範子氏らによる）。洋風主体の住居に育った層では畳ばなれも見られ、和室の存続は世代交代を契機に

●図1－18　飾り立てられた床の間

して変化していくであろう。しかし、これらの調査が示すものは、若い層においてもなおかなりの比率の人が和室を支持しているという事実である。

和室の将来として、扇田信氏は晴れ着的な存在になるだろうと述べているが、果たしてそうだろうか。また洋間がユカ坐に近づいて新しい傾向を見せているように、和室にも新しい生活スタイルが生まれるだろうか。およそ坐の様式に関しては、和室においてはイス坐との融合は考えにくい。畳も戦後初期には単なる床仕上げの一種として扱われて和室であることが忘れられたこともあったが、近年は再び和風のデザインを意識したものとして認識されている。

ただし、その和室における生活が、近年は伝統的作法を失いつつある。床の間や棚にやたらに人形やら置き物やら土産ものやらを飾り立てる傾向があるし、大工や工務店も和室の作法に無知なものが多くなった。とくに洋間と和室のぶつかり合いについてはほとんど考慮が払われてない。

日本住宅の洋間は、その名前にも拘らず明らかに西欧の伝統や慣習とは異なるものであるから、日本独自のスタイルとして発達することも望ましいが、一方、和室については、それを残す以上は、伝統を踏まえた上でその新しいあり方を追求すべきであろう。

## 3　個室化と居間の性格

・空間の機能分化の理念の導入

戦前までの日本住宅は、座敷を中心とした「オモテ」の空間と、茶の間を核とした「ウチ」の空間という大きな性格づけはあったが、個々の部屋の用途はその時期の家族の構成に応じて決められ、特定個人との一対一の対応関係は稀薄であった。「子供室」「老人室」などの名称が平面図に記載され始めたのは１９３０年代あたりからであるが、それも建築家が設計した住宅など、ごく一部に限られ、大多数の住宅は、一定の様式に従った間取りを家族という集団が通過していくものであった。

第二時大戦後の大きな変化は、住生活の機能に応じて各室の用途が特定され空間が機能分化したこと、また家族構成員の各々に対し私室が与えられるようになったことである。住空間を、家族全体の共用する居間や食事室と、各個人の私室に分化して構成するという考え方が普及した。これを空間の「公私分化」などと表現されるが、実は「公」でなく「共」であろう。しかしこの理念が、現実の生活の上でも十分に実現されているかどうか、疑問もある。

空間の機能分化、あるいは公私分化の理念は、既に大正末期の生活改善運動などの時代から唱えられていたものではあるが、社会的に普及したのは１９５０年代のモダンリビングの設計、あるいは公共住宅の計画を契機として登場したものであろう。当時なお一般的であった日本住宅における畳の続き間的構成は非近代的なものと見なされ、生活の合理化のためには行為に対応した空間が与えられるべきだとする理念が台頭した。それは当時の社会的風潮として、戦前からの家父長制的な慣習を捨て、個人の生活を尊重すべきだという思想を背景とすると同時に、圧倒的な力で押し寄せていたアメリカ文化の攻勢による、生活様式の洋風化の流れにも対応するものであったのである。

このようにして、戸建住宅では個室を設けること、公共集合住宅でも「51C型」以来、居室相互間の隔離ということが平面計画の重要な柱とされるに至ったが、これは歴史的に見れば、社会の大きな流れに乗ったものであると同時に、計画者・設計者側による意識的なデザイン行為がこれを促進推進したものであったと捉えることができる。

### ・私室確保の意味するもの

私室の確保は、成長期の子供にとって個性の確立に何らかの役割を果たすであろうことは当然予想されるが、一方、個性確立と個人領域確保が単純に結びつけられて同一視される誤りもなしとしない。

確かに、思春期の若者にとって自分個人の空間を占有することへのあこがれや希いは強く、体験記述事例にもその端的な心情はしばしば表現される。

しかし戦前の続き間的な住居においては、かなり大規模な家でも今日的な意味での私室をもつものは稀であった。一応子供に部屋が与えられている場合も、それは必ずしも当初から個室として作られたものではなく、寝る部屋とは離れて子供たちの共用の勉強部屋であったり、あるいは座敷や次の間や納戸を一時的に使用し、成長の過程に応じて子供が順次そこを通過して行くという性質のものであった（近2、近3）。

さらにより小規模の住宅の事例では、子供たちは続き間の一室に就寝し勉強などもそこで行われるが、特別の部屋を与えられるわけではない（近5、近6）。それにも拘らずプライバシーについて思い悩んだ様子は見られず、いわば当たり前のこととして捉えられていた。兄弟や家族と空間を共用することに慣れていたのだといえよう。「個室・寝室が確立していない家で十代を過ごしたからといって、独立心が不足していたり親への依存心が強かったりしたとはとても思えません」との体験も語られている（近5）。逆に、このような環境に慣れてしまった生活では、大学に入って初めて寮の個室に入ったとき、かえって身の置きどころの無いような感じで何にも集中できず落ちつかなかったという体験すらある（伝1の著者のその後の体験記述による（略））。

たしかに現代では、都市の高密化から戸建住宅は二階建が一般化してその二階が個室化し、それは農村住宅にも及んでいる。また集合住宅では高密化・間口狭小化の結果、個室分離型のプランが一般化している。しかしそれは建築の構成上、意図せずに出来上ったかの感もある。またその個室の利用は、長子から順に与えられるのが通常であるが、個人の自立的領域という意味よりは勉強部屋の確保という機能的な意味が強く、したがって受験期の子供に優先的に与えられて、長子が首尾よくここを通過すると次の受験の子に譲られるという例も見られる。

家族構成上、子供の数が少なくなったことが子供室の形成を助け、今やほとんど一人一室が一般的になった。部屋は個人の専有物とされ、その子供が独立して家を出た場合にもそのままの状態で残されている例も少なくない（現6、など）。建物の構造上も融通性ある空間の使い方を妨げているのである。

少年期・青年期に、他人に侵されない領域を専有し自由に振舞うことは重要であろう。しかし一方、その結果、家族との接触が乏しくなることは問題とされてよい。とくに日本では親による躾ないしは家庭教育が個人の自立を促すという慣習の育たないままに、徒に空間の分化のみが先行した嫌いがある。戸建住宅の都市ＬＤＫ型では二階個室が一階の居間とは完全に隔離され、集合住宅においても北側個室が水まわりを挟んで南側の居間とは分離されるのが一般的である。個室のドアも閉鎖性が強い。テレビ・パソコン・携帯電話等の所有がこの生活の隔離に拍車をかける。この結果、個室は他人との協調や共同の慣習を育てないのではないかとの懸念も出はじめ、雑誌や新聞を賑わわせる結果となる。

　個室の隔離性・閉鎖性を、どの様な形にすべきかは、家庭教育の問題であると同時に住居計画の問題として今後の大きな課題である。

・居間の形成とその意味

　私室の形成は、一方で家族共用の居間の形成と対応して初めて住居が形を成す筈である。このように、住空間を、個人の空間と家族共同の空間という図式でとらえようとする考えは、西欧的な住居の居間の概念を前提にしている。これに対し日本住居の現代史において、居間はどのような形で形成されて来たか。

　明治後期から次第に「茶の間」が形成され、これが戦前の都市中流住宅における家族の集まりの場であった（伝2、伝3、伝4、伝5、近2、など）。戦後には１９５０年代からＤＫが登場し、これが公共住宅やモダンリビングから始まって一般戸建住宅や農家にまで普及した。やがて高度経済成長期を迎え、住居規模の拡大と共に家庭用耐久消費材や家具の量も漸次増加した。ソファやテレビなども導入されて生活の洋風化も進展する。そして60年代、70年代以降は、都市住宅では洋風居間をもつことが一般化し、さらにこれが地方住宅や農家にまで普及したのである。

　この洋風居間が、家族の集まり部屋としての性格をもったであろうか。これまでの多くの住み方調査で見ると、たしかにソファやテレビあるいはピアノや飾り棚が置かれ、カーペットが敷かれ、室内はしつらえられるが、それは洋間という空間のしつらえが先行して、家族共用の集まり部屋としての生活の形成が伴っていない例が多く見うけられる。

体験事例から見ると、いかにも家族の集まり部屋らしい生活の描写のある例もあるが（現1、現6）、むしろ個人の私的生活である勉強や読書や着替や身づくろいに至るまで全ての行為がここに持ち込まれる例がはなはだ多いのである（現4、現5、現11、など）。

欧米の住居との基本的な違いは、欧米では居間が「個」の空間のソトにあるのに対して、日本では居間もウチの空間としてあるということであろう。ヨーロッパでの中流住宅の躾では個人が勝手気ままに振舞えるのは私室の中のみであり、居間は家族集団の公の場として、さらに外部社会に開いた空間として意識される。

一方、戦前までの日本では、住居の中で公と私という領域の観念は乏しく、オモテとウチという領域観念が支配していた。対社会の領域として座敷を中心としたオモテと、家族の日常生活の場として茶の間を核としたウチとに二分されていた。そしてオモテは主人に属し、ウチは主婦ならびに子供たちに属していたといってよかろう。

ところが戦後は、このような住居が接客本位だ、封建的観念の反映だと批判され、同時に戦後の貧困が足かせとなって、オモテすなわち座敷が否定され、住居はウチだけで構成されるようになってしまった。「家」の観念の喪失や旧来の礼法の衰退などの生活面の変化も、オモテの喪失に拍車をかけた。このような状況の中にあって洋風居間の形成は、単に形だけの形成であって、それに伴うべき個人生活と家族生活の分化は育っていないというのが実態であろう。

・オモテの存続・復活

公共住宅をはじめとする集合住宅は、住戸が小規模であったためにオモテ空間を設けるゆとりもなかったのであるが、同時に、当時の生活分析にもとづく合理的計画の思考が、やや意図的に接客空間を退けたと思われる。戸建小住宅においてもほぼ同様に、戦前小住宅では一般的であった応接間を設けることは嫌われた。

しかしオモテが否定されたとはいえ実生活の上で来客や友人の来訪が無くなったわけではないから、それは居間に通された。つまり居間がオモテとウチの機能を併せもつことを強いられたのである。そこに矛盾が発生する。

１９６０年代、７０年代を通じて住居規模が拡大すると共に、オモテ空間は徐々に復活の兆しを見せる。それは洋風化した住空間における和室あるいは座敷として形づくられつつある。

より明確な形は地方住宅において見られる。農村部ではその集落生活において近隣単位の集まりの生活が存続されているので、そのための場として各家に続き間座敷が作られ保持されているのである。これらの座敷は、居間と一体として使われることはあるにせよ、おおむね家族の日常生活空間とは別の、特別の用途のための空間として意識されるものである。

・「オモテ・ウチ」概念

「オモテ・ウチ」は、戦前における日本住宅の領域概念であり、既に捨て去られたものと考えられているが、果たしてそうだろうか。今日の日本住居は結局はその概念の延長線上にあり、オモテが捨てられウチだけが残存したと見ることは出来ないだろうか。また玄関で靴を脱ぐという慣習が住居内をウチと見る観念を保持させているとも思われる。

もちろん近世住宅でも屋内では履物を脱いだが、そこにはオモテ生活が厳然と存在した。しかしそれらの公的生活が外部化され、さらに履物が靴になったり住居の造りが閉鎖化されたりするに及んで、住居内はウチという観念がますます固く定着したように思われる。その証拠に、住居内では居間や座敷を含めてシャツやパジャマ姿で居ることが一般化している。主人の着替えも二階に寝室があるにもかかわらず居間や座敷で行われる例（現5）や、核家族ではプライバシーなど必要ないという意識（現4）などが見られる。洋風居間のユカ坐や炬燵の使用なども広く見られ（現1、現10、現14、など）、そこが私的空間との差異が明瞭でなく混然としている状態を示している。

さらに都市ＬＤＫ型や集合住宅型では、夫婦寝室が独立性ある個室ではなく居間に続く和室となる例がはなはだ多い（現4、現10、現12、など）。

ウチ観念の帰結であろうと思われる現象として、部屋の用途やその部屋の使い手の頻繁な変更の行われる例が多い。住居全体を一つの空間と見なしている結果であろう。戦前の型の住居ではこれはむしろ当然のこととされ、それぞれの部屋に固定的な機能は与えず、家族の成長の各時期の要求に合わせて各室を適宜に割りふって使用したものである。いわば、家族集団がその家を通過していくのであった（近2、近3、など）。

都市ＬＤＫ型になって各室の用途や使い手を想定して作られるようになったが、その想定通りに使われる例（現5、現6）がある反面、使い方の変更の多い例もある（現4、など）。しかもそれが単に子供の成長に応じた入れ替えにとどまらず、夫婦寝室や居間に続く和室の用途までを含めた融通性ある使い方がなされるのである。

このような空間の融通性は、考えようによっては日本住宅の特色の一つであろう。幼児期は広々と、青年期は仕切りたいというのは一般的な要求であるから、それを可能にする何らかの転用性・融通性の仕掛けのあることは、住居として望ましいこととも考えられるのである。

各個人の私的空間と家族の共同空間という西欧的な領域概念と、オモテ・ウチという日本的な空間概念とは、住居空間の組み立てでは全く違った方向になる。現代の日本住宅は、理念の上では西欧的個室・居間の概念を軸として構成されながら、生活の実態も意識もその方向を向いてはいなかった。子供室のみは隔離されたが真の意味で個人の領域が確立されたわけでなく、とくに夫婦の領域は未発達であった。それは集まり部屋としての「居間」の確立が不完全であったことと対応する。そもそも不用意に、「個人の自立」を空間的な「個室の確保」に短絡させたことが軽率だったとも考えられる。

むしろ日本人の感情に根ざした「オモテ・ウチ」概念を大事にしながらその発展を図ることが、より積極的な解決につながるとも考えられる。徒に閉鎖的な個室を設けるよりも、家族が一体となった住居空間のあり方を再考する必要がある。私室と居間の適切な関係づけ、家族の成長変化に応じて使い方を変更しうる柔軟性、互いに気配を感じうる空間構成、そしてそれを前提とした生活態度を養うことが必要なのである。

## 4　柔軟性と規定性

・柔軟性の意味

かつての日本住居が備えていた特徴のうち、近代化の中で切り捨てようとしてきたものの一つは、住空間の柔軟性であろう。第二次大戦後の住居の近代化は、各室の機能を明確に特定して、それにふさわしい空間を与えることを目標とした。一方、柔軟性とはこれに反して、各室の機能や間仕切りが固定的でなく、空間による規定が緩やかな住居のあり様を指すのである。

この柔軟性は、時間的な変化への対応をしやすくする。子供の成長や結婚に応じて使用する部屋を替えることや、あるいは季節ごとの変化、年中行事や冠婚葬祭の時のしつらえなども、柔軟な住空間は容易に対応する。このような住み方変化は、部屋の用途を状況に応じて変える住み方であり、住空間を主体的に住みこなしていると捉えることができよう。さらにこの柔軟性は、機能の重なりへの柔軟性でもある。空間の用途を規定することによってこぼれ落ちがちな、連続的・複合的な生活行動や、曖昧で中間的な生活行動を受けとめる。

また、閉じていても互いの気配を感じられる住空間は、家族の一体感を醸成しやすい。そればかりでなく、子を育て、老人を介護するといった家族の機能を果たしやすい、見守り見守られるための条件の備わった住空間であるといえよう。

・現代型住宅における柔軟性

一方、日本の住宅の近代化は、以上のような意味をもつ柔軟性を結果的には否定しつつ進行したといえよう。生活機能に対してよりよく適応する空間を求めて空間を機能分化したのである。これは同時に、生活スタイルの洋風化と共に進行した。ソファやピアノやステレオを置けばそこは居間として特定されるし、ベッドや机を置けばそこは個室となる。家具の増加は必然的に空間の機能分化を促進し、またこれは生活に対する規定性を強めたといってよい。

このような動向の下に、現代住宅ではまず家族の集まる居間・食事室と個人の私生活を容れる個室を明確に分離した。戸建て住宅の都市ＬＤＫ型ではこれを一階と二階に、集合住宅型では水まわりを挟んでこれを南と北に隔離して設けた。

しかし、生活そのものは流動的であり時間的に変化するものであるから、完全に規定することはできない。ある時期の機能に一対一に対応するとしても、生活の変化にも対応するにはそれなりのしかけが必要となる。

変化の最も大きくかつ一般的なものは、子供の成長である。乳幼児期、小・中・高校生期では、その要求する空間は著しく異なる。個室化を促進した現代型住宅は、乳幼児期の世帯には不適合な空間となるし、また子供が成人して家を出たあとにも単なる空き部屋となっている例が多い。

子供室あるいは個室に順応性を付与し、一体的な空間を要求に従って分割して使えるようにするという提案も数多い。ただしこれは大げさな工事を伴うものよりも簡易な家具間仕切りなどによるものの方が現実的であろう。なお、このような空間の融通性は、居住者自身の生活空間に対する意識的な取り組みがあって初めてその性格を発揮できるものである。

個室空間自体の融通性とは別に、居間あるいは家族共用の空間と個室との間の融通性・

柔軟性についてはその例が乏しいし、またその実現にも困難が伴う。これは現代型住宅の間取りが、戸建て住宅では一階と二階に、集合住宅では水まわりを挟んで南と北に確然と分離されてしまっているという事情にもよる。

しかしこのような住宅においても興味深いのは、和室の存在とその性格である。都市ＬＤＫ型においても集合住宅型においても、居間に接して和室が設けられ、おおむね開放的につながる。その和室の性格は、接客のためを意識しつつも日常的には居間の延長として利用され、また主婦や主人の仕事部屋的な性格をもつ場合もあり、またしばしば夫婦寝室ともなる。すなわち多目的な曖昧な融通性ある空間として存在し、これは機能分化された現代型住宅における柔軟性への願望の結果であるとも解釈できよう。

## 5　対社会性のあり方

・接客空間について

現代日本住宅において、大戦後の半世紀の間に大きく変化したのは、接客や近隣との関係すなわち「対社会性」のあり方である。そして、この対社会性をどのように考えていくかは、今後の住居計画の最も重要な課題の一つといえる。

戦前の都市住宅では、接客を主としたオモテと家庭生活の場であるウチが空間的に分かれ、オモテが南面して住居の主要な部分を占めていた。

しかし戦後は、当時の世相を背景に、小住宅でもまた集合住宅でも接客のための空間を設けることなく、家庭生活のみを主体とした「都市ＬＤＫ型」が一般化したのである。

ＬＤＫ型では、接客の機能は「応接間」ではなく洋風居間（リビングルーム）が担い、客を家庭生活の中に迎え入れることが想定された。しかし、実際の家庭生活は外に向かって開くことを慣習づけられてなかったため、来客の際にはしばしば混乱を生ずることになる。居間は、旧来のオモテ・ウチの構成でいえばウチに属する空間であり、日常の家族の利用形態には対社会的な視点が失われているのが実態である。

近年の傾向として、ＤＫ形式でなくＫを分離して独立の台所を設ける例が多くなったが、これは客を意識してリビングルームを日常的にも整えておこうとする心の表れであるとも思われる。ただし、一般の集合住宅型においてはこのように意識されるリビングルームが玄関からいちばん遠い奥に位置し、私的空間の間を抜けてそこに到るというのは、プラン構成の基本的な弱点であり、またそれが戸外に対する閉鎖性をも生んでいるのである。

一方、近年は洋風居間に隣接して和室が設けられることが一般的で、この和室は書院座敷風の意匠がほどこされ、客間としての機能を担う場合も多いが、接客専用というわけではなく、対社会性を担う空間としてははなはだ心許ない。むしろ転用性が期待され、その機能は居間の延長であり、接客空間であり、さらにはしばしば夫婦寝室ともなるのである。もちろんこのような状況はすべて住居形態に原因があるわけでなく、むしろ接客生活そのものの変化がこれに対応している。まず、日常の気軽な接客は、伝統的住宅でも座敷は使われず、勝手口、内玄関、あるいは茶の間が使われていたが、現代では洋風居間やＤＫが充てられる。一方、いわゆる改まった接客は、現代の都市生活者の家庭では極めて少なくなっており、年中行事や通過儀礼などハレの生活は著しく衰退している。したがって住宅はそれへの対応を欠いてつくられるが、まれにではあれその必要が起こると混乱を呈するのである。代りに、他人を家に招いて行うホームパーティが起こりつつあるとの観測もあるが、現段階では必ずしも一般的傾向とまではなっていない。

結局、対社会的機能を担う空間は、今日でも相変わらず「座敷」なのである。ただし、ウチの空間を中心にして構成される今日の現代型住宅では、そこに設けられた座敷は社会性を住居内に留保するための空間であり、そのために、接客空間として広く定着している座敷の意匠が踏襲されているに過ぎない。

一方、地方の住宅を中心として続き間座敷の隆盛が見られる。この座敷の用途は、非日常の対社会的利用、とくに葬式であり、現時点では、他にこの社会性を担う空間はない。しかし、過度に派手になるその意匠は、むしろ見栄的な意味合いが強くなってきていることを示している。これは「入母屋御殿」の外観に共通するものである。そして供給側の姿勢もこれを助長している。

### ・内と外の関係、戸外に対する閉鎖化

現代住居が、住戸内のみならず戸外に対して閉鎖的になってきていることは広く日本の住居に共通する傾向であるが、とくに顕著なのは集合住宅である。集合住宅では、一般に住戸は厚い壁と鉄の扉によって固く閉ざされる。近隣との日常的な接触は住居の重要な機能の一つであるが、それが物理的に阻まれている。この閉鎖化の弊害は少なからぬものがある。

これは根本的には住戸密度の問題に帰するだろう。日本では土地の公共性が失われて投機の対象とされ、地価が異常に高騰し、土地の対する密度を高く建設することが強いられ

●図1—19　デュアルリビングのダイアグラム

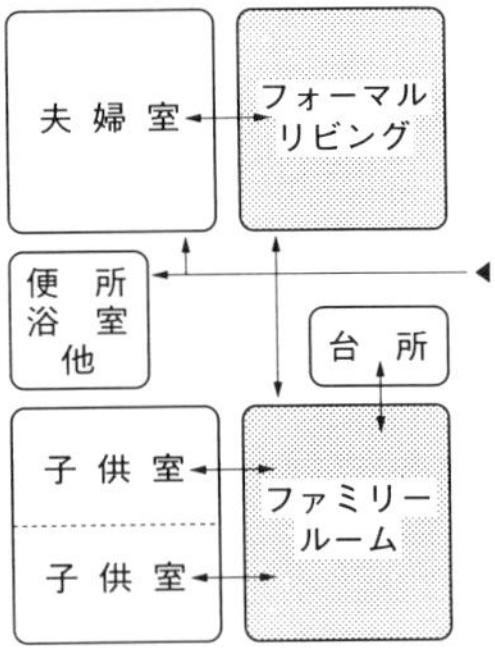


●図1—20　リビングアクセスの集合住宅例（葛西クリーンタウン　1983年　日本住宅公団）

てきた。地価に圧迫されて、民間マンションも公共集合住宅も、建物の建設コストをいかに安く収めるかに設計の全神経が注がれ、その結果、共用部分・通路部分は極度に切り詰められ、外壁面積は可能な限り圧縮され、凹凸の多い変化に富む平面形は忌避され、間口狭小住戸のぎっしり並んだ単純な片廊下型高層住宅などが一般化されたのである。

この問題は、すでにこれまで多くの研究で取り上げられ、オモテを意識したフォーマルリビングとウチ向きのファミリールームの二つの居間をもつ「デュアルリビング」の型も提案され、生活を外に向けるべきことが繰り返し主張されている。とくに閉鎖的な片廊下型の非が指摘されながら、現実にはなかなか崩れない。それには経済優先の状況もさることながら、人々の観念もこのような集合住宅を当たり前のものと思い込み、多くの建築家やデベロッパーや行政もその観念に支配されているのである。

とくに阪神大震災を契機として近隣の連帯や人々の繋がりの重要性が認識され、近年における公共集合住宅の優れた事例も再評価され、震災後の建設ではいくつかの好ましい事例も現れているが、なお大勢は閉鎖的な集合住宅が主流であり続けている。

住居が外とのつながりを失いつつあることは、戸建て住宅においても同様である。「都市LDK型」では、玄関はおおむね北側か東西側に付き、その横は便所や浴室となる場合が多い。また「地方続き間型」では、出入り口は慣習に従って南面するが、新たにそこに突き出した玄関が設けられる。この玄関は、もっぱら座敷との関係を意識して設けられたものであり、日常の出入りが配慮されたわけではない。総じて今日の住居の空間構成には、近隣との関係への配慮が欠如している。

住居の閉鎖化の問題には、室内側の変化も関係している。まず、伝統的住居を見れば、

一般的な住戸とは異なり、共用通路側に居間が面している。このため、居間に居ても自住居前を通る人の様子がわかるし、通路を通る人もその家の生活の気配が感じられる。居間の床は通路床面より50cm程度高い位置にあることや、窓際の植栽によって、通路から直接室内を覗きこまれることはない。

町家の場合は、開放されるのはミセという外への開放を前提とした空間であり、家族の居住空間はその奥に位置して直接外部にさらされていたわけではないが、ニワ（土間）を通じて外部との接触を自由に保っていた。農家では土間が緩衝帯となり、さらにこれに続く部屋は近隣との接触を前提とした空間であった。

それに対し、「現代型住宅」が外部への開放性をもつとしたら、それはリビングルームであろう。リビングルームが近隣に対して開いた姿、「リビングアクセス」の優れた集合住宅例も既に１９８０年代には実現されながら（図１－20）、しかしこれが一般化される状況には至っていない。ただし、社会性を持たない現在のリビングルームが、そのままで開放に耐えうるかどうか、はなはだ疑問である。住居が開放的に構成されるためには、基本的には生活そのものが対社会性をもつことが前提とされるだろうし、さらに空間の側からも、日常生活に支障をきたさずに開放性を確保しうる住宅のあり方が検討されなければならない。

# II篇　住まいの体験記述

## 1　伝統住宅での生活

町家系住宅

# 会津若松の町家（伝統1）

曽根　陽子

●
- 江戸時代末建設
- 福島県会津若松市
- 木造2階建、一部土蔵造り町家
- 家屋　約１７６㎡
- 借家、後持家
- 居住期間　１９４１年～５９年（昭和16年～34年）（0歳～18歳）

### 江戸時代に建てられたという家

私はここに生まれ、18歳で上京するまで暮らした。「自分の家」といって思い浮かぶのは今でもこの家のことである。

この家のあった中六日町は江戸時代からの町人町である。酒造屋、麴屋、染物屋、畳屋、金物屋、下駄屋などが並び、塗り師、そうわし（＝木地師）等の職人も多く住んでいた。会津は第二次大戦の空襲を受けなかったし、戦前から昭和30年代の半ばまでは、零細な小売店や職人が家を建て替えるような時期でもなかった。そんなわけで、私が住んでいた頃の町内は、間口4～5間の庶民的な町家と、土蔵造りの店、酒造家の黒い高塀が並ぶ、古びた無彩色の街なみだった。

私の家はそんな街なみの一軒で、祖父の代から（漆器の）塗り師をしていた。江戸時代の後期に建てられたという家の「ミセ」と「クラ」の柱には、なたで切ったような傷跡があり、それは戊申戦争の時、官軍がつけた刀傷だと聞かされていた。この町は官軍が滝沢峠から鶴ヶ城に至る行軍の道筋にあたり、そんな言い伝えもまんざら根拠の無いわけでも

●図２－１－１　木造二階建の町家と土蔵造りの蔵が並ぶ無彩色の街並み

ないが、会津の人間は戊申戦争の話が好きだから、話半分と思った方が良い。

祖父達は１９３８年（昭和13年）にここに越してきた。それ以前、この家は呉服屋だったそうだ。「ミセ」は私が子供の頃まで、通りに全面開く前土間を持っていた。その前土間部分は下屋（げや）で平屋建てになっていたが、それは町内の他の家も同じである。道路からのミセの脇のモン（門＝通路）を通り、アイダッコ（間＝屋根の無いオープンな通路）を経て、ダイドコロから家に入るという形式も町内の他の家と同じである。つまり、この家は会津地方の町家「型」の家なのだ。

伝統的な「型」住宅はそこに住む人を気にせず、一定の決まりにしたがって建てられる。住む方も形など気にせず勝手に住む。しかしながら、よく見ると各家の住まい方には共通点が見られる。城下町の借家店舗として建てられたわが家も、大正期の都市サラリーマン向けの「中廊下住宅」も、その辺は同じであろう。会津の町家「型」でいえば、入口の入り方のほか、ダイドコロで食事をすること、ミセの次の部屋が主寝室になること、若夫婦は奥の蔵で寝ること、二階が改まった接客に使われること等である。

「型」の成立要因は多面的である。雪国の町家は近隣との敷地関係が厳しく、隣と同じ様な「型」の建て方をしないと迷惑をかけることになる。北に窓を開けない、塀を建てないなどのルールは、隣家のプライバシーを守りつつ空間を無駄なく使うという意味で理にかなっている。町家では便所のくみ取りや排水掃除は北隣の家の通路を使う場合が多いし、屋根の雪も、隣の通路に落ちてしまう。「型」に沿った建物の建て方なら、お互い様だから許容の幅が広くなる。

両親は１９７５年（昭和50年）にこの家を建て替えた。建て替えた家は総二階建て、北

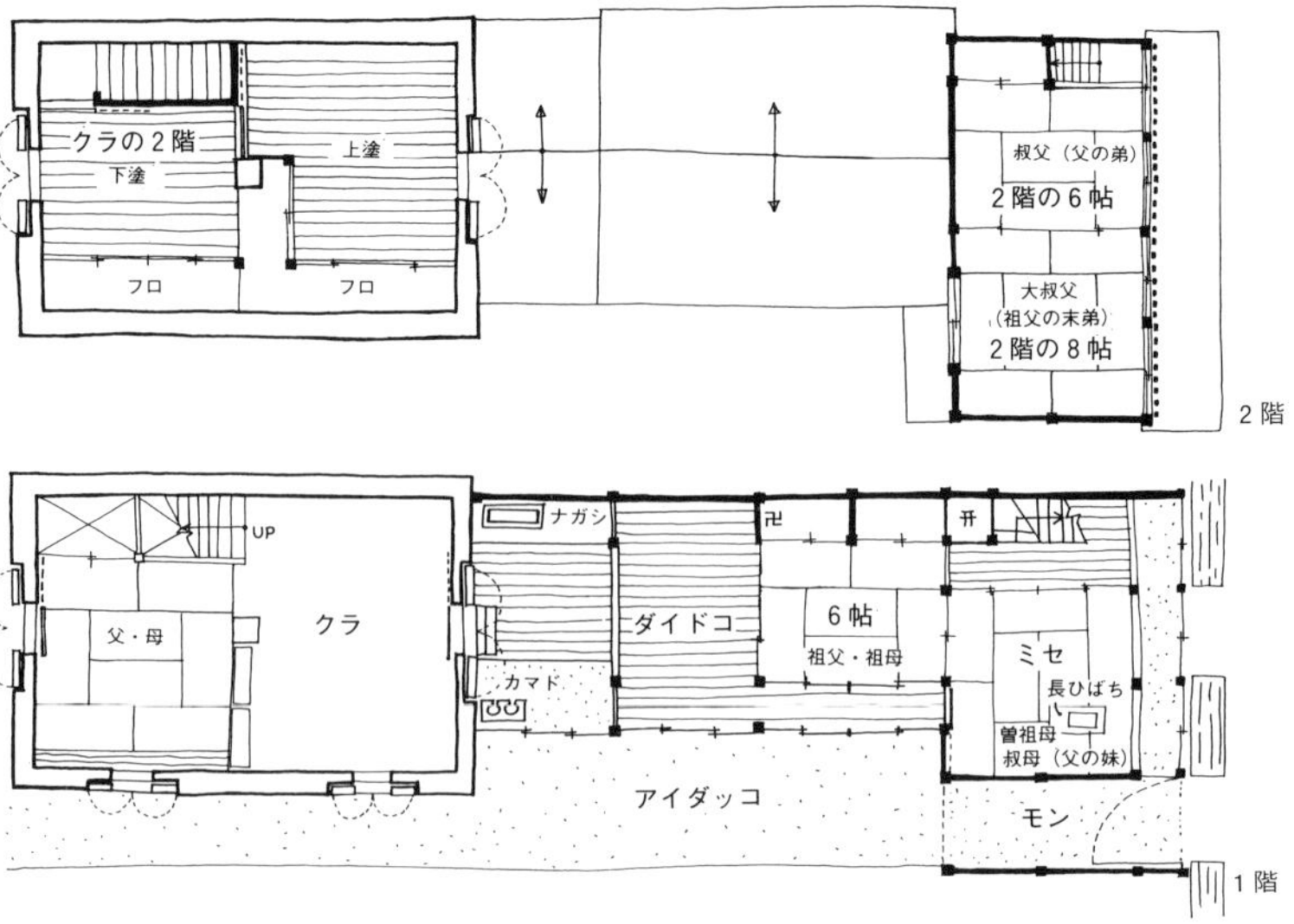


●図2−1−2　1940年（父母の結婚時）

側に窓を設け、塀を建て、道路からは妻入りである。おそらく隣家との間にトラブルが生じたはずで、両親は3年後、新築間もない家を売って、敷地の広い田舎に越している。隣家とのトラブルが数ある転居理由のひとつになっているような気がした。

## 封建的な暮らし

父はこの家に越してまもなく、1940年（昭和15年）に結婚した。その後の家族数は最大15人から最小2人まで大きく変化した。最多時の構成は、祖父母、曾祖母、引き揚げてきた伯母（父の姉）親子、叔父（父の弟）、両親、私たち姉妹4人、お弟子さん2人、女中さん1人。

15人いた頃の食事はダイドコでしていた。大きなハンダイを縦に二つ並べ、祖父が上座の短辺に坐る。席順は上から決まっており、一番下が給仕をする母である。お弟子さん達は一人一膳で列外に並んだ。戸主である祖父の威厳は絶対で、祖父が箸を取るまで全員並んで持っていた。食事中は赤ん坊といえども声を出してはならず、そうでなくともまずい戦後の大根飯を飲み込むように食べたものだった。

貧乏な塗り師の家なのにやたらと封建的で格式張っていたのは、武家の出で勝気な曾祖母の気質を祖父が受け継いだせいだろう。「心ならずも貧乏しているが」という見栄である。狭い家に大勢住んでいたのだから、ハレとケ、オモテとオクなどと言ってはいられない。どの部屋も目

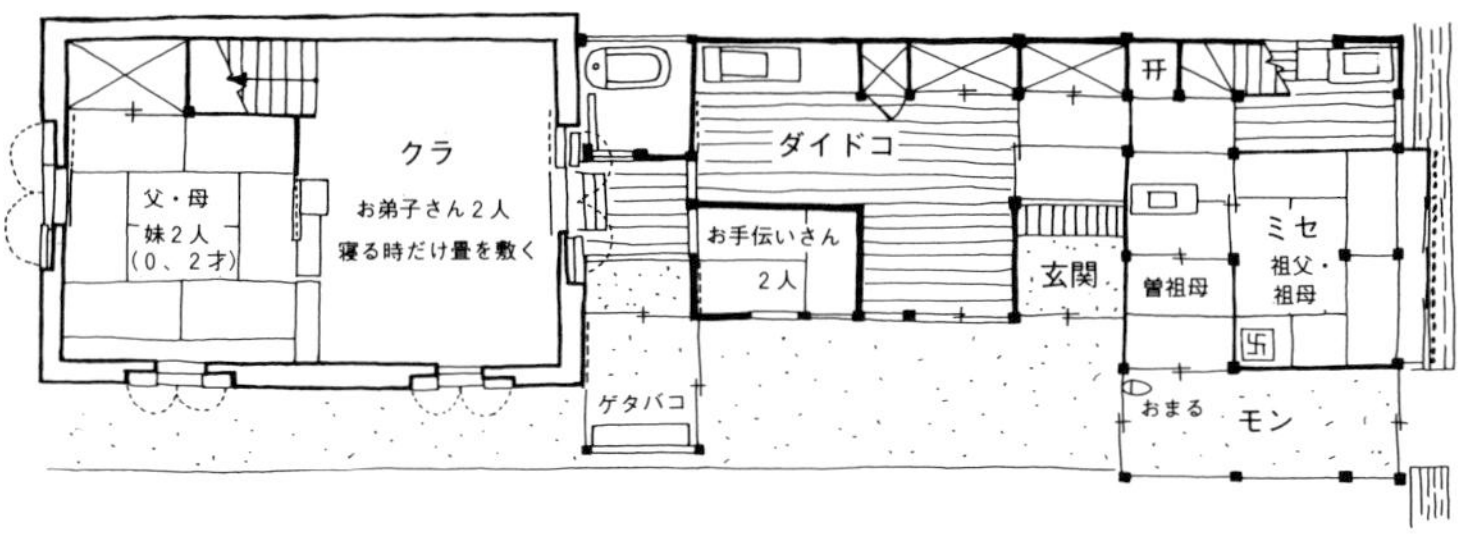


●図２−１−３　１９５３年（曽祖母が寝ついた時）

いっぱい使われた。

しかしそんな中でも、仏壇、長火鉢、神棚が狭い住宅の中を格付けする道具に使われている。仏壇は祖父の寝る部屋に、（天理教の）神棚は曾祖母の寝室近くに置かれた。長火鉢の正面には祖父の専用座蒲団が敷かれ、たとえ祖父が留守でもそこに他の人間が坐ることはなかった。祖父の正面に坐るのは曾祖母（後に祖母）と客だけで、私達は脇に坐って敬語で話をした。これらの道具は、家族が変り部屋の使い勝手が変わるとそれに応じて動かされた。例えば、曾祖母は93才の時オマルが必要になって、外の通路に面した部屋が造られ、そこに移った。狭くて暗いその部屋を格の低い部屋にしないため、神棚と長火鉢がその前に置かれたのである。

父は小学校を出るとすぐ、他の家に弟子に出て苦労したため、祖父の権威主義的な態度に反感を持っていた。だが、これは祖父が死んでから分かったことで、生きている間、父が祖父に反論している姿など見たことはなかった。１９５８年（昭和33年）、私が高校１年の時、祖父は死んだ。

父は自分の代になると、それまでのやり方を全て変えてしまった。小さいことでは、風呂に入る順、坐る場所、家事分担など、格式よりも人の気持ちを大切にした。曾祖母も祖父も、最期の時は一番格が高い二階の奥の部屋で寝ついた。しかし、祖母が癌になった時、父は格の高い二階ではなく、みんなの集まる通り道のような居間に寝かせた。死にそうな病人を日常生活の場に置いて暮らす気苦労は大変でも、忙しい暮らしの中で祖母に淋しい思いをさせたくなかったのである。わが家における暮らし方の「封建的な型」は、父に世代交替したときはっきり変わった。

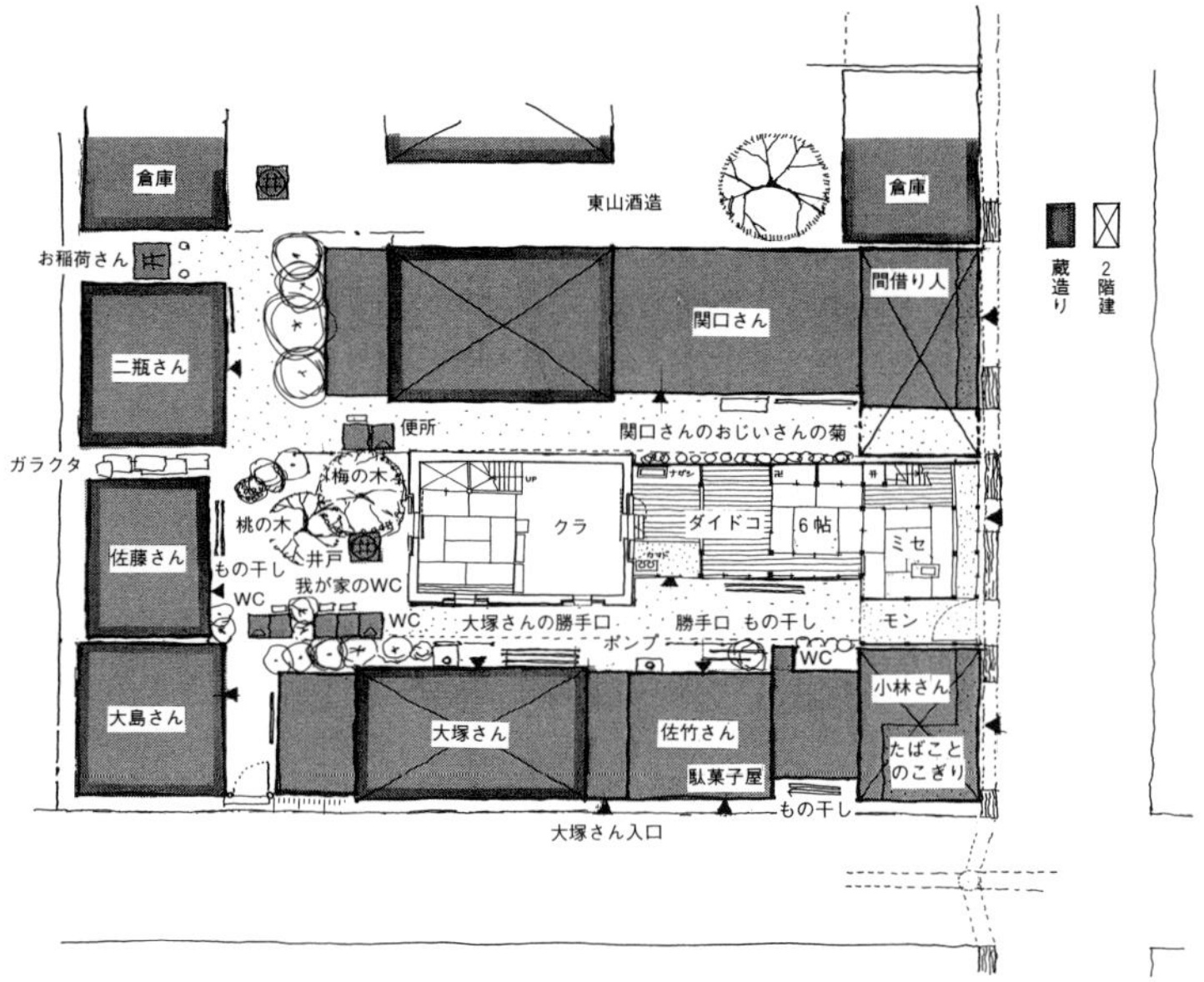


●図2－1－4　「うなぎの寝床」と呼ばれる細長い宅地に同じレイアウトの建物が配置される。

## 面白くて怖い場所―町家の「裏」

「子供は外で遊べ！」と、いつも言われていた。塗りの仕事場は蔵であっても、家中が仕事場だった。二階は品物の置き場に使われたし、ミセも袋入れや艶出しなどの軽作業に使われた。私は学校から帰るとランドセルを玄関に置いてそのまま遊びに行く。さっさと出かけないと一番下の妹をおんぶさせられてしまう。遊び場は近所に無限にあった。中でも「裏」でよく遊んだ。

様々な町家の記述を見て残念に思うのは、表の街なみの美しさや通りニワの魅力は書いてあっても、後ろのスペース、「裏」の面白さが書いてないことである。

「裏」は、井戸、便所、物置、といった汚い建物の残りの場所である。わが家の「裏」は（戦後で）隣との間に塀もなかったし、簡単な塀がある家でも、必ずそこの子供だけが知っている抜け道があった。「裏」は隣から隣へと連なって、子供にとっては魅力的な場所であった。「裏」で遊ぶ子供達の構成メンバーとそのテリトリーははっきりしていた。私にしても、よそのグループの「裏」ではお客様である。メンコやビーダマはその「裏」のレベルを見届けてからでないとできないし、少なくとも私は10軒先の「裏」は知らなかった。

近所の子供達とは「裏」でよく遊んだ。冬には雪の集まる場所で穴を掘り、雨の日は蔵のさっかけ（屋根だけの下屋）の乾いた場所で遊んだ。

泥棒ごっこのときは裏から表のスペース全体をかけまわって、大人からはしょっちゅう怒鳴られたが、怒鳴る方も怒鳴られる方も全く気にしていなかった。そんな遊びは小学校に入る前からせいぜい4年生までの短い期間のことで、一番輝いて遊んだ時期であった。

昼間は遊びの場の「裏」も、夜には暗くて怖い場所になる。「子供の時に怖かった場所は？」と聞かれれば、即座に「裏」にあった「夜の便所」が頭に浮かぶ。便所の前のつるべ井戸は夜になると陰気に匂った。井戸には以前猫が落ちて死んだことがある。小学生になってから化け猫映画を見てしまい、怖いと思う気持ちはますます強くなった。便所の戸を開けると、そこにおそろしいものがぶらさがっているようで、自分では戸も開けられなかった。夜の便所には必ず祖母に付いてきてもらう。電灯がなかったのか、あるいは切れていたのか、しゃがみこみながら、「おばんちゃんいる？」としょっ中声をかけながら、もちろん開けたままの便所の入口から、祖母が手に持った火のついた薪木を見た記憶が残っている。

祖父が死ぬまでのわが家は、会津という土地柄もあって、見かけも内容もまるで明治大正の暮らしであった。父への代替わりが暮らしを変えたその2年後、長女である私の上京もわが家にとって画期的なことだった。時代もその頃から急速に変わり始めた。だから私は、その後の家と町の激しい変化の有様を語ることはできない。

この体験記述を機会に、久しぶりにこの町に行ってみた。車から見た町内の景色は全く見覚えのないものに変っていたが、車を降りて歩いてみると、わが家のまわりだけは、昔のまま古びて小さく残っていた。

●
・１９３５年（昭和10年）建築、１９７８年（昭和53年）取壊し
・岩手県江刺市
・木造2階建
・持家、店舗併用のち住居専用
・敷地　約２８０㎡
・家屋　約１４０㎡

町家系住宅

# 江刺の町家（伝統2）

菊地　成朋

## 経緯

この家は１９３５年（昭和10年）に祖父が建てたものである。場所は繁華街からややはずれたところで、まわりは店舗のほか、鍛冶屋、箪笥屋、塗り師など職人の仕事場も多かった。当時、祖父は菓子屋を営んでおり、以前はもうすこし賑やかな通りに家があった。それを、親類の借金の連帯保証人になったせいで失い、その後また大いに稼いで土地を買い、この家を建てたという。そのいきさつは、わが家のちょっとした語り草になっている。

菓子屋として建てられたため、表に店舗、裏に工場があった。しかし、戦時中の砂糖統制により菓子屋は間もなく廃業した。

その後、父が１９４６年（昭和21年）に印章店を開業し、7年ほどここで営業した。１９５２年（昭和27年）に繁華街に新しく店を出すことになり、以来この家は文字どおり「仕舞屋」（しもたや）となった。しかし、店舗部分はそのまま残し、住宅の構成もほぼ昔のままだった。１９６３年（昭和38年）に居間を仕切って台所をつくり、１９６９年（昭和44年）に風呂・便所を改築した後、１９７８年（昭和53年）に取り壊された。

## 住居の形態

構成は、この地域の町家としてごく一般的なものである。縦長の敷地は表側から店（二

●図２－１－５　戦争直後に印章店を営んでいた頃

階建）・住居（平屋）・蔵（作業場と物置）と利用区分され、これを通り土間と中庭で縦に繋いでいた。

店は、建物としては表側の間口いっぱいに建てられているが、南側は仕切られて通り土間となり、中庭へと続いていた。店の二階はオモテニカイと呼んで床の間つきの座敷だったが、建設後しばらくは仕上げの出来上がらないまま利用されていたという。

店に続いてダイドコロ・ロクジョウ・ジュウジョウの居住部分がある。ダイドコロは板敷で天井がなく小屋組が下から見えた。右側がタタキになっていてガラス戸の仕切りがあり、ガラス戸の向こう側に通り土間と一体になったスイジバがあった。

ロクジョウ・ジュウジョウはいわゆる「続き間」で、４枚の襖戸を取り払うと一緒に使えるようになっている。ロクジョウには仏壇と神棚があり、同じ面に作り付け箪笥もあった。一方のジュウジョウは床の間つきの座敷だった。天井はともに棹縁で、高さが３ｍはあったように思う。ロクジョウ・ジュウジョウの南側には縁側があり、この縁側をさらにすすむと、左に折れてその先に便所があった。便所は、室内側と屋外の両方から使えるようになっていた。また、風呂場は中庭に別棟でつくられていた。

１９５１年（昭和26年）にクラの二階（ウラニカイ）を増築した。南側は六畳の和室、北側は物置。このウラニカイへは縁側の曲り角のところから階段がつけられた。

以下、私が物心ついてからこの家を出るまでの様子を書こうと思う。おおむね１９６０年代の状況である。

## 居間中心の生活

家族はよく同じところに集まっていたような気がする。食事も団欒もテレビをみるのも

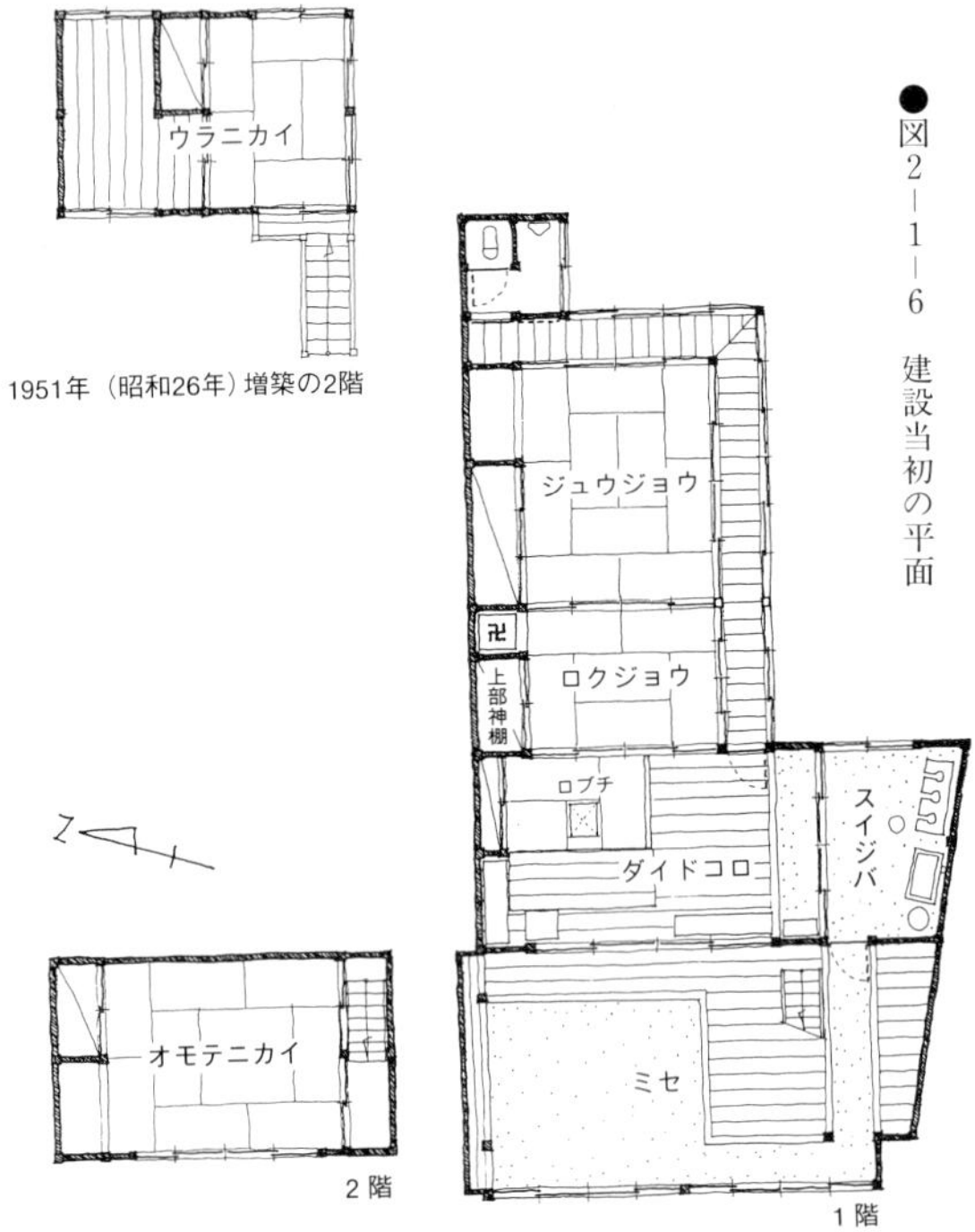


●図2―1―6　建設当初の平面

宿題をやるのも近所の人が寄るのもみな同じ場所だった。その場所は主としてダイドコロ、1963年（昭和38年）以降はイマだったが、ときにはロクジョウが使われた。おそらく夏場に使っていたのではないかと思う。

私が生まれた時には、祖父母はすでに隠居の身だったので、私の記憶に残る祖父母の姿は、ひがな一日ただお茶を呑みながら四方山話をして暮らしているというものである。その頃は、近所の人がほとんど毎日のようにお茶を呑みにきた。だから、わが家のチャブ台の上には急須・湯呑・茶筒のないことはなかった。夕方になると両親が店から帰ってきたが、その後も床に就くまで家族は全員一緒にダイドコロで過ごすのである。

姉は大学受験をひかえた冬休み、イマ（旧ダイドコロ）のコタツで勉強をしていたが、そのコタツの向かい側にはいつも祖父がいて、いままで見たこともない孫の殊勝な姿にいたく感心しながらお茶を呑んでいるのだった。父は仕事柄、家でも筆をとったが、これにもよくイマが使われた。そして、父が書きものをはじめると、家族はテーブルを動かさないように気をつけ、話すのもやめて書き終わるのを待った。

いま考えてみると、ダイドコロはこのようなわが家の生活にとても似つかわしい空間だったように思われる。広々としてい

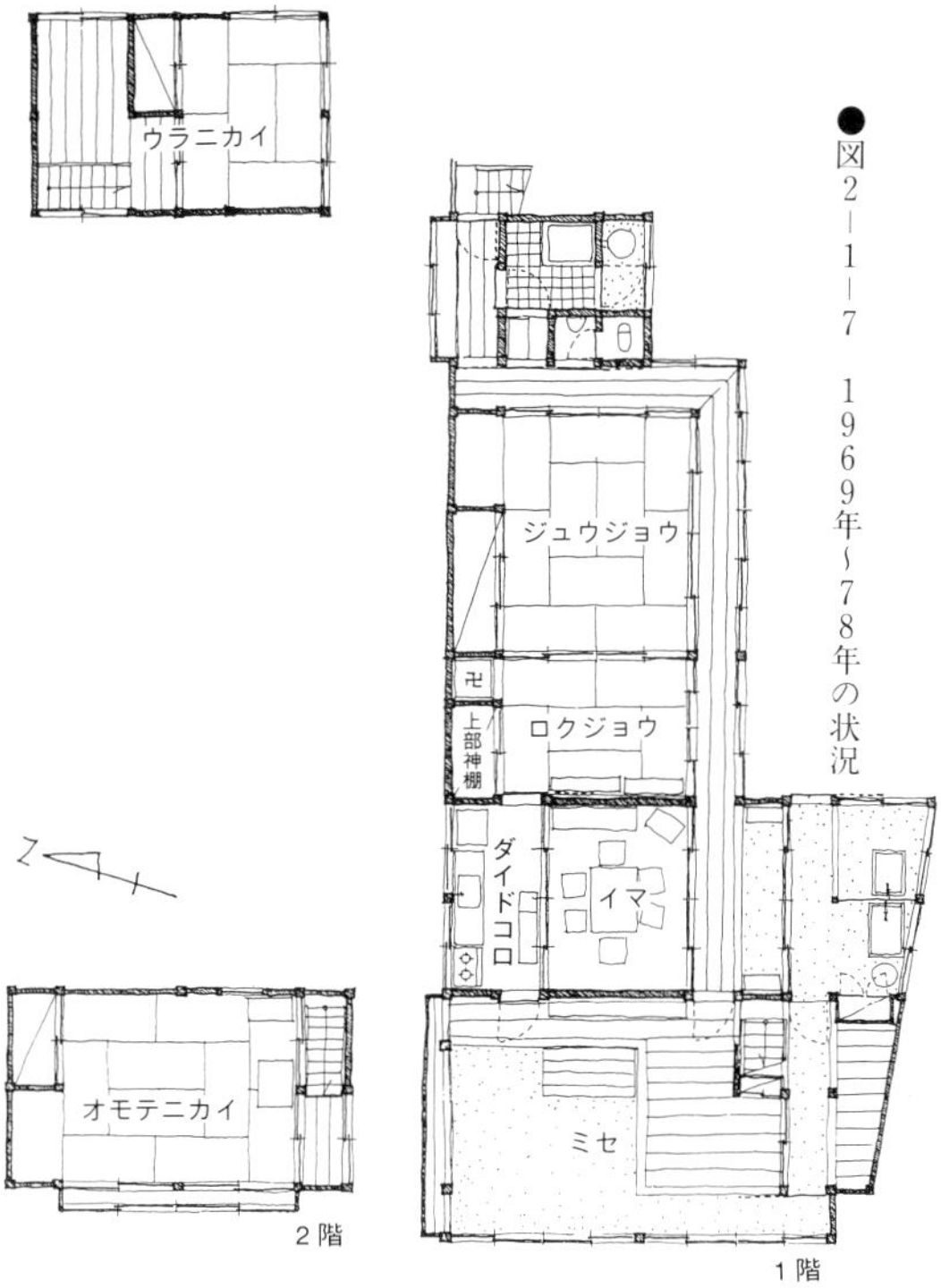


●図２－１－７　１９６９年～７８年の状況

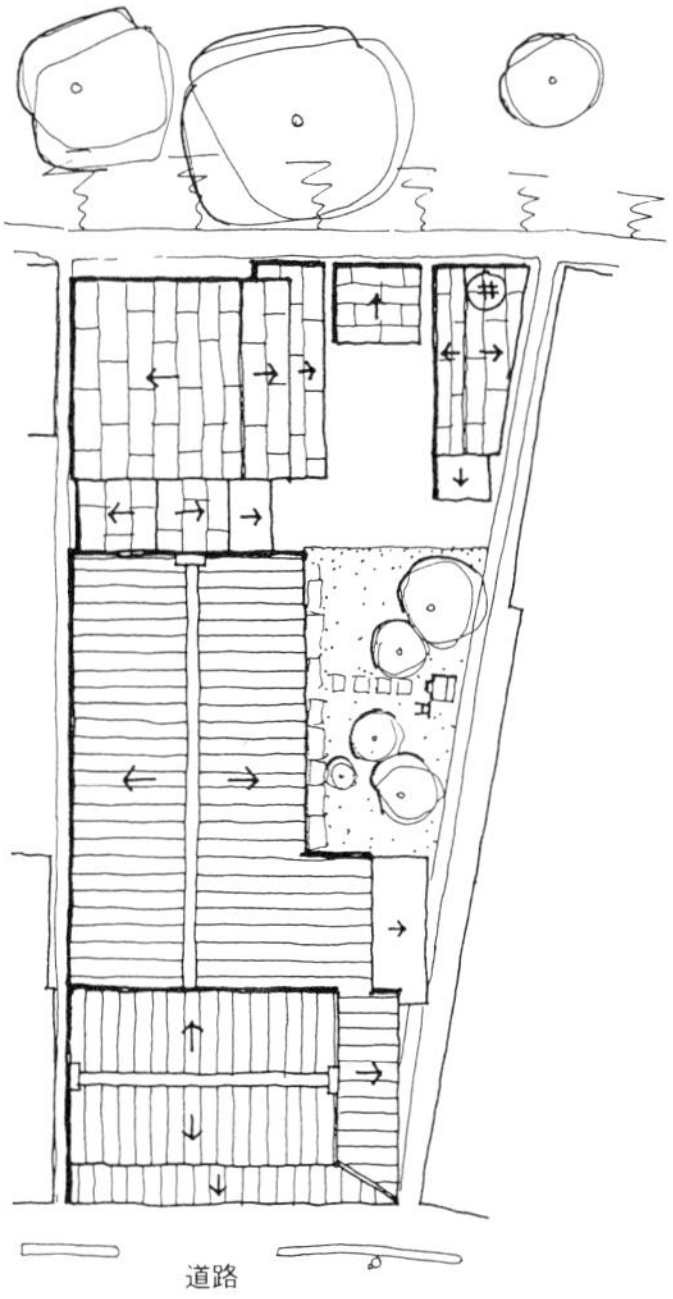


●図２－１－８　全体配置

て、まわりの空間と適度に繋がっていてその気配が感じられ、誰かが訪ねてきてもこのダイドコロからそれがわかった。ただ、ダイドコロは少なくとも家族の団欒のために設けられた場という感じではなかった。いわゆる「居間」にくらべれば、もっとルーズで複合的な空間だった。天井がないため上の方は暗くてよく見えず、祭りで買った風船をうっかり手から離してしまうと屋根裏まで飛んでいって取れなくなってしまった。そして、忘れたころに萎んだゴム風船が、ぽたっと落ちてくるのだった。

### ダイドコロからイマへ

このダイドコロは１９６３年（昭和38年）に改造されたが、これを言い出したのは母だったようである。その第一の理由は、寒かったからということらしい。部屋を仕切って天井を張り、六畳のイマと四畳の台所をつくった。イマの北側と南側の間仕切りはガラス戸、壁はプリント合板、床は板張りの上にカーペット、当時ありきたりの洋間である。しかし、冬はコタツ、それ以外のときはチャブ台とつねに坐式の家具が使われた。北側に新しくつくった床上の台所にはステンレスの流し台が置かれた。北側には明かりとりに高窓がつけられた。

新しくできたイマはそれまでのダイドコロのように家族の集まりの部屋となった。ただし、壁や仕切りをふやし、部屋を囲い込んだため、イマにいると来客になかなか気づかなくなってしまった。冬の暖房は電気ゴタツと石油ストーブだった。しばらくするとプリント合板の壁は、結露で表面がボロボロになった。

改造の結果、台所は以前にくらべかなり近代的なものになった。じつはそれが母の本当の狙いだったようでもある。当時、すでにダイニングキッチンを知識として知ってはいたが、この広さではとても無理だった。食事はつねに家族の集まり場所で行われた。のちに姉の使っていた机をテーブルがわりに台所に持ち込んでみたりもしたが、結局そこでは食事をしなかった。そのうち、台所とイマを仕切るガラス戸を取り払って一体的に使うようになった。

## 子供室のない家

プランをみてわかるように、この家には個室専用につくられた部屋がなかった。それにもっとも近いのはウラニカイの六畳、ついでオモテニカイである。

祖父母が生きていた間は、ジュウジョウは祖父母の寝室になっていた。両親はオモテニカイを使った。また、職業柄、弟子が同居していて、菓子屋のときはオモテニカイをその寝室として使ったというが、印章業になってからはつねにウラニカイだった。

子供たちは幼児のうちはオモテニカイで両親と、5歳ぐらいからはジュウジョウで祖父母と一緒に寝た。そして、学齢期になってもわれわれ子供には専用の部屋が与えられなかった。私が小学校に入学した年に、姉（小6）と一緒に机を買ってもらったが、この二つの机はジュウジョウの南側の両隅に庭を向いて対称形に置かれた。もちろん、この机に座ることはめったになかった。

その後、弟子のちょうどいない時期にはウラニカイを子供室として使ったこともある。しかし、間もなく新しい弟子がくると、すぐ一階の和室に追い出された。

私が中学のころには、ジュウジョウをカーテンで仕切って、床の間側を祖父（祖母はすでに他界）、押入れ側を私の空間にしていた。また、祖父がなくなってからは、ジュウジョウを父母の寝室とし、オモテニカイを私の部屋としたこともある。ロクジョウを家族の集まり部屋とし、イマに私の机が置かれた時もあった。時代のせいか、あるいは家族の人数が減ったせいか、5歳年上の姉とちがって、私には中学以降まがりなりにも専用の部屋が与えられた。しかし、その場所は家族の都合でオモテニカイ・イマ・ロクジョウ・ジュウジョウ・ウラニカイを転々としたのである。

余談になるが、イマを使って勉強していた時に、となりのテレビの音がうるさいので、これを父にいったことがあった。ところが、父はそれを聞いてボリュームを逆に大きくした。父は、われわれ子供のことをたいへん大事にしてくれたが、だからといって子供本位に生活したり、住居を考えたりはけっしてしなかった。

### 盆・正月・葬式

行事で思い出されるのはやはり正月と盆である。この時には、この家を実家とする親類が集まって家がにぎやかになるので、私はとても待ち遠しかった。

正月の飾り付けは祖父と私の仕事だった。まず、年が明けないうちに神棚の幣束を新しいものに替え、年神を貼り替え、松飾りをした。元旦は、雑煮とアンコモチ（お汁粉）を小さな杯に盛り付け、神棚、仏壇のほか、明神、水神など屋敷内の十数ヶ所の神々に供えた。二日にはわが家の家例で、山芋をおろしてとろろにし、ごはんにかけて食べることになっている。これも、同様に小さな杯に盛り付けて屋敷内の神々に供えた。七日には同様に七草粥の餅を供えた。

また、元旦には菓子屋時代の弟子たちが祖父に年始の挨拶にきた。ダイドコロ（イマ）で酒をふるまうのだが、普段は好々爺の祖父がこの日ばかりは昔の威厳をとりもどして、家族に対しても何やらえばった口調になるのが子供心にもおかしかった。

盆には、ロクジョウの仏壇にホウズキ・レンコン・リンゴ・ナシなどを吊るし、新しい花を飾り付ける。これは女の仕事だった。とくに初盆には、もらった提灯をありったけ仏壇のまわりに飾るのでなかなかの壮観だった。

私のいる間に、この家をつかって葬式を2回挙げた。祖父母のそれである。

葬儀にはロクジョウとジュウジョウが使われて、ダイドコロでは近所の奥さんたちが手伝っていた。ウラニカイ・オモテニカイは控え室で、着替えやつかれた家族が仮眠をとる場所に使われた。

葬式でよく思い出されるのは、「念仏」とよばれる子供たちの行事である。葬儀のまえに、町内の子供が呼び集められ、お坊さんを囲んで車座になり、念仏をとなえながら大きな数珠をまわす。そして、その後振る舞われる料理でご飯を何杯おかわりしたか子供どうし自慢しあうのである。私も子供の頃、この念仏をしに、近所の家に何回となく行った。そして、これには一階の続き間座敷が一般に使われた。

## 座敷の印象

ジュウジョウは私にとって遊び場だった。小学校で相撲が流行っていたころは、三畳分を土俵にして相撲をとった。そのほかにも、ここで友達と遊びまわっていた。ジュウジョウから縁側越しに見る庭はなかなか気持ちのよい空間だった。向こう側は隣の簞笥屋の板張りの壁面で仕切られていた。夏になるとオニヤンマが庭から座敷へ入ってきて、一回りしたあと飛び去るというようなことがしばしばあった。ただ、夜はかなり薄暗く、小壁に掛けられている絵や振り子時計が何事かを私に語りかけてくるような気がした。

　ロクジョウは仏間といった感じで、先祖の遺影が掛けられていたりして、ジュウジョウとはちがった独特の印象があった。いま考えれば、仏壇も神棚も奥行き半間しかないのだけれど、当時は仏壇の奥がどこまでも続いているかのように思っていた。神棚も上の方にあって薄暗く、子供の私にはよく見えず、正月の飾り付けのとき、台に乗って中を覗きみることでわくわくした。

　寝室として使っていたこともあって、この続き間座敷は必ずしも格式ばった印象ではなかったが、だからといってニュートラルなわけではなく、そこここに「場所」が感じられた。

　結局この家は、町家という住居の形式が前提的にあって、家族はそこに住まわされている、そういうことではなかったかと思う。あらためていうまでもないが、その形式は家族ではなく地域、住居集合の論理にもとづいたものである。そして、必ずしも伝統的ではなかったわが家族でも、いまにして思えばそれほど不自由なく暮らすことができていた。その後、取り壊したのは、生活上の理由ではなく、建物の耐久性の問題からだった。

　ただ、１９６０年代は町家がもう再生産されなくなった時代であり、その後、この町でもそのような町家の秩序は急激に崩壊していった。私の住居体験はいわば黄昏どきの町家の生活の一コマだったのである。

町家系住宅

# 名古屋の町家（伝統3）

黒野　弘靖

●
・1930年頃（大正末）改築
・名古屋市緑区鳴海町
・木造平屋建　持家
・家屋　105坪

●図2−1−9　西側から見た道沿いの外観

## 家の印象

私が小学生になる以前に住んでいた家で、家族構成は、祖父、祖母、父、母、本人(私)。当時の記憶は、遊んでいたときの場面が多い。たいていは、家の前のレンボウコウジという道で遊んでいた。住宅内部の記憶はごくわずかしかないが、もっとも印象に残っているのは、長い玄関とそこから出入りする人の様子である。普段は家族が玄関から出入りすることはなく、もっぱらウラを使っていた。ウラはいつも開けっ放しになっていた。

玄関の引戸は、すべりが悪く、引くときにキュルキュルと音がした。客は、引戸を開けて、土間の奥に向かって声をかける。そして「はぁい」という返事を待って土間をまっすぐに進む。当時からすでにミセは、応接間になっており、家の者は、カッテに居た。土間をナカノマの前まで進んだ客が再び声をかけると、その声は、たたきの土間と吹き抜けの天井との間を反響していた。

ナカノマは土間より50センチほど高い。その中央には、座卓があり、そこにはいつも花が生けてある。ようやくカッテから障子を開けて出てきた祖母は、客の近くで正座して挨拶する。客は土間に立ったままお辞儀をした後、ナカノマに上がり、カッテへと進んだ。

カッテには掘こたつがあり、その周囲の座は固定していた。祖父は縁側に近いところ、

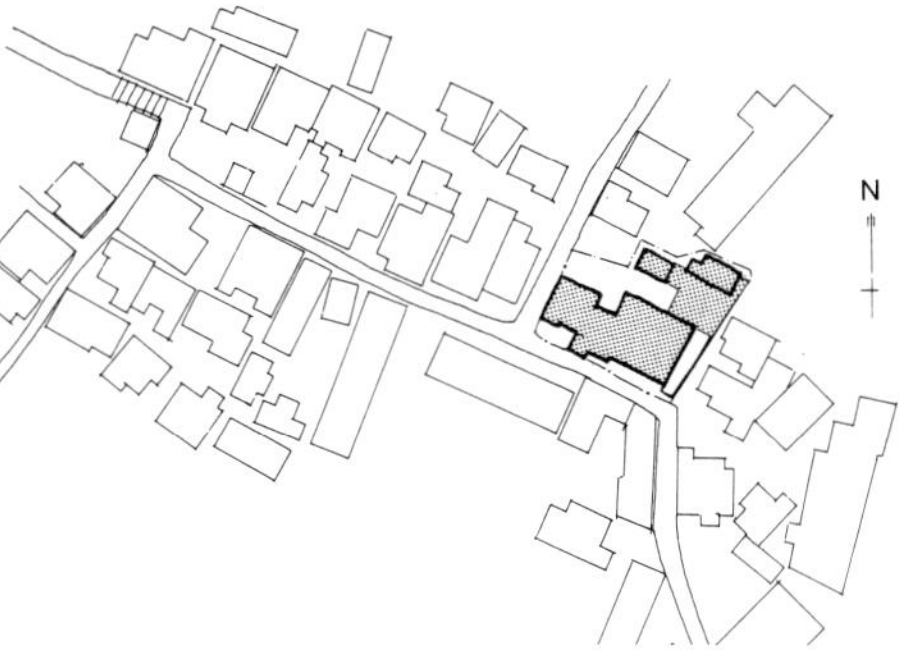


●図2－1－10　周辺の状況／旧街道から入った道沿いに立地する。周囲は住宅が並ぶ。敷地の後ろ側には、土蔵が2棟あり、その前庭に屋根がさしかけられている

祖母はダイドコロに近いところ、客はナカノマに近いところに座る。テレビは祖父の正面に据えられていたので、客は振り返って見ていた。接客もお茶も食事も、日中の生活のほとんどすべてはこのナカノマでおこなわれており、他の部屋が使われることはなかった。

## 正月・盆

正月や盆には、親戚一同が集まった。ちょうど冬休みや夏休みと重なるので、普段顔を合わせることのない従兄弟たちが親に連れられてくる。私はそれを楽しみにしていた。

正月には、土間に面したナカノマの神棚が開けられ、そこにお飾りがなされる。この朝だけは、料理をナカノマに運び、家族が揃ってから、年少順にそれぞれが一年の抱負を話しておとそを杯で飲んだ。その後で食事をした。昼近くになると、客や親戚が次々とやってくる。正月の客は、ナカノマに上がってから正座してお辞儀をする。それに答えて家族一同もお辞儀をする。家族の先頭で両手を揃えてお辞儀をする祖母の姿は、堂に入っており、常日頃とは異なる引き締まった雰囲気が伝わってきた。

来客は、カッテに進み、祖父と丁寧な挨拶をし、ひとしきり話し込んでから、ブツマへ行った。そこで、先祖に挨拶を済ませてから、帰っていった。

## 子供の居場所

親は、カッテで客たちと話しているので、子供たちは、応接間（ミセ）で遊んだ。隠れんぼをするには間延びした家なので、鬼ごっこが遊びの中心となった。神棚の下を通ってナカノマからカッテザシキへ進み、エンガワから勢いをつけて、カッテにいる客の間を駆け抜けて、応接間に戻ってくる。鬼になった子供は、カッテに居合わせた親に捕まってしまい、ついてこられないのであった。

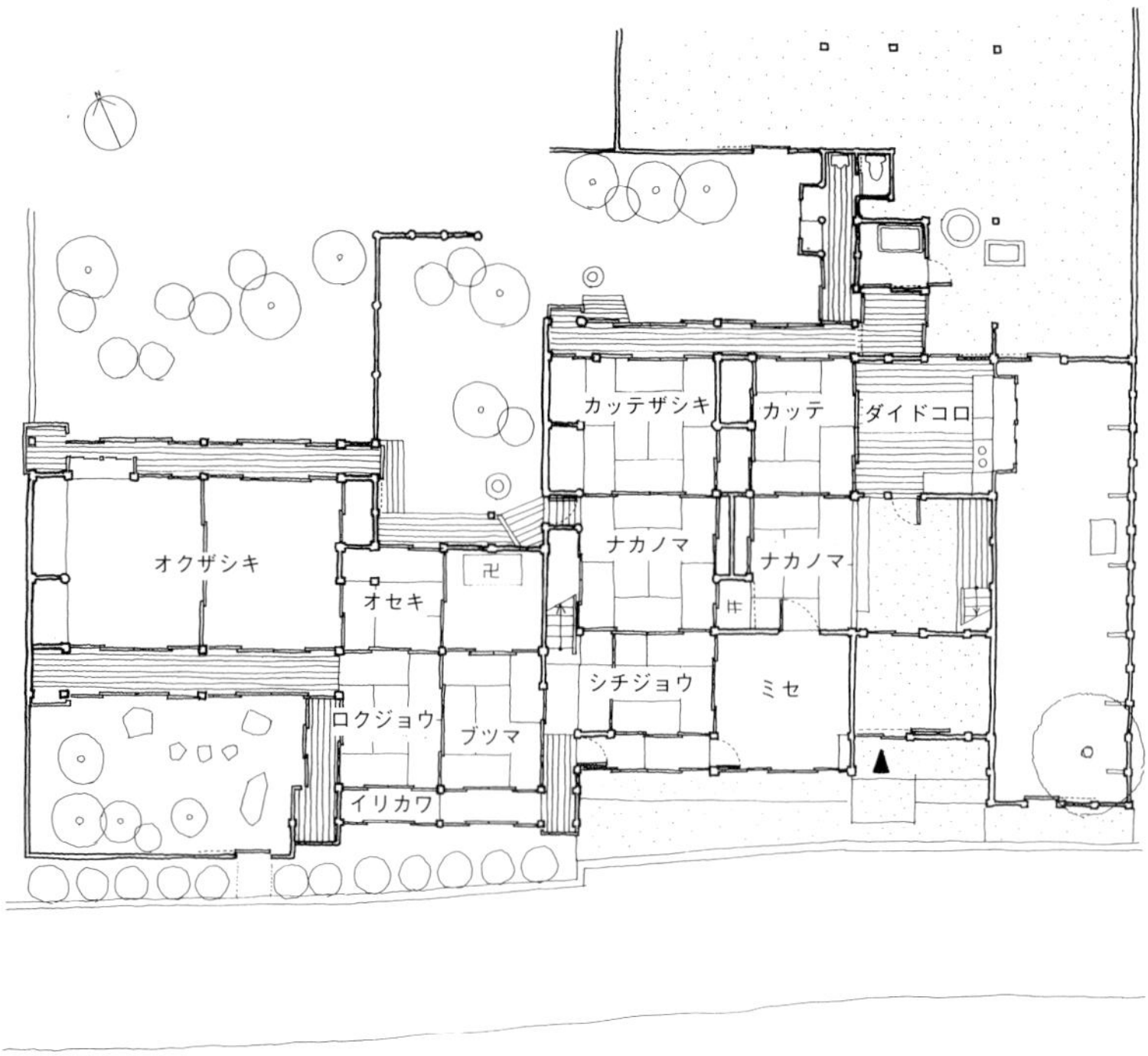


●図2—1—11　間口の広い大型町家／3室が2列に並ぶ典型的な6室構成（ミセ、ナカノマ、カッテ、シチジョウ、ナカノマ、カッテザシキ）。ブツマ、ロクジョウ、オセキは法事の時使用する。オクザシキは多数の来客時に使われ、日常は畳を上げている

## 蛇双六

夕食後、小一時間もすると、祖父は、カッテのこたつの上に、古ぼけた蛇の絵のある双六をひろげ、子供たちを呼ぶ。祖父は、賞金を出したので、子供たちは本気になってさいころを振った。親たちも周りで一緒になって楽しんでいた。この双六が終わると、子供たちは寝る時間となった。こうした時には、親戚一同20人近くがカッテに集まっていたことになる。しかし賑やかだと思いこそすれ、狭いと感じたことはなかった。このたび図面を描いてみて、カッテが6畳しかないことに少し驚かされた。

## 陽の射す部屋

翌朝からは普段の生活に戻る。朝食はいつもダイドコロのテーブルでとった。流し台の上の窓からガラス食器越しに入る光がきらめく。この家が一日のうちでただ一度だけ明るさを感じさせる光景だった。そんなとき、隣のカッテに目をやると、昨夜の騒ぎが嘘のように、しらじらとした薄暗い部屋にしか見えなかった。子供たちは、そこに腰を落ちつける気になれず、朝食が済むとすぐに外へ出かけていった。

子供たちが朝食を食べ終える頃、祖母は、仏壇にあげたご飯をダイドコロに下げてきて、猫にやっていた。祖母は、朝食前に仏壇に炊きたてのご飯をあげることを日課としていた。

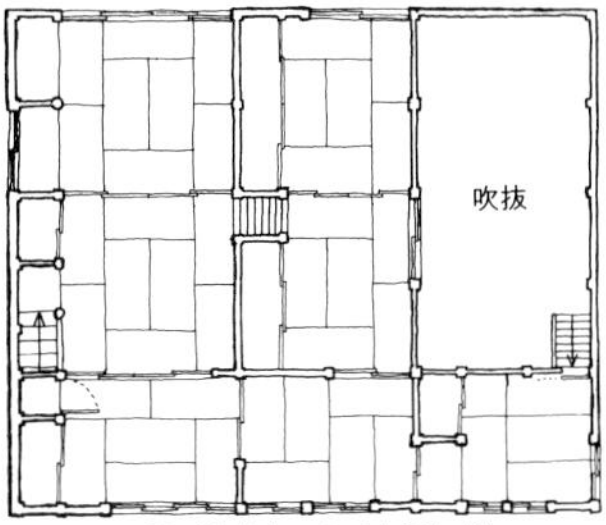

2階（全体をニカイと呼んだ）

## ブツマ

ブツマはナカノマの奥にあり、その敷居はシチジョウやナカノマよりも30センチほど高くなっている。いつも祖母がきちんと片づけているので、子供たちは木魚で遊ぶのも気後れして、ブツマに近づかなかった。祖母に諭され、いっしょにブツマに座ったことが何度かあった。正面の大きな仏壇に向かって挨拶し、周囲に飾られた先祖の肖像画や遺影の一つ一つについて説明を受けた。会ったこともないご先祖にもかかわらず、祖母の話のおかげで、今ではその名前を覚えるほどになった。なお、この家は、浄土真宗高田派である。

## 隠れたオクザシキ

ブツマの奥にあるオセキ（茶席）とオクザシキは、開かずの間となっていた。セミ取りに庭に出たとき、外側からオクザシキを見た。雨戸が閉まり、くすんだ色の建物には興味が湧かず、そこを探検する気にもならなかった。オクザシキの内部に入ったのは、今回の図面を作成するときが初めてとなった。

## 火をつける場所

私がこの家にいた頃は、火に関心を持つ時期にあたった。カッテのこたつの上で、祖父のマッチを借りて、何かを燃やしては炎の動きを見ていた。2歳下の従弟ともそんなことをした。従弟は一人でブツマのイリカワに面した障子で実験した。幸い大事には至らなかったものの、私は、その教唆犯として永く叱責され続けている。おそらく従弟は、炎を観察するにふさわしい人気のない場所で試しただけだろうが、考えると恐ろしいことだった。

## 二階

二階は、私がいた当時には、もう使われていなかった。タンスがいくつも並び、小さな窓のほかには裸電球しかない、暗くひっそりした場所だった。勢いよく走ると、家具や部屋全体がしばらく揺れていた。タンスの中には、埃をかぶった教科書とか、銅製のコンパス、アンモナイトの化石などが入っていた。私は、あちこちの引き出しを開けては何かを発掘し、カッテにいる祖父母の所へ見せに行っていた。

## 法事とカッテザシキ

日常的にカッテザシキを利用した記憶はない。唯一の体験は、後年になって祖父の法事のときである。正月と同様に、つぎつぎと親戚が来訪し、ナカノマから上がり、カッテで挨拶を済ませて、カッテザシキへ進んだ。僧が到着すると、一同はブツマとロクジョウへ移動した。読経が始まると、祖母たちがイリカワを通って一人一人に抹茶と饅頭を出した。読経が終わると、カッテザシキとナカノマに戻る。そこには膳が並べられており、食事となる。このときの座は、まず、カッテザシキの床の間の前に僧が座り、その横から年の順に祖父の男兄弟が並ぶというものだった。私は末席、向かいには祖父の姉妹が座っていた。

私がこの家を出た後は、祖父母が二人で住んでいた。祖父母は、日当たりも風通しも悪いカッテにおり、続き間座敷やブツマや応接間を含めて改造しようとはしなかった。その理由は、この家にイエ全体の利用に供する場としての役割があったためと考えられる。普段まったく使われていない部屋の役割が、何かの折りに化石のように浮かび上がってくる。私は、これを不思議に思うと同時に、少し魅かれてもいる。

続き間系住宅

# 加賀の家（伝統4）

畑　聰一

●
・1920年代（昭和初期）建設
・石川県能美郡根上町大浜
・木造平屋建
・借地持家
・敷地　約1500坪（入会地内）
・家屋　39・5坪（1946年）
　　　　57・5坪（1980年）

## 住宅の取得とその後の改造歴

この住宅の所有者は父が4代目である。当初は県議会議員の別荘として建てられたそうで、持ち主は以下のように変化している。

1　K氏　金沢市に住む県議会議員
2　O氏　郵便局長
3　N氏　島根県に本籍のある実業家
4　父　1947年（昭和22年）春から居住

父は1946年（昭和21年）当時、この住宅を9万円で購入した。玄関突き当たりの六畳にグランドピアノが置いてあり、当時これを3万円で買って欲しいともちかけられたが、買わなかった。「あの時買っておけばよかった」という話は何度も父から聞かされた。

この住宅には、父が33歳から1979年（昭和54年）に65歳で亡くなるまでのあいだ母とともに住み、5人の子供を育てた。祖母も一緒に住み、父の亡くなる2年前に死去した。1980年（昭和55年）に住宅を町に寄贈した。町は以前から松林の高台に立地するこの住宅を町営の福祉施設とし、あたり一帯を公園として整備する案をもっていたからである。

1978年（昭和53年）頃から私は父の意見に従って工場の近くにRCの二世帯住宅を

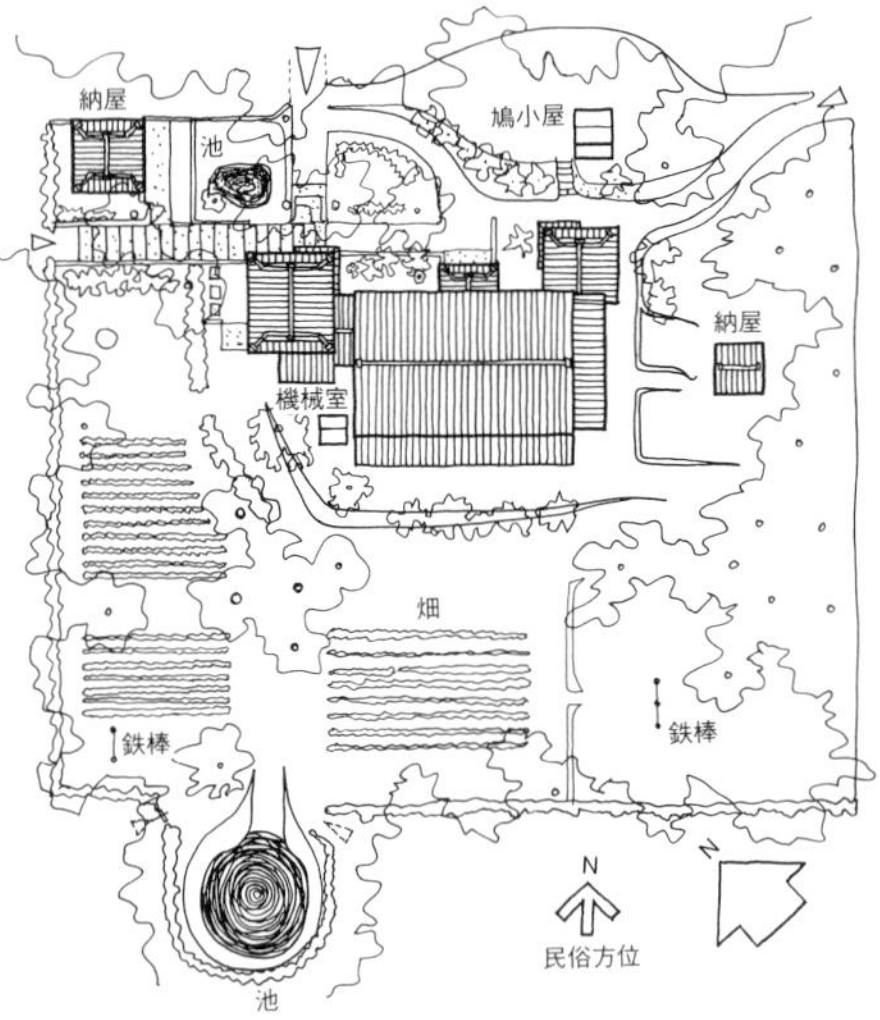


●図２―１―12　屋敷配置

設計し、80年に完成したが、母ひとりで居住することになって今に至っている。新しい母のすまいの隣に機械室を共有して父の繊維工場を継いだ妹夫婦が居住する。

一方、この住宅に移り住む以前は、金沢市高岡町に住んでいた。金沢の住宅は現存しておらず、平面の復元は困難である。

この住宅の主要な増改築歴は以下の通りである。

① 購入直後の改造

土間台所を台所と茶の間に改造するとともに、傾斜地立地を活かして地下物置と二階納戸を設ける。

② 福井震災後の増築

１９４８年（昭和23年）の福井大地震で座敷の床の間の壁にひびが入る。この直後、オク（東）の納戸と三畳の室を増築する。

③ １９５９年（昭和34年）春の増築

東の和室（六畳）を勉強室として増築。椅子、机の生活が前もって想定されたが、丸窓などの凝ったデザインの和室であった。

④ １９６９年（昭和44年）頃の縁の増築

３尺幅の縁の空間を９尺に拡げ、初めて洋室を設ける。サンルームのように明るい部屋であったが、それでも和室は暗くなった。

父は、以上の増改築の他にも住宅にはいくつも手を入れていた。１９５９年（昭和34年）の増築までは工場の増改築を含め、中村という棟梁

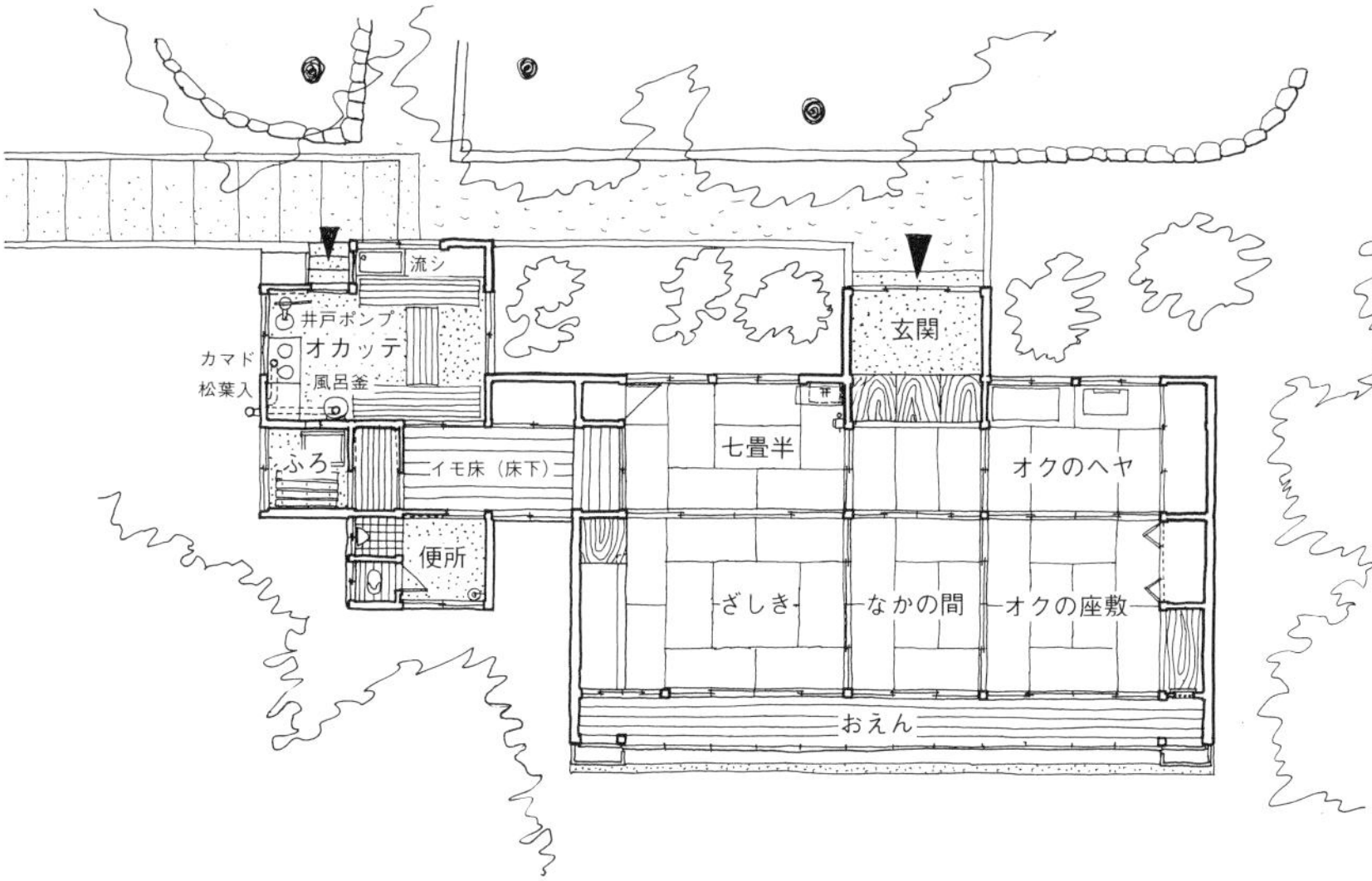


●図２－１－13　父が前所有者から購入したときの間取（１９４６年）

に任せていたが、母は「中村さんは腕はいいかもしれないが、古い自分の考えを変えないから困る」と、よく言っていた。その後、専属の棟梁は高齢の中村棟梁に代って、その弟子である松平棟梁になった。父にとって中村棟梁は工場で無理をお願いすることが多く、住宅くらいは棟梁の思いのままにつくらせ、口を挟まないことを心掛けていたと思われる。若い松平棟梁に代って、父も母も要求を強く出すようになった。

学部時代、大学院時代と父に求められて住宅の新築案や改造案を何度か作ったが、いずれも父に住み替えの意志を植え付けることはできなかった。一級の資格を取って間もなく、父にＲＣ三階建ての寄宿舎を計画しろと言われて設計した。建った建物の形はまったく異なっていた。構造計算も設計変更も父が鉛筆を持って行った。今から思うと、私の案には決定的に社会性が欠如していた。ハード、ソフトともに、地域社会のメカニズムを反映したものが要求されていたのである。

## マチとイエ

根上町のＪＲ線駅は「寺井」という。近くの寺井町という九谷焼で知られた古い町が明治期の北陸本線の敷設に反対したため、結局海岸に近い寒村を通ることになり、駅名だけが残ったものである。以来根上町は発展し、とりわけこの住宅が立地する加賀舞子は、下草の全くない美しい防砂林と海岸線が売りものの海水浴場、キャンプ場として１９６０年

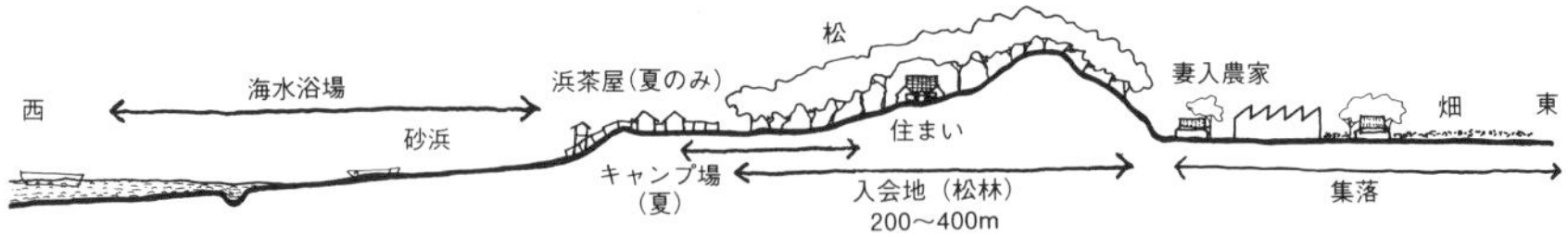


●図2―1―14　1955年頃の住まいの環境

代まで繁栄した。

　町全体が手取川の扇状地と砂浜海岸に挟まれた砂丘の上に立地する。砂丘とは言っても伏流水があるので、1メートル近くも掘れば地下水が湧き出て溜池ができる。この地域では昔から溜池を掘って畑作をいとなみ、部落で地引き網を所有し細々と漁業も行ってきた。

　かつては部落ごとに防砂林を管理し、これが枯れ枝や落ち葉を燃料とする入会地にもなっていた。春秋の二度、部落の人たちは松林のなかに枯れ枝や枯れ葉を大きく積んで幾山も築き、縄を掛けて保管していた。戸数分の山を築き、現場に保管したのだろう。この家の屋敷が広いのは、必要とする松林ごとセットになって貸与されていたからかもしれない。この入会権は昔からの住民にしか与えられていなかった。1955年（昭和30年）当時、入会権を持つ家のほとんどは、同じ間取り、空間形式をとる、この地方に特有の田の字型平面をもつ妻入り型の農家であった。子供ながらに部落の家がどうして同じかたちをしているのか不思議であり、一方自分の家がどうしてこれと違うのか疑問に思っていた。

　祖母はこの町の生まれで、実家には入会権があった。分家には与えられていないが、部落に対して何らかの功労がある場合に、稀に認められていた。祖母の弟は次男であり、金沢で生糸商人として成功した。こういう場合など、部落との関係がほとんどないにも関わらず入会権が与えられた。あまり口を出さず、寄付だけもらえる人は好まれたに違いない。一方、父の場合など、何度も候補として挙がったが、亡祖父が部落の人ではないという理由で入会権が与えられることはなかった。

　祖父は江戸時代から代々加賀藩の手札を所持して日本海を往来していた貿易商人（幕府からみると密貿易ということになる）の家系で、隣町の湊の出身であった。祖母は結婚後、祖父の仕事の関係で北海道に住んでいたが、先立たれ、子供たちを連れて大正末に自分の郷里に戻ってきたのである。

## 住み方の概要

住宅を取得したのが１９４６年（昭和21年）、少し手を入れて住み始めたのが47年である。残念ながら当時の記憶は全くない。私にこの住宅の記憶が生ずるのは１９４８年（昭和23年）頃の、ある事件が起こってからである。当時、絹糸の搬入は日本海から行っていたが、船で砂浜の海岸に荷揚げした後、これを荷車に乗せ、砂利道を3、4人がかりで工場まで運んでいた。船が着くといつも大騒ぎになった。私も子供ながらにつられて海に出た。ある時、荷押しの真似をしていて運悪く車輪に巻き込まれ、瀕死の重傷を負って板戸に乗せられ病院に担ぎ込まれた。結局3ヵ月以上のあいだ歩くことができず、少しよくなった頃から毎日のように、家のなか数ヵ所の同じ場所に人形のように座って眺める世界が妙に脳裏に焼きつくことになった。

7歳年下の一番下の弟が生まれたのが１９５０年（昭和25年）であり、その間に、父は伯父に頼まれて戦災で両親を失った横浜の姉妹をあずかることとなった。１９４９年（昭和24年）頃から55年頃までである。姉は工場で事務をとり、妹は中学校に通った。１９６２年（昭和37年）に私が高等学校を卒業するまで、家族8人の大所帯であったが、一時はさらに横浜の姉妹を加え、大勢で生活を行ったのである。私が東京の大学に入ってから、この家の同居者は年々少なくなり、１９７０年（昭和45年）頃からは兄弟の全員が他出し、両親と祖母の3人で暮らすようになった。もっとも大学の休み、特に正月と盆にはみなが

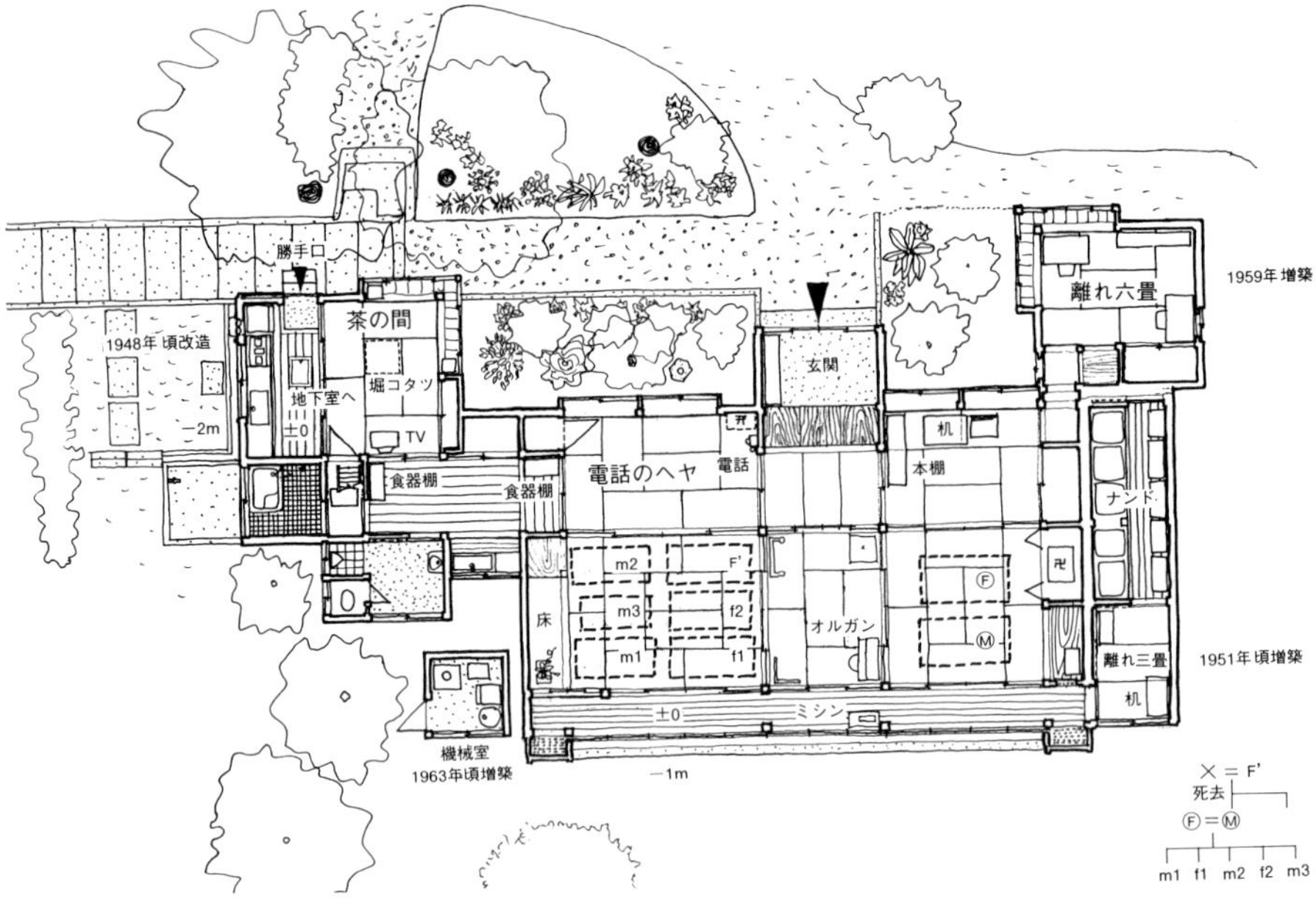


●図2―1―15　1959年頃の間取と就寝形態

帰省し大変賑やかであった。

　その間の住み方を振り返ってみるが、家族の成長や構成に準拠する変動はほとんどなかった。台所が接する六畳の茶の間はこの住宅に住んだ30年余を通して家族の拠点であった。家族はどの時代でも朝起きてから夜寝るまで、この茶の間を中心に過ごした。狭い場所にみんなが集まる異常さが時々話題になり、団欒や食事を思い切って座敷へ移す試みが何度かなされたが結局無駄だった。広い続き間の方は、来客時や就寝のために使われた。仏壇のある奥の間は父母の寝室として、十畳の座敷は祖母と兄弟全員の寝室として使用され、家族は原則としてオモテ側（南側）を就寝用とした。横浜の姉妹は、座敷のウチ側の七畳半の電話の部屋で寝ていた。

　この家は夏と冬で空間が大きく変化した。もともと夏の状態を想定して計画されたものと思われるが、夏になると玄関、中の間、座敷、電話の部屋（七畳半）さらにオエン（縁）相互の間仕切りの障子部分が全て外され、かわりに風を通す葦簀（ヨシズ）が嵌め込まれた。縁が開け放たれ、どの部屋にいても葦簀越しに明るい松林やそれを近景とする海の景色を眺めることができた。さすがに夏は何かと続き間にいる時間が増えたように思われる。しかしオクの八畳とそのウチ側の六畳の部屋の襖や障子に葦簀が嵌め込まれることはなかった。もともとこれらの部屋は就寝など家の私的な生活空間として設けられ、来客は想定していなかったのである。

冬になると北西風が日本海から吹きつけてきた。天井高が3メートルもある続き間には寒くてとてもいられなかったというのが実感である。むしろ、冬の生活では狭い茶の間での団欒に一種家族のぬくもりのようなものを感じていた点は家族全員に共通している。

## 家の空間記憶

### ・茶の間中心の生活

この住宅の最大の特徴は、先に述べたように主棟から外れた茶の間で日中の生活の大部分が行われていたことであろう。茶の間は六畳と狭かったが、二面に奥行き1尺5寸の収納や出窓が設けられていたため、畳の部分に収納家具を置いて生活するようなことはなかった。

茶の間におけるそれぞれの居場所は概ね決まっていた。父は出窓の入り隅側をなわばりにしていた。出窓下の棚には父専用の菓子箱が入っていた。父は食後、おもむろに菓子箱を取り出し、子供たちに少しずつ分け与え、一緒に食べることを楽しみにしていた。また、父は早朝に工場へ出かけ、昼食時に帰宅して食後に1時間ほどこの場所で昼寝をする習慣があった。2時頃工場に出かけると夜、電話で呼び出すまで帰らなかった。日曜日も一人同じ生活を繰り返していた。子供が成人するまでの父は非常に厳しかった。人に頼らず自ら切り開けというのが主張であり、子供たちの結婚や就職にも一切手を貸さなかった。父は背すじを伸ばして大股で歩くので、砂地を蹴った後に下駄がかがとにあたるパカッっという音を立てた。だから茶の間にいると父の砂を撥ねながら家に近づいてくる様子がよく

●図2－1－16　なかのま、おえんにて

分かった。この音を誰かが耳にすると「お父ちゃんだ」と叫び、子供たちはいつも見事に喧嘩をやめ、自分の位置につき、姿勢を正して何事もなかったかのように「お帰りなさい」と言って父を迎えた。兄弟喧嘩の始末がつかないときは、前庭の松の木に足が届かない状態で縛られるので、よほどのことがない限り数秒間で静寂が戻った。

私は長男として育てられ（兄弟には勝手に長男風を吹かせていたという認識が強い）、父の隣の東側の柱（出窓と戸棚をわける柱）の辺りを拠点としていた。母は台所側、祖母は南側である。妹や弟はその間に入って食事をとっていたが、こうした居場所は家族団らんの際もあまり変わらなかった。食事が終わると座卓は折りたたんで片付けられたが、座卓がなくなってもその後の居場所は変わらなかった。ただし、テレビが導入されてその位置はU字型に若干変動した。冬は掘炬燵が設置され、常に座卓がわりになっていた。

・玄関と勝手口

この家にとって玄関は特別な空間であった。東京や金沢などから仕事で訪れる客を迎えたり、お盆の頃に墓参りにやってくる親戚を迎えたり、正月に工場の人たちを迎えたりする以外にはめったに機能しなかった。この玄関に巡業に来た双葉山と鏡里が立っていたこと、朝刊で顔写真をみた知事や国会議員の被選挙者が立って挨拶していたことなど、小学生の頃の鮮明な記憶が玄関の意味を象徴していたように思う。

唯一その機能を越えて使われたのは旧正月の前の餅搗きであった。工場の男性が参加して1955年（昭和30年）頃まで続いたが、工場や家に飾るお供用の餅だけでなく、カキモチ（砂糖や豆を入れて搗きこれを薄く切って干し、焼いて菓子とするもの）をも一緒に搗くのが楽しみだった。玄関の土間と畳の部分には筵が敷かれ、臼が設置された。壁、襖の面には餅

●図2−1−17　座敷にて

がはねるので布が張られ、中の間では搗いた餅がすぐに加工できるように準備がなされた。床の筵は七畳半を通って台所の大谷石の竈の前まで敷き延べられた。父も母もまだ若く、搗き手も手返しも大勢いたので、餅搗きは朝から夕方まで続いた。

通常の出入りは茶の間に近い勝手口であった。狭い勝手の土間には、いつも踏み場がないくらいに下足が溢れていた。この家の主要なアプローチは茶の間に向かっていたので、来客であっても途中で左に折れて玄関に向かう人は稀で、いつも人の気配のする茶の間に向かって砂地の道を真っ直ぐに下りてきた。母は台所や茶の間にいて来客をとらえ、玄関へ廻ってもらう人には勝手口に着く前に窓を開けてそのことを伝えていた。

・接客空間としての茶の間と座敷

来客に対しては茶の間と座敷で対応した。茶の間へ通す人は勝手口から、座敷へ通す人は玄関から受け入れたが、来客のほとんどは茶の間で対応した。町の人はいくら「玄関からどうぞ」と促しても、玄関の敷居が高いからと断って、勝手口から入ってきた。母にしてみれば、子供たちが散らかしている場所へ来客を通すのは一苦労だったと思う。母は輪島の禅寺の娘で、いわばよそ者であった。しかも当地は浄土真宗王国であったから、町の人たちとの肌のちがいを感じていたのではないかと思う。町の人は、特に個人的な相談事をもって父の意見を聞きにこの家へやってきた。父が家にいる時間は皆知っていたから、工場から帰る頃に電話をかけてきた。父は仕事が忙しいときや趣味の電気や機械を組み立てているときなど、「まだ工場だよ」と言い置いて離れに退き上げ、子供に居留守を使わせたりもした。

日中は近くに住む祖母の友人（寺詣での仲間）が野菜か果物を持ってよく遊びに来た。祖

●図2−1−18　茶の間にて

母は祖母なりにまわりの農業をいとなむ友人に気を配っていたのだと思われるが、昭和35年頃までイモ、イチゴ、スイカなどを作っていた。父の反対を押して畑仕事をしていたのだが、母は祖母のイチゴは一級品だとよく言っていた。近所に住む祖母の友人たちは祖母が何を作っているのかをよく知っていて、家にないものを持ってきた。母への気配りに違いなかった。漬け物をつまみながらお茶を飲み、大声で世間話をして帰るのであるが、昼食のために父が帰宅している時間の前後のいずれかに訪れ、父の機嫌を伺って帰る訪問の仕方にも特徴があった。

たまに使用される座敷は、行事用もしくは町の外から訪れる客を通すための空間だった。正月には町の人や工場の人が大勢集まり、子供たちも菓子や酒、つまみを運ぶ手伝いをさせられた。盆にはこの町に墓のある親戚が必ず立ち寄って一服して帰っていった。

8月7日には、町の戦没者慰霊祭が、隣地の忠魂碑で行われていた。父はこの一日、主棟の続き間6室を控え所として町のために開放した。町政にも深く関わっていた父としては、夏の別荘として建てられたこの住宅の構成が控え所として最適であると考えて進言せざるをえなかったのであろう。いつも茶の間にいるのに、この日ばかりは狭い場所に閉じ込められたとの意識が強かった。襖がすべて外された開放的な空間は、後に祖母や父の通夜でも経験することになった。

・座敷での就寝

座敷は日常、就寝の室として機能した。病気の時など座敷に布団を敷いたままで療養し、医者を呼んだ。

座敷の布団の敷き方にはルールがあった。ここに祖母と兄弟5人の布団が北枕を避けて

●図2－1－19　座敷での遊び（夏）

敷くには、図2－1－15のように中央に頭を向け2列に敷かざるを得ないが、床の間に足を向けられたのは男性に限られていた。また、縁側のあるオモテ側とウチ側では格が違っていた。オモテの方が格が高く、そこで床に足を向けて私が、床に頭を向けて上の妹が寝ていた。ウチ側は便所や生活動線に近く、祖母や下の弟が寝ていた。

縁側は南西を向いていたが、この地方の民俗方位では南西は南、ウチ側の北東を北と決めていた。敷地の西と南は低くなっていたので、この方角の印象はよかった。東も実際には東南に当たるので、土地は高くなっていたが印象は悪くなかった。北だけがよくない方角として心に残っている。ただ夜中縁側の近くで眠るのが大変怖かった。南へ5分ほど行った松林の中に火葬場があったからである。松林は少し風が吹くと小枝がぶつかってゴーゴーと音を立て、風がない日には海鳴りが聞こえた。いずれにしても逃れようがなかった。

とにかく座敷は主棟のなかで最も印象深い空間だった。就寝に使われていた馴染みがこの部屋に特別な親しみを覚えさせたのであるが、ここは子供たちの遊びのホームグラウンドでもあった。絨毯の模様を土俵の俵に見立て、よく相撲を取った。私は栃錦に決まっており、すぐ下の弟は若乃花だったが、これでは取り組みに変化がないので、上の妹を無理矢理引っ張ってきて、琴ヶ濱や松登をやってもらった。天井が高かったので、風船などを使ってバレーボールのまねごともやった。とにかく畳の縁や目、絨毯の絵柄、長押、欄間と利用できるものは何でも取り入れ、遊びを生み出していった。

1970年（昭和45年）頃、父は続き間にコンベクターを取り付けた。奥の間とおえんを改造した洋間の2箇所であるが、奥の間の床に取り付けられたときは少し驚いた。奥の間は父母の部屋で、しかも仏壇の置かれた部屋であったため立ち入り難い雰囲気があった。

いつの間にかこうした感覚が私のその空間に対する認識をなにか聖域のようなものへとすり替えてしまっていた。一方で、座敷の床は子供たちの遊びに脅かされながらも座敷空間の象徴として存在し続けた。掛け軸は季節ごと、行事ごとに取り替えられ、来客の予定がなくてもいつも生花が飾られていた。

・別世界としての離れ

離れはそれなりの意味を持って建てられていた。福井大震災以後の東の増築は、この家に住み始めるに当たってとりあえず収納空間の不足を補うことが目的であった。もっとも収納空間の南に三畳の和室も併設されている。これは父が電気や機械の組み立てを拡げたままで行うための部屋であった。電機部品を組み立てているときの父は、夜早めに家に帰ると食事もしないでそのまま離れの三畳にこもった。そういうときは母も半ばあきらめていて、子供たちを入れ替わり呼びに行かせる持久戦法を採った。

父は中学時代に無線機を組み立て、縁の下に隠れて根上と小松の交信に成功した。当時これが電波法に触れるとして問題になったらしい。だから、工場の機械は自分で直し、簡単な電気配線なども自分で行った。部屋のあちこちに電気的な仕掛けを構じて楽しんでいた。父が最も熱中したのは１９５３年（昭和28年）頃のテープレコーダーの組み立てであった。当時は未だテープレコーダーが商品化されておらず、父は次々に改良を重ねて3、4台を製作し、小、中学校に寄贈した。親戚の伯父など、いつも父に一番向いていない仕事が繊維であると言っていたが、私も子供ながらにそう思った。離れの三畳は、父が没頭できる唯一の空間だったのかもしれない。この離れの三畳は、１９６５年（昭和40年）前後には下の妹の勉強部屋となり、妹が東京へ出ると納戸化していった。

1959年（昭和34年）、私が高校へ入る時期に合わせて、離れの六畳が増築された。ここは続き間とは独立した勉強部屋として建てられたものであるが、小さいながらも凝った和風の部屋であった。最初にこの部屋を使ったのは私であるが、離れでありながら前庭をはさんで茶の間での生活が伺える好位置にあり大変気に入っていた。ここは勉強部屋として下の兄弟へと受け継がれていった。しかも子供たちが結婚し他出した後も、夫婦で里帰りをする場合の格好の離れとなった。

・生活の場としての松林

この家は松林の中に立地し、しかも周りにはほとんど家がなかったので、生活は自然に屋敷や松林、さらには砂浜まで広がっていった。松林では春と秋にキノコが取れるので、よく母を誘ってキノコ狩りに出掛けた。夏には海に潜りアサリを採って魚屋に売ったこともある。柔らかい砂浜は相撲の土俵になり、地面がやや固くなった林の中は野球の練習場として好都合であった。そして夏が来ると毎日のように海へ泳ぎに出掛けた。

下の弟は末子でのんびり育てられたせいか、幼児の頃遊びに出て眠くなると、それが松林であろうと波打ち際であろうとそのまま目が覚めるまで寝る癖があった。日が落ちても帰ってこないことが何度もあり、その度ごとにあわてて探しに行った。このような生活は決して特異なものではなかった。少なくとも小学生までは、雨が強く降らない限り、日没まで砂浜や林の中で過ごしていた。ただし、冬期には松林を遊び場としたがその時間は短く、家の中の居場所も著しく縮小していた。

この住宅の住まい方は、こうして、戸外での生活や町社会に対する家の関係に多くを規定され成り立っていた。

続き間系住宅

# 直江津の家―農家型都市住宅の近代化の過程（伝統5）

小林　秀樹

●
・１９３６年（昭和11年）新築
・１９５１年座敷と便所改築
・木造2階建　持家
・新潟県直江津（現上越市）
・敷地　３１０坪
・家屋　64坪

## 1　建築から１９５０年代まで―父の話から―

### この家の「型」は何？

この家は、明治20年頃にこの土地に移り住み、牛乳処理販売業（牛の飼育、牛乳の搾乳・加工、販売）を始めた曾祖父が、前の家を建替えたものである。父からみて、祖父、父母、兄弟姉妹（父を含めて男3人、女3人）の合計9人が住む大所帯であった。

建築当時の間取りは、入口に便所、その上に干草（飼育している牛の餌）の置き場があり、ほぼ整形六つ間取りと、農家に近い構成をもっていた。しかし、一方で完全な2面採光、細い通り庭など、町家の要素も強い。かといって特殊な形態ではなく、私が小さい頃に近所の家を遊び回った記憶によれば、この付近は、ほぼ似たような間取りをもっていた。つまり一つの「型」とみられるのである。

その型の意味を考えるにあたって、直江津の歴史が参考になるかもしれない。直江津は、その昔国分寺が置かれた地であるが、近世以後は商人中心の港町として栄えた。このため、海岸添いの漁家を除いて多くが商家（町家とは称さない）であり、その外側には「広間型」の間取りをもつ農家集落が散在している。この家の付近は、直江津の中では、明治から大正にかけての新興の住宅地で、町の中心地から続く雪国の「がんぎ」がちょうど途切れる辺りである。また、港町であることから花町が栄えたが、その花町に隣接した砂丘地帯が前身である。したがって、この地域に新しく住みついた人は、いわゆる分家層で、職業は、私の家を除いて隣2軒が鉄道員（直江津は鉄道の拠点であった）と俸給者が多い。しかし、地方の俸給者であるから自給程度の畑をもっているのが普通であった。その畑を住宅の裏にもつのが「型」で、通り庭は、表の通りからの通路として有効に機能していた。

　このようにみると、この家は、庶民の町から自然に発生した「兼業の俸給者住宅」の一つの「型」のように思える。住宅内部に家業の場を明確には持たない点で、純粋の農家や商家とは異なる。また、京都におけるミセのない町家（シモタヤ）に比べると、農家の要素が強く残っていることが特徴である。歴史の分野では、俸給者住宅を下級武士の住宅と関連させることも多いが、たぶんそれは、江戸のような城下町での話である。中央から離れた商都の郊外地域では、農家の要素を混在させた別の発展形態があったのではないだろうか。一考してみると面白そうである。

## 二階座敷は家の一番奥

　隣の家が、１９７０年（昭和45年）まで古い平屋のまま使っていたことからみると、私の家は、この付近では初期の二階家と思われる。

　その二階には座敷が設けられており、ここは特別の部屋であったようだ。父は、「二階のオモテ」（つまり道路側の座敷）は一番上等の部屋だという。確かに、注意してみると造りが凝っている。床の間と違い棚があるのはもちろんだが、その反対側の吹き抜けに面した

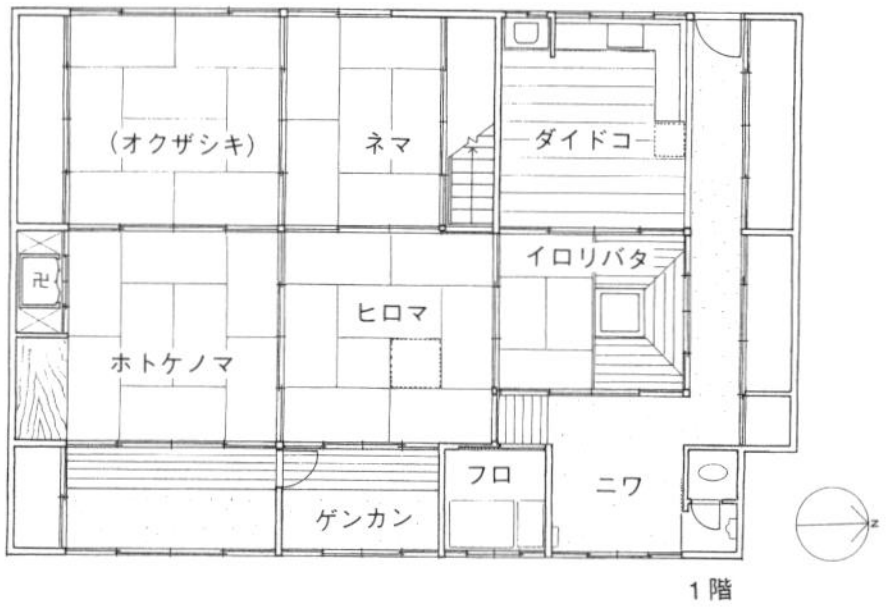


●図2―1―20　建築時の間取り（1936年頃）／父の記憶で復元したもの。広間型農家の間取りを基本とし、町家（商家）の要素が入り込んだ性格

壁には、花トウ窓のような障子窓が設けられている。また二階でありながら縁側風の場所が設けられ、書院座敷に近い構成のようだ。玄関からみた動線も、玄関→ヒロマ→階段→二階次の間→二階座敷と、家の「もっとも奥」に位置している。平屋から二階家に建替えた時に、今までにない特別の場であると同時に、やはり「奥」に位置することを大事にしたように感じられる。もっとも、この地方の商家は二階座敷が普通であることから、その影響と考えた方が自然であろう。日本有数の雪国であることから、大雪の時は二階から出入りしていたともいわれる。

興味深いのは、その座敷の使われ方である。階段を上がったところにある小さな部屋は、使用人の部屋で、その奥にある座敷二間が子供達の寝部屋であった。戦局が深まり使用人がいなくなると、階段の部屋は、机を置いて勉強部屋になったという。つまり、座敷として造りながら、普段は二階全部が子供の共有個室なのである。

父の記憶では、普段の行事や接客は、一階の「ホトケノマ（仏の間）」で行っており、二階座敷を大々的に使ったのは、唯一、父自身の結婚式の時だけではないかという。それは戦後まもなくのことであるが、二間を続けて近所や親戚の人を集めて式を行っている。しかし、一階の台所からこの座敷まで料理や酒を運ぶのは大変とみえて、酒を燗する臨時の場を二階の物置に設けている。新郎である父は、宴を中座したものの行き場がなくて、この物置きでウロウロしていたと回想している。人寄せの時の対応がうまく構造化されていた一階座敷に対して、新たな試みの二階座敷は、実ははなはだ使いにくかったようである。

以上を通して、この家の二階は「座敷」から「個室」へという機能の過渡期にあたっていたように思われる。そして、後述するように父の結婚と同時に大改造を行い、二階は若

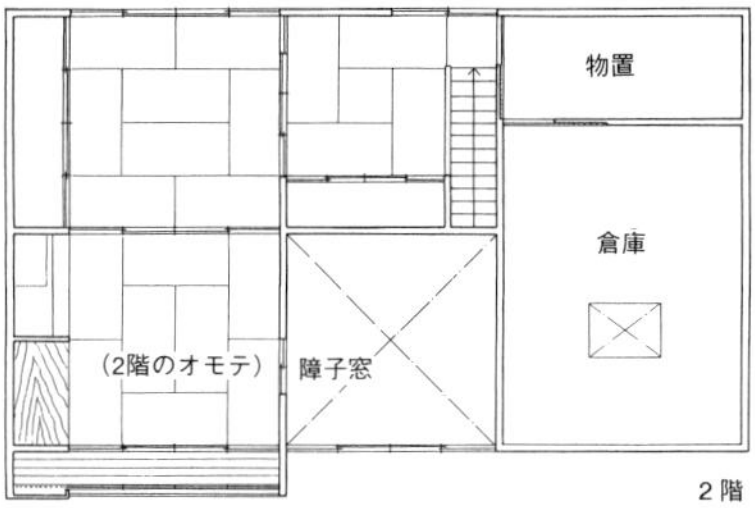


夫婦の個室として確立することになる。それ以後、ここを接客の場として使ったことは皆無である。

## 家族のだんらんの実態

　戦前の食事のとり方は、今とは随分と異なっていたようだ。普段は、家族揃って食事をとることはなく、子供は祖父と一緒に先に食べて、父母は仕事を終えた後に使用人と一緒に食べるのが普通であった。食事の場も、「ダイドコロ（台所）」で茶ぶ台を出して食べたり、あるいは「イロリバタ（囲炉裏端）」でと様々であった。そして、何かの特別の日で全員が一緒の時は、「ヒロマ（広間）」に大きなお膳（座卓のこと）を二つ並べて食べたという。ただし、その時も使用人はイロリバタであり、さらに、男が先に食べ始めて、給仕をしていた女が後で加わるのが普通であった。封建的なのであろう。ついでに述べると、風呂の順番も厳格に決まっており、最初が主人で、次が長男、男兄弟、そして女となっていた。これらは、私の子供の頃（昭和40年頃）まで続いていた習慣である。

　食事が終わるとすぐ場を移したようで、いわゆる「茶の間」のようなだんらんの場は存在しなかった。ある者はヒロマにあるラジオを聞き、ある者は囲炉裏を囲んで仕事をし、ある者は二階で勉強すると様々であった。ところで、私が子供の頃は、イロリバタを「お茶の間」と呼ぶようになっていた。テレビやラジオでの「お茶の間の皆さん」という流行語に乗ってそう呼んだのであろう。しかし、そこで家族が集まったという記憶はない。大学で建築を学ぶまで、「茶の間」とは近所の人とお茶を飲む場所と思っていた。封建性の強い家には、お茶の間も家族だんらんも場違いなのであろう。

## 一階の使われ方

一階をみると「ネマ（寝間）」と「オクザシキ（奥座敷）」に、曾祖父と祖父母が寝ていた。たぶん、ネマに祖父母と思われるが、父の記憶は定かではない。

また、商売については、イロリバタが牛乳を買いに来る人の最初の応対の場であり、そこから通り土間（呼称は「ニワ」）を抜けて裏の小さな工場へ行って買うことになっていた。つまり、我家では、通りと工場をつなぐ動線として、「ニワ」が有効に機能していたわけである。

出入りは、戦後とそう違わないので後述するが、新築当時は、ホトケノマの前に広い土間があった。ここは、出入りの場としてはこの家で一番広い。しかし、まったく正式の出入り口として使われたことはなかった。儀礼の時は中央にある「玄関」から出入りするのが原則であった。何を意図して設けた土間なのであろうか。雪国であることと関係しそうであるが、よくわからない。ここは、戦後すぐに部屋に改造されている。

以上を総じてみると、この家は、それまでの平屋の間取りを踏襲しつつも、二階化に伴って新しい要素を積極的に取込もうとした実験的・過渡的な間取りであったとみることができる。そして、様々な矛盾から、戦後しばらくして、父の結婚を契機に大改造が行われることになる。

## 父の結婚直後に大改造

父が結婚した直後の１９５１年（昭和26年）に大改造が行われた。その要点は以下のとおりである。

・一階に座敷を設ける

この時の改造の主題は、一階の奥の部屋（寝る部屋として使っていた）を座敷として造り直したことである。押入れ部分を広縁に改造して外部とつなげ、その外側に庭園を造った。さらに、天井仕上げや欄間など細部の様式に至るまで手を入れている。父の話では、祖父は気に入った床柱や長押の材料を探しに遠方（名古屋らしい）まで出向いたというから、今度は曾祖父から祖父に普請道楽が移ったのであろう。それにしても、地方の人は座敷に対する思い入れが強いものである。

また、隣のネマとの間にも手を加えている。それまでは襖であった間仕切りを塗り壁に直し、そこに洒落たデザインの障子窓を配している。壁にしたのは、柱の四方全てが襖なのは家相上縁起が悪いと忠告されたためであるという。忠告されたという表現からすると、改造にあたって家相見を入れたものと思われるが定かではない。いずれにせよ、改造によって座敷というハレの場と、ネマというケの場の格差が大きくなった以上、その間を壁にすることは理にかなっているように思われる。

なお、一階に座敷を設けた理由は、二階を若夫婦（父母のこと）の個室として確立するためであったという。さらに、結婚式で二階座敷の使いにくさに懲りたことも一因かもしれない。やはり、座敷は「ホトケノマ」と続き間になった位置にあり、しかも台所から給仕がしやすい一階に位置することが、女中がいなくなった戦後は自然なのであろう。

・洋館風の板の間を設ける

また、ホトケノマの前にあった土間を、洋館風の出窓をもった「板の間」に改造してい

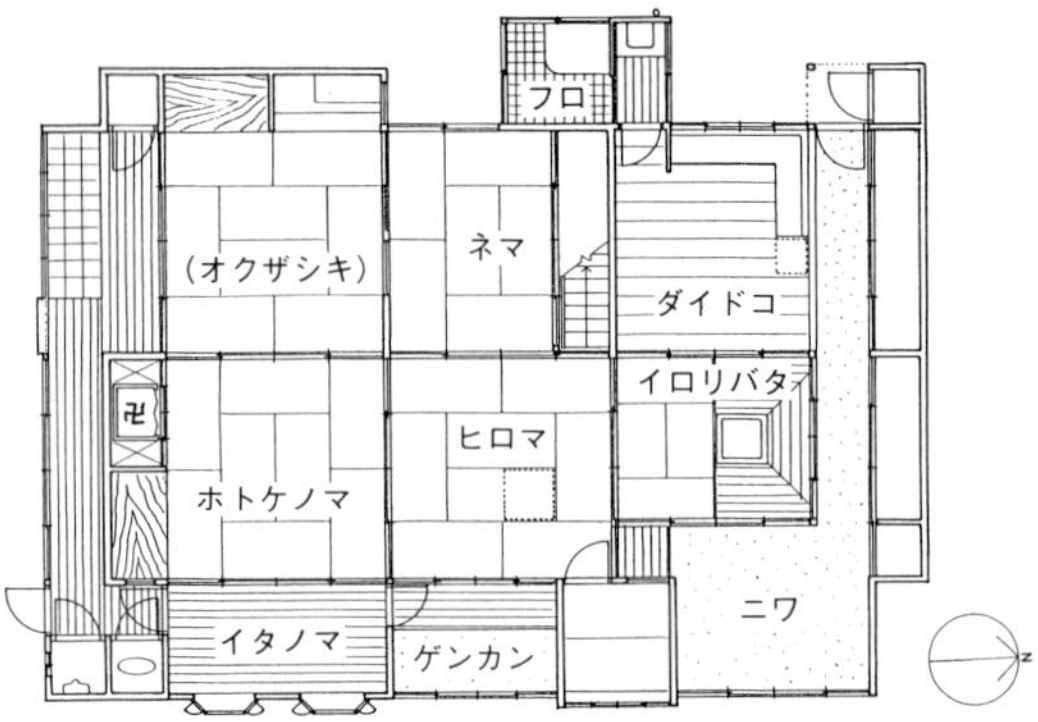


●図2－1－21　1959年頃の間取り／1951年に1階の部屋を座敷に改造、洋館風の外観をもつイタノマを設けた。便所をニワからイタノマの奥に移動したことも大きな変化。1959年には風呂を奥に移動したことで、農家住宅の構成から商家風の構成へと変化したといえる

る。そのデザインから想像すると、東京の和洋折衷住宅の応接間に対するあこがれがあったように思われる。事実、当初は、ソファーセットが置かれ応接間的に使われていた。しかし、幅が1・8mほどしかないため使い方は不安定で、その後、子供の勉強部屋や家事室など様々な使い方がなされた。

・便所を移動する

同時に、ニワの入口にあった便所を東南の角に移動している。最初の位置は、農家の構成の踏襲と、道路からの汲取りに配慮したものであろうが、商売の客が来ることを考えるといかにも不適切である。また新たに造った一階座敷との関係もまずい。このようにみると移動は当然と考えられるが、やはり父は家相上の方位によるものだったという。

新たな便所の位置については、とくに内部の動線が面白い。つまり、座敷からホトケノマを通らずに行けるように迂回路を設けている。この迂回路は、普段の生活ではほとんど使われることはなく、乱雑に物が置かれて通り抜けができない状態が多かった。しかし、行事の時はそれらが整理され、一階座敷から人目を避けて便所に迂回できる通路として実に有効に機能していた。

### 変わり続ける家

その後も、増改築が頻繁に行われている。結局、最後まで変わらなかった部屋は、「ホトケノマ」とその上にある「二階座敷」だけである。さすがに、仏壇のまわりには手を加えるのを避けたようである。

・風呂を移動──1959年（昭和34年）

薪からガスに変えるのを機会に、風呂の位置を台所の奥に移動している。その結果、随分使いやすくなったようである。とくに、女性には評判が良い。今までは、狭い脱衣室で着替えていたのが、今度は広い台所で着替えをすることができる。台所は女の場所であるから、誤って入ったら男が悪いのである。もちろん新しい風呂にも脱衣室が一応ついているが、これが何故か著しく狭い。私などは、ここで着替えた記憶はなく、小さい頃はヒロマで裸になり、中学生くらいからは台所で着替えていた。いずれにしても、脱衣室が著しく狭いのは何故であろうか。封建的な家族だからであろうか。

風呂を移動した後の玄関脇の空間は、二畳程の部屋にした。ここは、様々な使い方がなされた。まず、母の家事室として使われ、その後は、私の勉強部屋（小学校高学年期）となった。二階の子供部屋に一人立ちする前に、この部屋で準備期間を過ごしたわけである。入口のドアを開きかげんにしていると、ヒロマの様子が伝わってくる。小学校低学年までは、ヒロマで勉強するのが普通であったから、その後の自立への過渡期においては、ヒロマのコーナーのようで実に具合が良かったのである。私が二階に移った後は、また母の家事室になっている。

### ・二階応接間（実質は子供部屋）を造る――１９６３年（昭和38年）

次いで、二階の干草置場を応接間に改造している。この頃、周辺に人家が増え、牛の飼育を遠くの牧場に委託したため、干草置場が不要になったことが直接の契機である。また同時に、階段の位置を動かしているが、このことにより、二階の各部屋への動線が分離し、各々が独立した個室として安定するようになった。

ところで、この応接間は、当初はソファーセットが置かれていたが、姉が中学校を受験するのを契機としてここを占拠し?、その後は、姉と私の共用の子供部屋として使われた。父の話では、改造の目的は当初から子供部屋を設けるためだったというが、しかし部屋の造りをみると、飾り棚やシャンデリアなど明らかに応接間を意識したものである。そして、長らく子供部屋として使われながら、「オウセツマ」の呼称は変わらなかった。

父の世代は「二階の座敷」で勉強したり就寝した。そして、子供の世代には「二階の応接間」を与えている。和洋の違いはあれ、父の意識には、二階という場が、接客空間と個室が奇妙に複合したものとして位置づいていたのであろう。個室という観念がもともと稀薄な父の世代の特質というべきであろうか。

以上のように、戦後の数度にわたる大改造を経て、この家は、過渡的な二階座敷の構成から、一応、近代的な生活様式に対応した構成へと変化したということができる。つまり、二階が個室として安定し、便所と風呂が奥に移動し、そして、各部屋への動線の分離が進んだ。そして、この後しばらくは、住み方と住宅の空間構成が調和した安定期を迎えることになる。

●
・1936年（昭和11年）新築（木造2階建）以後、数度の増改築が行われて一時安定。1980年に再び改造
・新潟県上越市
・敷地　310坪
・家屋　64坪

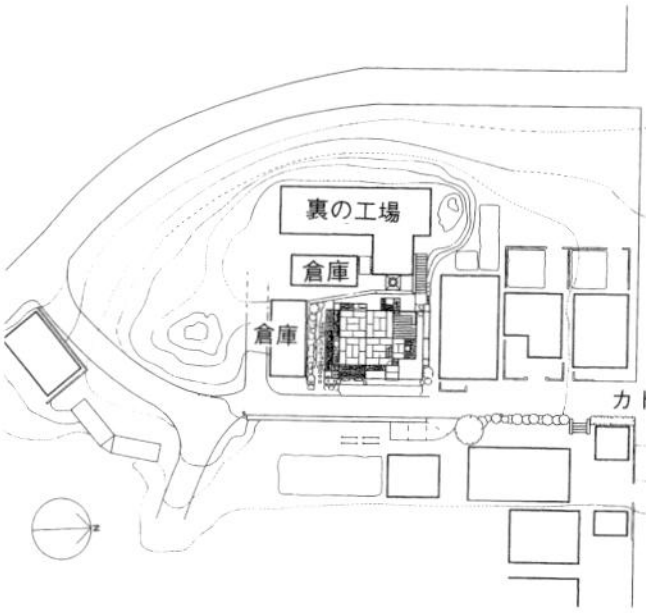


●図2－1－22　1963年（昭和38年）頃の家の周辺／町外れの砂丘地帯の高台にある。カドと呼ばれるまでの隣の3軒、向かいの1軒が結婚式等で招き合う。4歳頃まではカドより外へは1人で出てはいけないといわれていた。本人も恐くて外へは行けなかった。

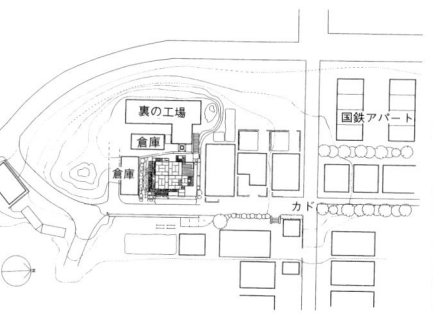

## 2　1963年（昭和38年）以後―私の体験―

### 住み方の安定化

この住宅は、全体としては増改築を経てのものだけにやや特殊である。しかし、その部分の要素を取り出すと、「型」と認めうる箇所が少なくない。戦後の新築住宅で、この家の構成に最も近いものは、やはり「広間型農家」が建替えられた場合の平面である。広間型農家の建替えでは、南に玄関を設けて、そこから縦に伸びる中廊下をつくる。この地域では、茶の間（ヒロマと呼ぶ）は、中廊下からみて台所側ではなく座敷側に配される。その結果、接客と団欒の場は一体化してL字型（広間＋続き間座敷）を構成する。また、二階に個室が造られる。私の家は、中廊下こそないものの、これらの間取り構成とよく似ている。以下、この構成における住み方を印象を交えて記述する。

なお、当時の家族構成は、祖母、父母、叔父、子供3人（私を含め男1人、女2人）の、合計7人である。

### 私の幼少期の住み方

・ニワ

ここは、家族、商売の客、近所の人等、全ての人の日常の出入りの場であった。入口部分が少し広くなっているが、これは雪国の特徴であろう。冬はスコップやソリ等が置かれ、また体に積もった雪を払う場所として活躍した。冬の間は使えない自転車が置かれているのもここである。さらに、雪の日の餅つきの場としてもよく使われた。

「ニワ」の床はモルタル仕上げで、毬つきや工作の場として格好であった。出入りの邪魔になると叱られながらもよく遊んだものである。近所の家の通り土間は、天井が高く薄暗い感じで怖かったが、我家のニワは、二階があるため天井は低く親しみやすい。私にとって「ニワ」は、明るいイメージの楽しい場所である。

このニワを抜けると「裏の工場」と呼ばれた小さな牛乳処理工場がある。少し高台にあるため、ゆるい階段を上るが、ここは、私が幼い頃の一人遊びの場であった。階段に腰掛け、工場から流れてくる小さな排水路を塞き止めたり、そこに笹船を浮べて遊んだ。

・イロリバタ（囲炉裏端＝茶の間）

その名の通り炉がある場所で、天井は、台所と同じ根太天井である。祖母や父は、ここを「イロリバタ」と呼ぶこともあったが、子供は「オチャノマ」と呼んだ。イロリの端に置かれていたガス台でお茶を入れるための湯を沸かすことが多かった。このため、「お茶の間」とはお茶を飲む場所と思っていたわけである。

ところで、父はこの部屋が気に入っていたようだ。特に冬は、親戚の人と一緒に、時々イロリを囲んで酒を飲んでいた。父が座る場所（台所側）には古い茶簞笥を置き、その脇に小さな台を町の骨董屋から手に入れて置くなど、場の雰囲気づくりを楽しんでいたようである。

子供は、「ヒロマ」でテレビを見ているのが普通で、オチャノマで何かをすることは少なかった。しかし、姉と一緒にガス台で餅を焼いたり、インスタントラーメンをゆでたりした光景は妙に印象深い。「火を囲む」というイメージは家族交流のイメージと重なるようである。

●図2－1－23　1963年（昭和38年）頃の間取り／二階の倉庫を子供部屋に改造。しかし呼称は「オウセツマ」であったことが面白い。イロリバタからチャノマに呼称が変化しているのはテレビの影響と思われる。この間取りで1975年（昭和50年）まで安定し、子供が巣立った後に、通りニワを床上化し、ダイニングキッチンに改造している。

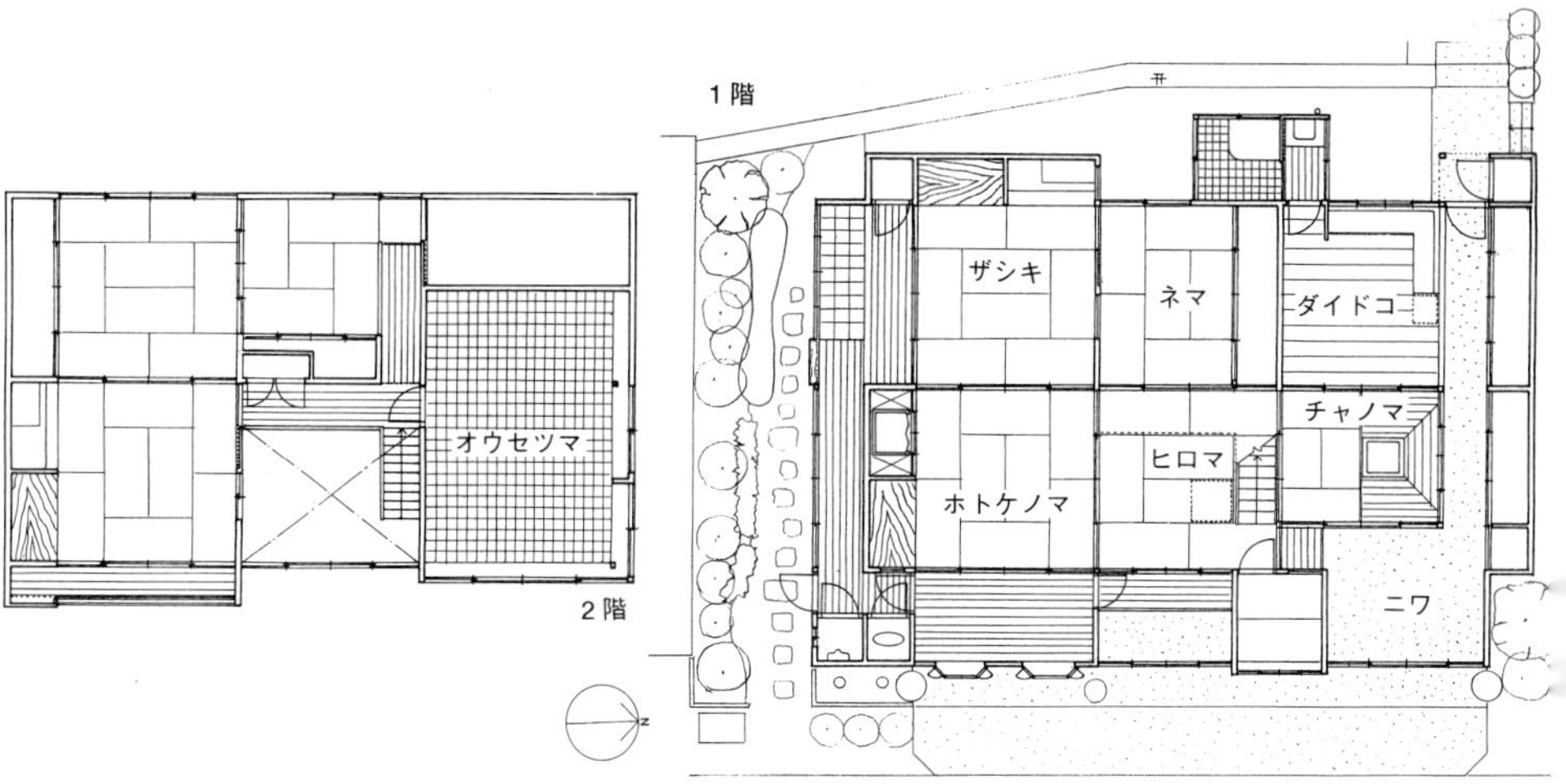


夏は、イロリに火が入ることもなく、専ら飾りであった。それでも、商売の人が上り端に腰掛けて父と茶飲み話をすることは頻繁であった。また、祖母も近所の人とよくお茶を飲んでいた。夏は出入り口の戸が開け放しになっているため、ここに座っていると通りの人と顔が合う。近所の小母さんがよく来ていた。

私が小学生の頃までは、イロリバタが食事の場であった。その後、テレビの購入と前後してヒロマに移ったが、工場の従業員等が食事をする時は、常にこのイロリバタであった。

・ダイドコ（台所）

床は板の間になっており、通り庭とは間仕切りなしでつながっている。冬は寒さが身にしみる場であった。台所の中央には井戸があり、昔はそこから水を汲んだというが、私の記憶の範囲ではすでに水道が引かれていた。

私が生れる前は、台所で座って食事をしたそうであるが、私自身はその経験はない。このため、台所は、私にとって女の作業場というイメージが強い場である。

・ヒロマ（広間）

家の中心である。天井が二階まで吹き抜けており、窓があるため明るい。上を見上げると、二階座敷側には洒落た障子窓が配され、その脇には人の背丈ほどもある大きな柱時計が掛けられている。さらに、ネマ側には神棚が祭られ、その下をみると、古びた箪笥の上に大黒様が置かれていた。つまり「ヒロマ」

●図2－1－24　前の道との間に境界はなく、家の庭のように遊んでいた

は、我家の象徴的なものが集中している場である。

柱時計は、2~3週間に一度振子を巻くのであるが、これがひと仕事であった。倉庫から脚立を持ってきて、それに登って巻くのである。今は動かなくなってしまい時計としての機能は果たしていないが、昔と変わらぬ位置に象徴的に飾られている。

ここは、私の子供時代を通しての食事・だんらんの場であった。テレビが置かれ、冬は掘り炬燵が造られた。また、親戚などがフラリと訪れた時に応対する場もここであった。ただし、商売関係の人がここに入ってくることはなく、あくまで家族の場であった。

ヒロマの前には玄関がある。夏は、玄関の戸を通風で開け放すため、ヒロマは通りから丸見えになる。しかし、近所の人はお辞儀をしながら通り過ぎていくのが普通であった。覗き込むという失礼な人はまずいないのである。また、そこで挨拶をして家に上がり込む場合もあったが、入る時は必ずニワからで、直接玄関から上がることはなかった。

・ゲンカン（玄関）

ヒロマの前の出入り口は「ゲンカン」である。外観もそれらしく造られ、表札が掛けられている。

玄関は、出入りの作法が厳密に決められていた。ここが利用されるのは正月や法事の時である。しかも男性だけが出入りし、女性は必ずニワからであった。つまり、玄関＋座敷が行事の表舞台というわけである。そして、それ以外の時は、まず玄関を利用することはなかった。坊主も、壇家の打合わせの時はニワから出入りした。時々、行商の人が誤って玄関から入ろうとすることがあったが、父は「ウラに回れ」と怒鳴りつけていた。出入りの作法は厳しかったのである。

●図2—1—25　仏間（ホトケノマ）は夜中になると先祖の霊が甦るようで、子供には恐い空間であった。「先祖のバチがあたる」という言葉はもっとも有効な叱り方であった。「イエ」を畏怖し大切にする精神を養う舞台装置の役割を果たしていたのかもしれない

・ホトケノマ（仏の間）

ヒロマの隣りに「ホトケノマ」がある。要するに仏間であるが、奥座敷と合せて「ザシキ」と総称されることもあった。この地方は、親鸞上人が滞在した土地柄から浄土真宗がさかんであり、仏間は家の中でも重要な場所とされている。仏壇の横には床の間があり、お祝いの品やお酒は、この床の間に置くことがしきたりであった。天井は、ヒロマと同じ竿縁天井であった。

ホトケノマの鴨居には、我家の歴代の家族の肖像がズラリと飾られている。葬式の時に使った肖像画であるが、仏壇の古びた様子と相俟って、いかにも「家」を感じさせる部屋である。私が小学校低学年の頃は、祖母と隣の座敷で寝ていたが、客が座敷に泊った時は、このホトケノマに寝ることもあった。その時は、なかなか寝就かれなかった。怖かったのである。子供にとっては、先祖というよりも、「死者」を感じさせる部屋であった。

ところで、ホトケノマやザシキは、二間続きであるから子供が遊び回るには適していた。しかし、ドタバタが過ぎると決まって怒られたことを覚えている。とくにホトケノマの方が厳しかった。

・ザシキ（座敷、または奥座敷）

ホトケノマの奥は、通常は「ザシキ」と呼ばれる。明確に区別する時には「オクザシキ」と呼ばれることもあった。接客や行事の場であるが、実際に使うのは月に1回あるかないかであった。普段は、夜は祖母と妹の寝室で、昼は家族の休息の場になることが多かった。ヒロマが通りに面した位置にあるため、ここで昼寝をしたり本を読んだりしたのである。とくに夏は冷んやりとした空気が漂う場で、実に快適な空間であった。

「ザシキ」を大々的に使うのは、やはり行事の時である。とくに正月は、床の間を背にして父が一日中座っており、年始に来る客と酒を飲んでいた。また、法事の時は、ホトケノマと続き間にして大勢の親戚を招いた。

このような時は、子供の居場所がなかった。ヒロマが通路になるため、テレビなどは移動した。仕方なく戸外や二階で遊んだものである。しかし正月だけは別であった。ヒロマに子供がたむろしていて、来客を家族団欒の侵害者だという非難の目で睨むのである。お客さんはすまなそうに通りながら、渋々お年玉をくれたものである。

私のザシキに対する印象は「静寂」である。小学生の時までここで寝ていたためであろうか、天井の模様や、小さな柱時計のチクタクという音を妙に覚えている。

・ネマ（寝間）

中央の奥は「ネマ」と呼ばれる。叔父の寝室であったが、最近では、祖母が寝ていた。ここは、一階にあっては唯一独立性の高い部屋であり、寝たきりの病人の部屋としても使われた。しかし、行事の時だけは別で、座敷と台所を結ぶ経路として女衆が頻繁に通り抜ける。そして宴の引出物を置いておく場であった。

この部屋の西窓には「お地蔵さん」が正対している。お地蔵さんについては、我家の逸話が残っていて興味深い。「昔、曾おじいさんが、海で砂に埋もれた地蔵を見つけた。砂を払ってその場に安置して去ろうとすると、急に足が重く動かなくなった……地蔵さんが呼んでいたのである。そこで、背負って家に連れて帰った。」真偽のほどは分らないが、そんな話を聞かされると、急に、お地蔵さんの有難みが増したものである。

・オウセツマ（応接間）

二階の応接間は、しばらくはソファーセットが置かれそれらしく飾られたが、その後はもっぱら私と姉の子供部屋であった。姉とは、中央を本棚で仕切って使い分けていた。といっても、照明は中央に一つで、しかも出窓や飾り棚があるため完全に仕切ることはできず、ほぼ一体に近い状態であった。

寝床はベッドである。私自身の服は、中学生の頃まではこの部屋になく、一階の箪笥に家族の服と一緒に収納されていた。高校生になると、下着や普段着はこの部屋に置いたが、その他の洋服の多くは、やはり家族と一緒であった。この意味では、独立した個室とはいっても、生活スタイルは、昔の様式をひきずっていたようである。私自身にもプライバシーなどという感覚は無く、ごく自然に個室を使っていたように感じる。

・ニカイザシキ（二階座敷）

２間続きで奥が両親の寝る部屋である。表側の座敷は空けてあり、親戚（両親の兄弟）が泊まる時に使われたが、希であった。私には、全体として両親の寝室というイメージが強かった。「子供が入る所ではない」と祖母に叱られたり、また奥の押入れに戦争中の日本刀があったりして、なんとなく秘密めいた場所という印象があった。牛乳屋という商売柄朝が早く、布団は敷いたままのことが多かった。農家の習慣に近いのであろう。

座敷という前身を除けば、近代化型住宅の夫婦寝室と変わりはないように思われる。

## 私の大学入学以後の変化

私が大学に入学（１９７３年）して家を離れて以後、再び頻繁に増改築が行われている。

・台所をダイニングキッチンに

先ず通りニワの一部を潰して、十畳程のダイニングキッチン（ＤＫ）に改造した（１９７５年（昭和50年））。裏の工場へは、車で直接行くことができる迂回路が設けられたため、ニワの通路としての機能は低下していた。このため潰されても困るわけではなかったが、やはり寂しさが残るものである。

改造は母の主張である。父は、最初は反対したが、すぐに慣れてＤＫはかえって居心地が良いと言っていた。また、そのおかげで、父は少し台所仕事を覚えたようである。母は、父の老後を考えて多少は自分で料理ができるようにと躾けたらしい。封建的な家風であったため、父はすぐ近くの新聞さえも自分で取ろうとしなかったのである。その躾？の御陰であろうか。母に先立たれても、父は何とか自活することができた。この点は、ＤＫという空間の隠れた効用かもしれない。

また改造して以後は、食事は夏冬を通してＤＫを利用した。ザシキやヒロマを利用するのは、行事の時と子供達が帰省する時のみとなった。

・二階の応接間を和室に

台所の改造のすぐ後に、二階の応接間を和室に改造していた（１９７５年（昭和50年））。子供部屋が不要になったのを契機に、客が宿泊できるような独立性の高い和室を確保しようとしたのである。ただし、普段は父母の寝室として利用した。客間と夫婦寝室が一緒であることに、父母はまったく抵抗がなかった。

・上がり口に段

数年前にニワからイロリバタへの上がり口に段をつけた。もともとは高さ45㎝程あり、そこに腰かけるにはちょうど良いのであるが、老人が上がる時などは大変であった。父自身が老化したのを機会に、途中に段をつけたわけである。

## 私の結婚式

私自身は、東京でパーティを開いたのと別に、親戚や近所の人を中心に自宅で結婚披露をしている（１９８１年）。その様子を簡単に記述してみたい。

まず嫁入りは、表通りの角（4軒程先）から歩いてくることから始まる……はずであったが、さすがに女房が時代錯誤と嫌がったので、簡略化して、車で玄関に入るところから始まった。お引きさんの役を町内会長が務め、女房は女房の父とともに玄関から入り、まず神棚の前に行き柏手を打つ。そこでお引きさんが決り文句を言う。次いで、仏壇にお参りして婚入りの儀式を終える。昔は、その後、嫁がイロリバタの椅子に腰掛け、近所の女や子供に披露されたが、さすがにこれも省略した。

その後、宴の用意ができるまで、私と女房は二階でくつろぎながら待つ。宴の準備は、母がすでに亡くなっていたため、親戚の嫁が中心になり、近所の女性が手伝いながら行った。ザシキに設けられた席とは別に、女衆は、台所でお茶を飲んだり、時にはお酒を飲んだりしてそれなりに楽しむのが通例であった。

席の順は、ザシキの床の間を背に新郎新婦、媒酌人がいなかったので脇に女房の両親が座る。それから、親族の順位に従って順に並び、最後に近所の人という配置である。新郎新婦は、途中で適当に中座することができ、後は皆で延々と飲むという寸法である。まぁ、お祝いがてら楽しく飲むのが主目的のように見受けられる。

## 妹夫婦の同居と住み方の変化

最近、妹夫婦が父と同居することになった。二階の続き間を妹夫婦の個室とし、父は二階の客間に寝るという住み方である。しかし、最近の一番の変化は、ヒロマの空洞化であろう。家族のだんらんの場が、ホトケノマに移ったのである。昔は、ホトケノマに日常生活が入込むことは絶対無かった。しかし、ヒロマは、夏は通りから丸見えで若い世代に違和感を与えること、冬は天井まで吹き抜けで暖房がしにくく寒いこと等から、テレビとだんらんの場が移動したのである。ホトケノマは、確かに暖房は容易であった。

現在のヒロマは、いわばホールのようなものになっている。最近では、掘り炬燵もまったく使われていない。

我家の第一の近代化は、二階部分での個室の確立として表れた。そして、世代交替と前後して、今度は「ハレの場」と「ケの場」の関係の見直しに向けて進んでいるようである。つまり、家族の日常の場である「ケの場」を優先するという方向である。

## 2　近代化の過程

### 町家系住宅

# 横須賀の家―拡張の中での型の消失（近代化1）

長澤　悟

●
・1952年（昭和27年）建設、以後1983年（昭和58年）まで7次の増改築
・神奈川県横須賀市久里浜
・木造平屋建、後2階建
・持家、店舗付併用住宅
・敷地　40・8坪
・家屋　14・5坪↓44坪

**変化の過程**

農家の次男が手に職をつけて腕を磨き、35歳にして家を建て店を持った。40坪の敷地に最初に建てることができたのは、店4坪、住宅10・5坪からなる合わせて14・5坪という最小限のものであった。家族の増加と成長、生活の近代化、高度成長時代の商売の発展という波の中で、建て増すことを仕事の励みの一つとして、この家は更新され変化していく。

1983年（昭和58年）に行われた最後の増築まで7度の増改築を経て、44坪と実に3倍に膨張した。

当初の基本部分を残しながら何がどう変わっていったか。その経緯をたどってみよう。

・Ⅰ期　−1952年（昭和27年）

最初に建てられたのは、住居部分が六畳2間と台所の板の間が縦に並んだ面積10・5坪、その北側に4坪の店が付いた南北軸一列型のものだった。父35歳、母31歳、長男の私4歳と長女の妹2歳という、夫婦と乳幼児2人の家族構成に対して最小限のものといえよう

●表2－2－1　増改築の経過

| 期 | 年 | 工事内容 | 住宅 | 店舗 | 計 |
|---|---|---|---|---|---|
| Ⅰ | 1952年（昭和27年） | 新　築 | 10.5坪 | 4　坪 | 14.5坪 |
| Ⅱ | 1954年（昭和29年） | 増　築（下屋） | 12　坪 | 4　坪 | 16　坪 |
| Ⅲ | 1956年（昭和31年） | 増改築（台所床上化） | 12.8坪 | 4　坪 | 16.8坪 |
| Ⅳ | 1961年（昭和36年） | 増改築（2階・店） | 22.5坪 | 4.3坪 | 26.8坪 |
| Ⅴ | 1970年（昭和45年） | 増改築（2階・水洗化） | 33.8坪 | 4.3坪 | 38.1坪 |
| Ⅵ | 1973年（昭和48年） | 改　築（店） | 33.8坪 | 8.5坪 | 42.3坪 |
| Ⅶ | 1983年（昭和58年） | 増改築（ＤＫ 拡大・風呂） | 35.5坪 | 8.5坪 | 44　坪 |

（この秋には下の妹が生まれた）。しかしながら、地方の二級建築士の設計になるこの最小限住宅が、その後の変化を通してみて、次のような点で寧ろ最も伝統的な住宅の型を備えていたということができるのである。

（1）六畳2間の続き間

（2）続き間の一方に3尺幅の床の間と1間幅の神棚

（3）男子用小便器と和風便器のある便所（便所の前に南天、裏にはどくだみ）

（4）続き間の南に縁側、軒から吊るした手水

台所は縁側に続く二畳分の板の間で、その先の土間に一段下がって立ち流しが設けられていたが、井戸は外にあった。続き間の北側（店側）の六畳間には掘炬燵があり、その組み立て、片付けがこの家での生活に季節の節目をつくっていた。店の東壁には風流にも丸窓がとられていた。窓と店の10枚ほどの雨戸を開けるのは、やがて長男の仕事となる。丸窓を開けた瞬間に差し込む朝日はいつもまぶしかった。店の大きな雨戸をしんばり棒をてこのように使って戸袋にしまうのはテクニックを要したが、それがいささか自慢にも感じられた。

敷地の南に余った10坪程の小さな庭には、いかにも農家出身らしく、父の手で苺や野菜が育てられ、またつつじがまとめて植えられて、季節になると子どもたちを喜ばせた。敷地の東西には板塀ともちの木の生け垣の組み合わせ、南側の道路とはあおきの植え込みで仕切られた。台所の東にはよく実をつける枇杷と渋柿があった。この頃庭で撮った写真の背後には井戸と背の高いカンナの花が写っている。

さて、この六畳2間の続き間部分はその後ずっと維持され、これをコアとして何度か増

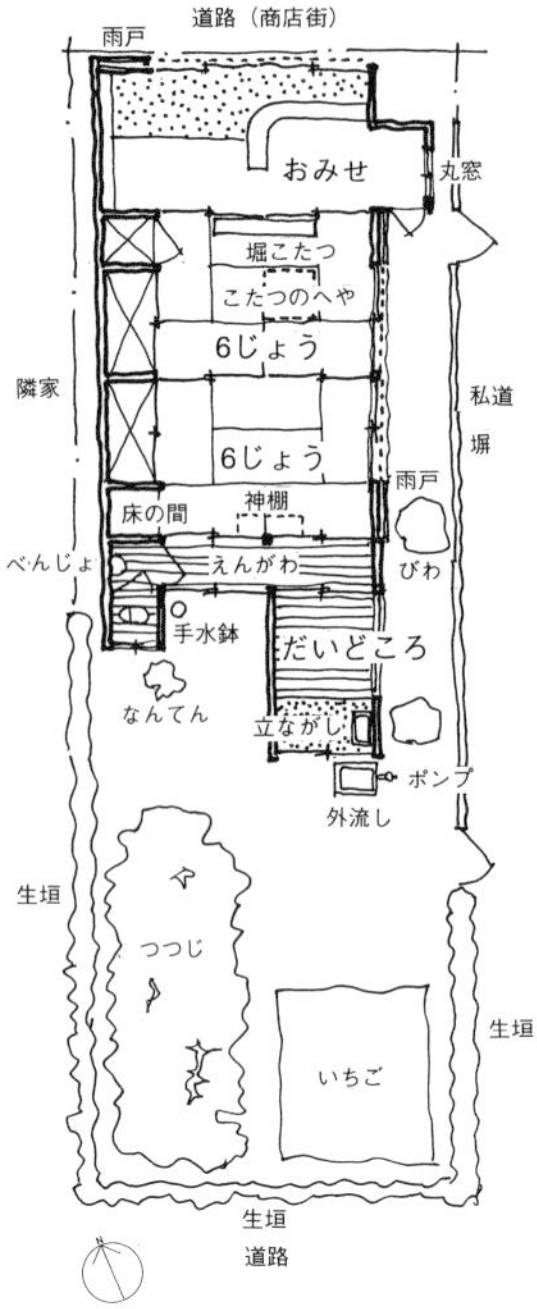


●図2—2—1　Ⅰ期（1952年）

・伝統的な併用住宅の型を備えている

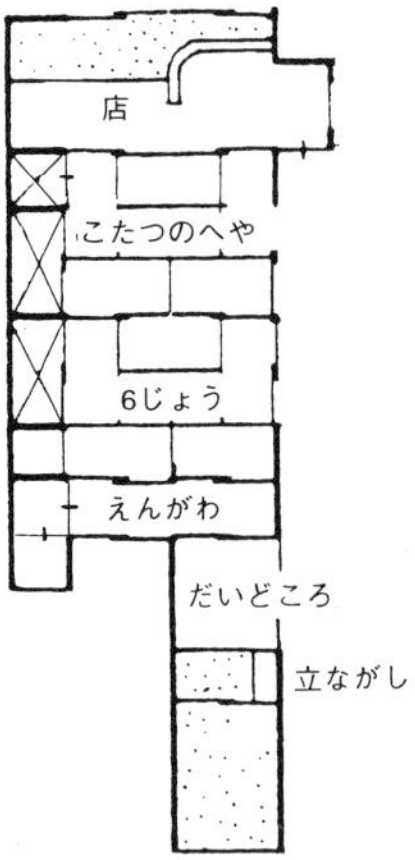


●図2—2—2　Ⅱ期（1954年）

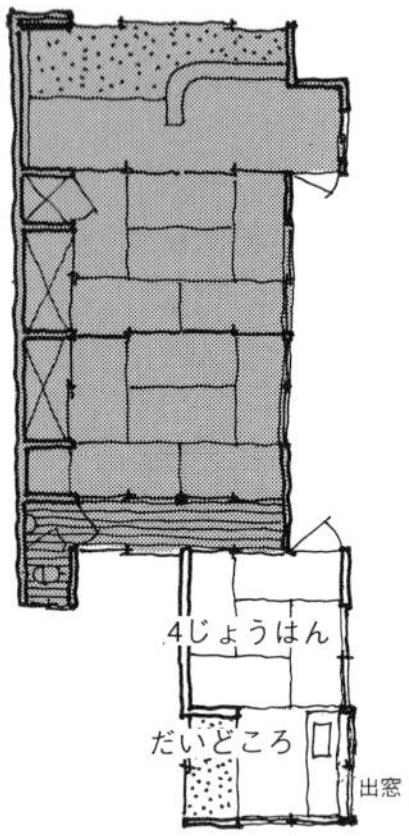


（アミはⅠ、Ⅱ期と不変部分）

●図2—2—3　Ⅲ期（1956年）

・和室の増改築→食事室の確立
・だいどころの近代化。出窓が新鮮だった

改築の手が加えられていく中、次第に住居の型は崩壊していくことになる。

・Ⅱ期　1954年（昭和29年）

当初は外にとられていた井戸が、一間半程の下屋を出して屋内化された。土間にすのこ敷のこの空間は、せっかく買ってもらいながら練習で転んで嫌になり、その後錆びるまで乗ろうとしなかった私の青い自転車や、父が好きだったオートバイ等の物置としても利用された。

・Ⅲ期　1956年（昭和31年）

1955年に末の弟が生まれ、子供4人が揃った。物も増えて狭くなってきたところで土間部分に四畳半の畳の間をつくった。その南に1坪分の板の間の台所をとり、流し台が据えられた。ここで食事室が確保され、台所も床上化されたことになる。ただしご飯は外の七輪かまどで炊き、これは電気釜の登場まで続いた。上水道の整備にともない井戸はつぶされ、玄関とは言えない半坪の入口土間が屋内にとられた。

この家は小学校から最も近かったため、縁側は下校途中の同級生たちの立ち寄り場となった。父がとってくれていた月刊少年雑誌を皆がここで読んで帰った。朝、登校途中に皆が私を迎えに来るのもここであり、これは中学校時代まで続いた。一方、絵のコンクールで賞をとり学校の全校朝礼で表彰状をもらって帰った日に、ちょうど来ていた田舎の祖母を囲んで記念写真をとったのもこの縁側の前であった。店の前で父を中心とした写真も残っているが、内向きのハレの写真にはここが相応しかったようだ。

### ・Ⅳ期　1961年（昭和36年）

商売が順調に発展し、私が中学校に入る時期になって二階が乗せられた。工事中には、足場を踏み外した大工の足が六畳の天井を破って現れたのに驚くという一幕もあったが、自分の家が二階になるということにはなんともワクワクさせられた。足場越しに見上げるだけでうれしかった。足場を登って、まだスカスカの二階部分から、自分が普段遊んでいる場所や立派な名前を付けた3箇所の野球場＝空き地を見渡すのは面白く、また遠いとばかり思っていた神社が見えることに気がつき、それが存外近いので驚いたりした。

二階には八畳の和室と広縁を設けた。大工がモダンなデザインと自慢する1間幅の床の間が設けられた。そのしつらいからみて、客間としての性格を持たせることが父には意識されていたようだ。一階の3尺の床の間が、初めのうちは何段飾りかの顔に品のある雛人形や五月人形が飾られていたのが、暫く前から押入れ的になっていた。あらためて床の間が拡大されて設けられたことになる。ただし、東をふさぐその位置が部屋を暗くすることは、さわると砂が落ちる塗り壁とともに、母には不満の種となった。

●図2－2－4　Ⅳ期（1961年）

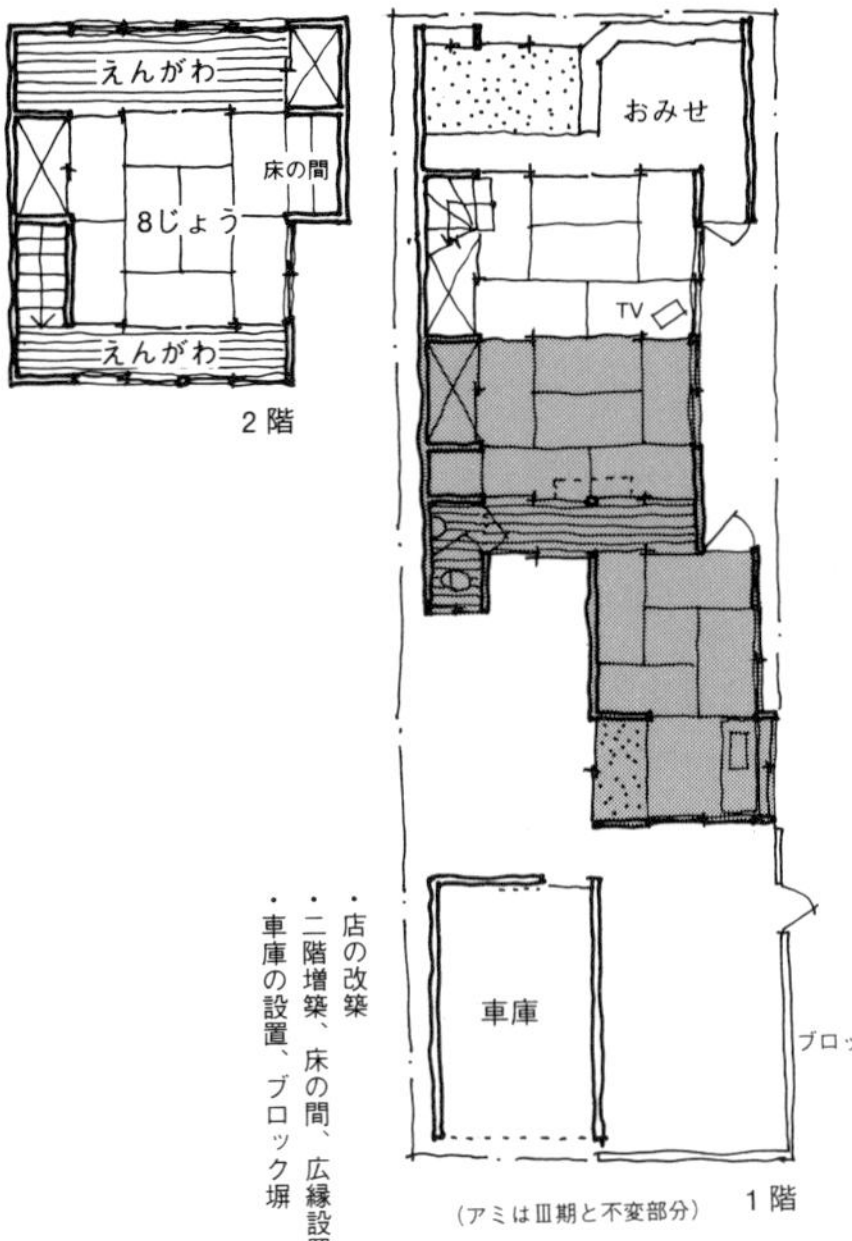


・店の改築
・二階増築、床の間、広縁設置
・車庫の設置、ブロック塀

●図2－2－5　Ⅴ期（1970年）

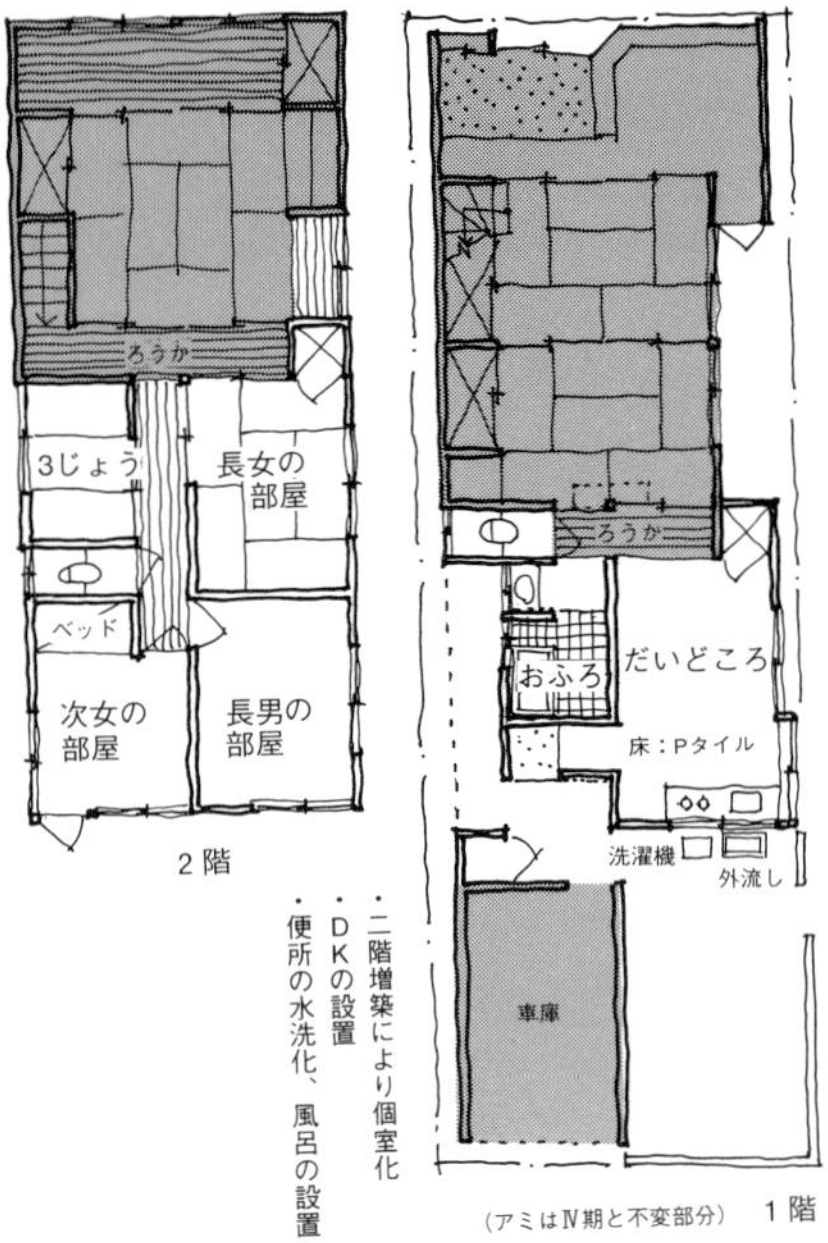


・二階増築により個室化
・DKの設置
・便所の水洗化、風呂の設置

二階ができたことは兄弟4人とも大好きだった隠れんぼをダイナミックなものにした。特に薄暗い階段の奥にへばりつく手は、お互いに何度も利用し、どういうわけかいつも成功するのだった。

従業員が2人に増え、店も改装された。ショウウィンドウが設けられ、そこに飾られるものを楽しんだ。しかし雨戸の代わりにシャッターとなったため、しんばり棒の技術は不要となって廃れた。

農家の庭の風を表していた庭は、何年か前から知人に頼まれ、半分つぶして車庫にして貸していたが、ケネディの撃たれた朝に届けられた我らがスバル360の車庫となる。東と南の塀はブロックとなった。設けられた木戸の背が低く、頭をぶつけそうで心配されたが、実際にはそのようなことはなく、くぐって通るのは新鮮だった。

・Ⅴ期　1970年（昭和45年）

高度成長期を迎えて商売もそれなりに発展し、兄妹は次々に受験時期に入った。そこで子供部屋の確保をねらいとして4室の増築が行われた。総二階の形態になり、二階には中廊下が登場する。それを挟んで弟を除く兄妹

3人の個室が確保された。当初の設計図を見ると全て和室で、東の六畳2室は襖で仕切る続き間となっている。妹2人の要望が通って結局全て独立室となり、南の2室は洋間に変わった。しかも下の妹は押し入れ部分の上部をベッドにするという住み方の主張をしている。それに引き換え、建築の勉強を始めていたはずの私はといえば、和洋の問題を含め自分の部屋について希望を出した覚えがない。学生寮に生活拠点が移りつつあり、家には寝る場所があればよいといった感じだったようだ。しかしそこは長男。南向きの眺めの最もよい室を手に入れた。そして上の妹が和室に入った。納戸として考えられていた西向きの三畳間には畳が敷かれ、母がしばらく自分の部屋として使っていたが、やがて本来の納戸に落ち着いた。この家の西側にできた初めての窓であり、そこからみる町の風景は新鮮だった。特に夕方の眺めがよかった。

一階の四畳半を台所部分と一体化し、ＤＫスタイルになったのも大きな変化である。緑のＰタイルの床が新鮮だった。6人がけのダイニングテーブルと椅子がおかれると、生活が一気にモダンになった気がした。風呂も新たに設けられた。町内会や商店会等、地域の人々との銭湯でのコミュニケーションを大事にし、また楽しんでいた父が、家族の要望に押し切られて漸く受け入れたものであった。一方、便所は汽車式の男女兼用となり、朝顔は露と消えた。またトイレは二階にも新設された。

・Ⅵ期　1973年（昭和48年）

従業員が3人に増え、商売の拡大にともない店を拡張するため、従業員も交えたこの家の団欒、日常の接客、食事の中心の場となっていた掘炬燵のある北側の六畳がつぶされた。

●図２－２－６　VI期（１９７３年）

・店の拡張
・続き間、堀炬燵が消滅
・店側に玄関を設置

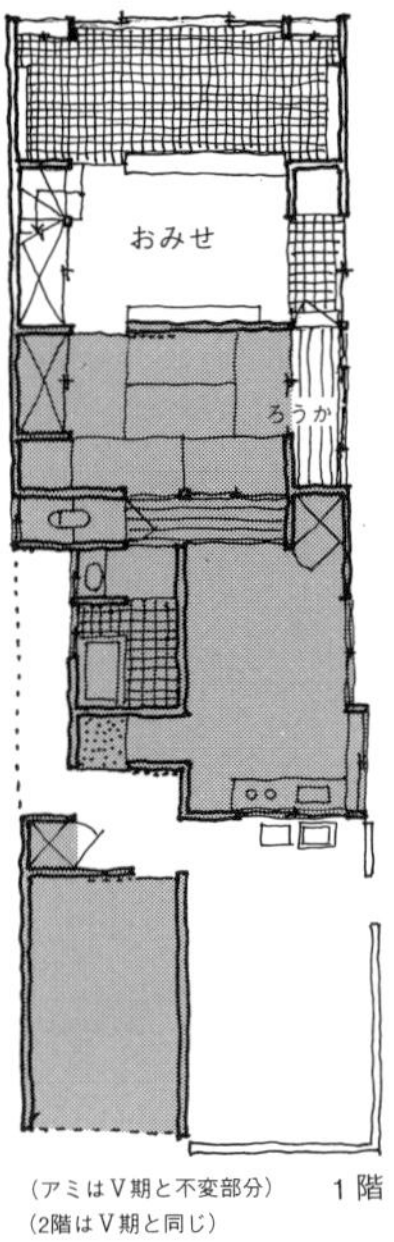


●図２－２－７　VII期（１９８３年）

・DKの拡張、キッチンユニットの改善
・便所の洋風化、二階への給湯
・納戸の設置、勝手口玄関の整備
・車庫の拡張

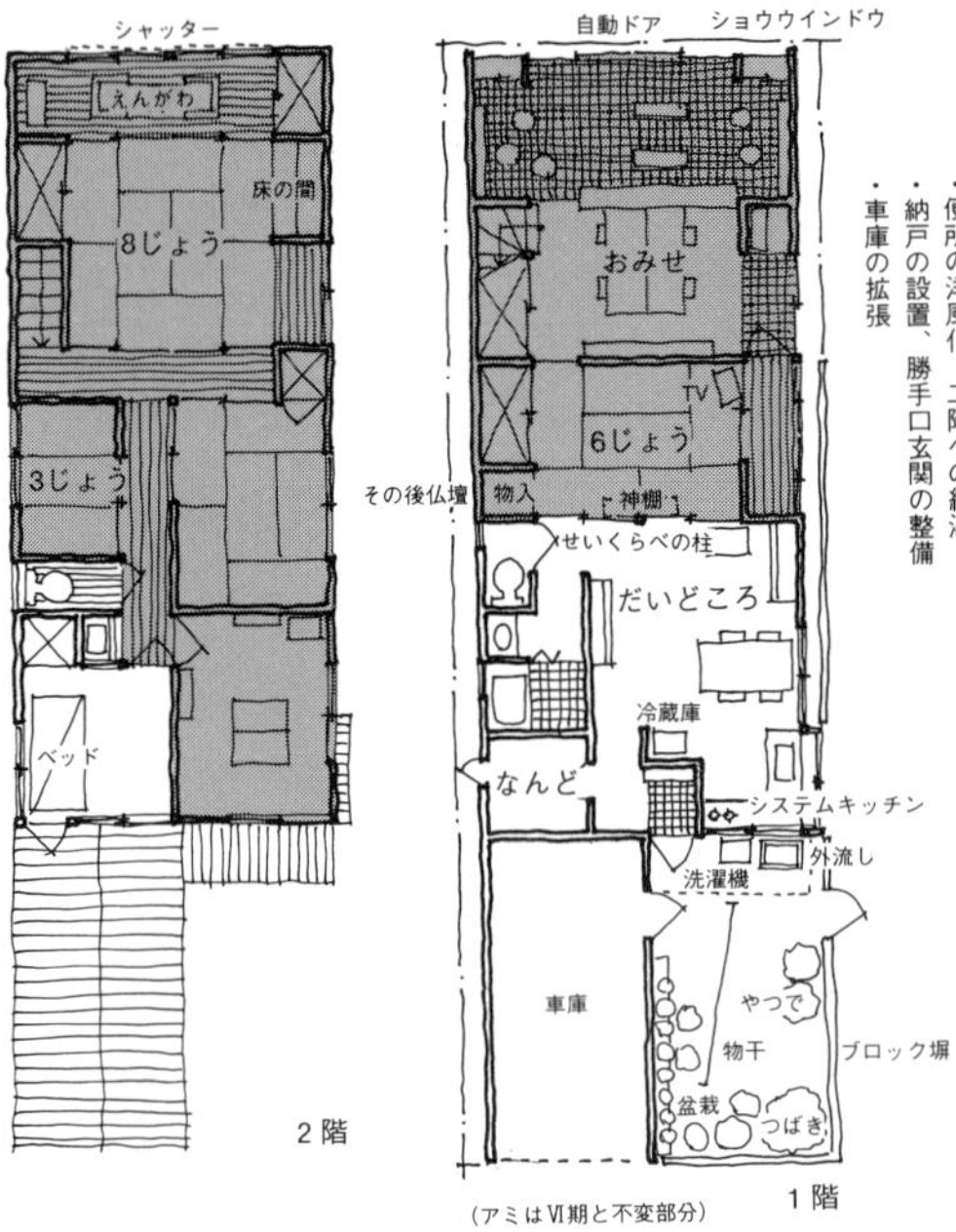


この家から続き間が姿を消した。

・VII期　１９８３年（昭和59年）

V期の「大増築」から十数年経過し、北側の水まわり部分を中心に家の傷みが目立つようになっていた。物が多くなったこと、嫁に行った妹が子供を連れて遊びに来るようになったこと等、生活も大きく異なってきた。車庫を拡張する必要が生じ、市の下水道の整備事業で補助金により水洗化が進められることになったのを契機として、改造を行うことになった。ＤＫが拡張され、キッチンユニットの更新、風呂・洗面所の改修等、特に水まわりの充実が図られた。弟が二階の六畳和室を書の稽古に使うようになったため、二階にも流しが新設された。

・現在

ほぼ十年を単位に大きな増改築の節目を持ってきたこの家は、三階建へと全面的に改築する計画がしばしば話題に出ながら、現在のところ、当初の続き間の構造を入れ子にした形のまま存在している。家づくりを担ってきた父が１９９１年（平成３年）に亡くなり、その前には兄妹３人は居を他に構えるようになった。商売を継ぎこの家を守っている一番下の弟が、母とその家族５人のために改築を実行する時、半世紀に近くなったこの家のコアは姿を消すことになる。

## 住み方の変化

この家は、１９５２年（昭和27年）から１９８３年までの30年余の間に、４人兄妹の成長と商売の発展という大きな変化に対して、７回におよぶ増改築が行われた。その変化の内容については、住居の物的な様子は何とかたどれるものの、住み方の記憶は、こういうことには抜群の記憶力を有する上の妹ですら、例えばいつ誰がどこで寝ていたかということが簡単には思い出せないほど、各人の印象が錯綜してしまう。６人家族に対して、広くもなく、個室を持たない住居空間は、まことに融通無碍に対応したのである。

・食事

Ⅰ～Ⅱ期には、食事は続き間の南側の六畳でとっていた。黒い斑模様のはいった茶色の丸い卓袱台であった。Ⅲ期に四畳半の和室ができると、ここが朝食の場となった。明るく心地よかったが、夏の朝には日差しが強く、暑くて食事どころではなかったという印象も残っている。次第に子どもたちが大きくなり物があふれてくると、もとにもどって南の六畳が食事の中心となった。この続き間には桐の簞笥と洋服簞笥が置かれていたが、物で占められるということはなかった。寝る場所ともなるためだったのだろう。Ⅴ期でＤＫ化され食卓テーブルが置かれると、ここが食事の場として使われる時期が続いたが、やがて物が置かれ出すと六畳での食事が復活する。朝食の場は、この家では寝と重なることで確保されていたと言える。Ⅶ期でＤＫは拡大されたが、却って食事には使われなくなり、弟夫婦がこの家に戻って来たのにも伴い、子供たちの遊び場として広々とした空間が楽しまれるようになった。食事には六畳間が使われた。

一方、昼食と夕食の場は朝食の場と異なっていた。北の六畳に掘炬燵が出ている期間はそこでとった。昼は家族同様の店の従業員も一緒である。掘炬燵のあったⅤ期までは、ＴＶもこの六畳間に置かれ、ここは団欒の中心として茶の間の性格を持っていた。この部屋がⅥ期で消失すると、その場は自動的に南の六畳間に移る。ただし掘炬燵のないためのんびり落ち着いた感じは薄らいだ。

・就寝

就寝の仕方については、時期と場所と誰と一緒だったかについて、さかのぼると家族のそれぞれの記憶が断片的になって重ならなくなる。Ⅰ・Ⅱ期は南の六畳に全員一緒に寝ていたように思うが、北の六畳に父と私が２人一緒だったような気もする。蚊帳は２枚あったから。また、小学生の時分、祭の時に家で父と一杯やっていた近所の人に酒を少し飲ませてもらい、酔っぱらって寝ようとし、床の間の縁に頭をぶつけたことははっきり覚えている。とすると南の六畳が私の寝場所だったこともあるはずだ。

Ⅲ期に四畳半ができると、ここで寝る者が現れる。ここを勉強部屋気取りにして、私一人で寝たこともあった。Ⅳ期で二階ができてからは、一階に母と上の妹、二階の八畳に父と私と下の妹が分かれて寝ていた記憶もある。広縁に机を置いて深夜勉強していて、父の鼾に腹が立った記憶がある。Ⅴ期に個室ができてからは、私が南向きの六畳洋間、上の妹が六畳和室、下の妹が四畳半ベッド付きの洋間のそれぞれの部屋、母が一時期二階の三畳、父と弟が八畳で寝ていたのではないかと思われる。暫く母だけが下の六畳間で寝る時期があり、やがて用心のため父のみ一階で寝るようになった。あきれるほどの変わりようだが、それぞれの変更の理由についてはほとんど覚えがない。

私が東京で下宿や寮生活に入ると、寝室の安定が破れた。私の部屋だった六畳洋間を上の妹が使うようになり、彼女のものだった和室が弟のものとなる。１９７６年に下の妹が先に嫁いだ後は、その部屋は暫くそのままになっていた。妹の置いていったピアノで私がショパンのプレリュードを２曲マスターしたのはこの頃である。上の妹が１９７９年に嫁ぐと再び部屋の移動が始まる。六畳洋間に母が寝るようになった。つまりこの家で一番環境のよい部屋は放ってはおかれないのである。１９８６年には結婚後別に住んでいた弟夫婦がこの家に同居することになった。それにともない、弟の書道部屋となっていた二階の六畳和室が夫婦と２人の子供の部屋となり、六畳洋間が新たに書道部屋とされた。母はその隣、当初は下の妹の部屋で、その頃は納戸的に使われていた四畳半洋間に移った。

一階北側の六畳には家族が寝た記憶があまりない。親戚が来た時はここに泊めていた。二階八畳ができてからは客があればそこに泊めるようになった。兄妹一家が泊まる時もこの八畳が使用される。

・勉強

私自身の居場所について記憶をたどってみる。小学校の時は南の六畳に卓袱台を出して宿題をしていた。もっとも余り勉強していた様子はなく、腹這いになって本を読んでいたことばかりが思い浮かぶ。掘炬燵のある季節は当然そこである。中学校に入った時に二階ができ、思ってもいなかった時に父が買ってくれた片袖の勉強机を二階北側の広縁の西端に置いて勉強した。窓に向かったり窓に背を向けたり、時々（特に試験前の忙しい時ほど）模様替えを楽しんでいた。一階の四畳半に机を置いていたこともある。ラジオのポップスベストテンで出始めのビートルズを楽しんでいたのはこの部屋だった。しばらくすると気分転換で場所を移るということを繰り返し、やがて場所は広縁に定着する。ここは店の真上の位置、商店街に面した場所である。夜遅くまでよく電気がついているという近所の評判がそのうち聞こえるようになった。もっとも隣の部屋で寝ている父に、居眠りしているくらいなら早く寝ろとよく叱られていたのだが。V期で自分の部屋ができた後はボヘミアンの楽しみはなくなったが、机とベッドの位置を入れ換えるなど、その中での移動はあいかわらずちょくちょくしていた。一旦寮生活で部屋を空けてからは、本棚の残骸のみ残して私の部屋はなくなってしまった。

## 伝統性の「コア・ハウス」

コア・ハウスという住民のセルフビルドによる建設方式がある。東南アジア等の発展途上国における住宅建設においては、中層住宅の建設等、先進国において一般的な住宅建設によるスラム・クリアランスは居住者層を入れ替えるだけで、対象とした住民のための住宅供給には結び付かない。それに対する工夫の一つであり、Sites and Services として、安定して住める土地と健康な生活を保証する水回り（便所・流し）の設備だけ、あるいはそれに1室程度付属した部分を住宅のコアとして供給する。それに住み手が経済状態に応じて徐々に自分の手で部屋を付け足していけるようにするという考え方である。

さて、ここに紹介した私の家は一種のコア・ハウスと言えるのではないか。ただし、この場合のコアとは水回りの設備のことではない。伝統的な住まいの型というべきものである。最初建てられた住居部分には、最小限の面積の中に続き間・床の間・縁側・土間・男女別の便所等が確保されていた。これらは、文化的視点から見た時の住居の型を規定する基本要素と言えるが、この住宅はそれをしっかり備えている。いやそれしかない。それを住宅のコアと呼べないだろうか。許された面積を、住み方を想定し、空間として合理的に構成・配置しようとする近代的な思想はそこには見られない。

　この住宅の度重なる増改築は、このコア部分を生かし、やがてはそれを徐々に崩しながら進められていった。１９５６年に台所の床上化、70年に洋間が現れ、ＤＫスタイルが導入される。個室化が進み、中廊下が導入される。一方、73年には続き間がなくなる。住宅は三十数年の間に面積にして3倍に拡張された。そして、その間に元来備えていた伝統的な型は失われていった。今、この家のスタート時のような最小限住宅（その面積規模は違っているであろうが）をつくるとすれば、住宅のコアはどうイメージされるのであろうか。

# 豊島の中廊下型住宅（近代化2）

鈴木　成文

## 大正期の郊外住宅

神田で米問屋を営んでいた祖父が、長女（父の妹）に婿をとって店を継がせ、自分は当時は東京市外であったこの土地に移り住んで、2年がかりで好みのままにこの家を普請した。文久3年（1863年）生まれの祖父は当時56歳。門の表札には「鈴木控邸」と記されていた。

祖父夫妻、父夫妻（新築の2年前の1919年に結婚）のほか、父の妹2人、弟2人、さらに女中3人ほどを含む大所帯で、いちばん下の弟はまだ小学生であった。そして間もなく娘や息子（即ち私たち兄弟姉妹）が生まれ更ににぎやかになるが、また妹（私の叔母）たちが相次いで結婚して出ていく。住居はそういう家族集団の通過していく場である。

祖父の死後その跡を継いだ父は、1927年（昭和2年）、鉄筋コンクリート造の書斎兼書庫を増築する。これは、留学してヨーロッパで買い求めた貴重な書籍を船火事で失った苦い経験から発起したものだが、鉄筋コンクリート造としては初期に属する。次いで1931年（昭和6年）、この書斎の屋上に鉄骨造の「新二階」と称した大きなガランとした部屋を造る。ちょうど我々が幼時から小学生の頃の遊び場として使われ、また一時父がこった卓球やゴルフ練習にも活用された。

●

・1921年（大正10年）新築（木造2階建）、1927年鉄筋コンクリート造書斎増築、1931年鉄骨造2階部分増築、1945年（昭和20年）4月空襲にて消失、書斎のみ残存

・東京府北豊島郡（現　東京都豊島区）

・敷地　180坪

・家屋　木造66坪、鉄筋コンクリート造26坪、鉄骨造26坪、合計118坪

●図2－2－8　敷地は前面道路（幅2間）より約2・5メートル高く、石段で上る。西半分は1921年建設の和風木造2階建。東半分（鉄筋コンクリート造の洋風書斎とその繋ぎ部分（内玄関・浴室等））は1927年の増築。さらに書斎屋上の新二階は鉄骨造で、1931年増築。庭は西は和風のつくり、東は遊び庭で砂場や鉄棒があった。

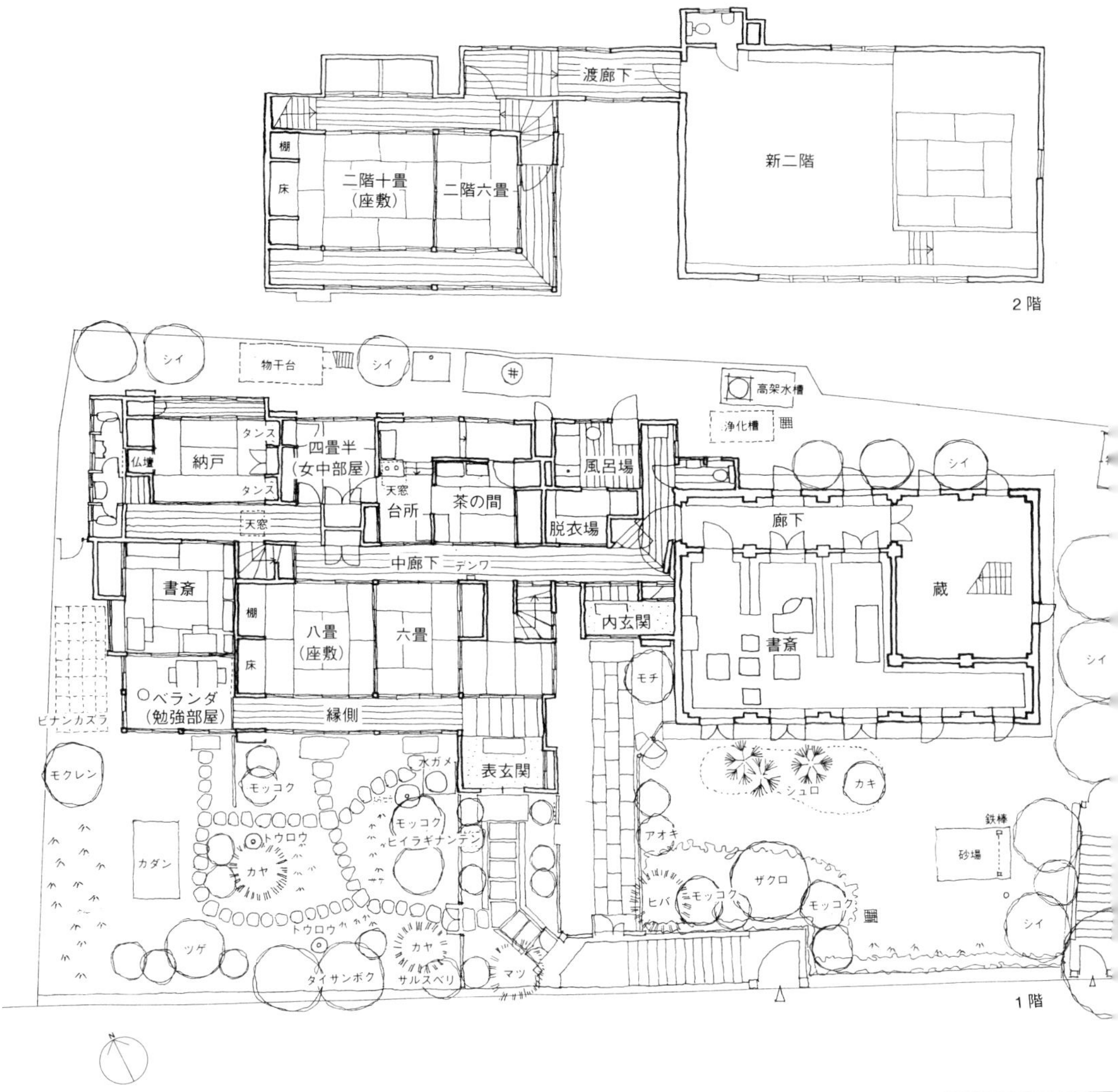


そして1945年（昭和20年）4月13日、空襲により焼失した。僅かにRC造書斎のみ、その貴重な蔵書と共に難をまぬがれ、今日にその姿をとどめている。新築後20年余の寿命であった。戦後はこの残った書斎に建て増したり、田舎の家の一部を移築したり改修したりして今日に及んでいる。私自身の感覚では、焼ける前が本来の姿、その後は仮の姿と思っているが、実は後の方がもう2倍以上の長さになった。そのくせ、余談になるが今でも見る夢の中にしばしば登場するのは昔の家である。しかもこの家に今日の女房がいたり仲間が訪ねて来たりするから面白い。決して

●表2—2—9　世帯構成と寝方の変化

| 年 | 備考 | 世帯構成 | 各室就寝者 | | | | | | |
|---|---|---|---|---|---|---|---|---|---|
| | | | 茶の間 | 8畳 | 6畳 | 書斎（西） | 納戸 | 2階6畳 | 女中部屋 |
| 1921年（大10） | 新築 | 祖父祖母 父 母　叔母〃 叔父〃　女中〃〃<br>M' F' Ⓜ Ⓕ f　F F Mm　F F F<br>56 53 26 22 0　19 15 12 11<br>27年死亡 | 食 | 祖父<br>M' | 祖母<br>F' | Ⓜ Ⓕ f<br>0 | 叔父 〃<br>M m<br>12 11 | 叔母 〃<br>F F<br>19 15 | 女中 〃 〃<br>F F F |
| 1927年（昭2） | RC書斎増築 | 叔父 〃　女中〃〃<br>F' Ⓜ Ⓕ f f m　M（M）F F F<br>59 32 28 6 3 0　18 17<br>小　高校寮 | 食 | ⓂⒻm<br>0 | f f<br>6 3 | | 叔父 〃<br>M m<br>18 17 | 祖母<br>F'<br>59 | F F F |
| 1931年（昭6） | 新2階増築 | 叔父 〃　女中〃〃<br>F' Ⓜ Ⓕ f f mm　M（M）F F F<br>63 36 32 10 7 4 2　22 21<br>小 小　大学下宿 | 食 | ⓂⒻm<br>2 | f f m<br>10 7 4 | | 叔父<br>M<br>22 | 祖母<br>F'<br>63 | F F F |
| 1937年（昭12） | （日中戦争始まる） | 叔父 〃　女中〃〃<br>F' Ⓜ Ⓕ F Fmmm　M（M）F F F<br>69 42 38 16 13 10 8 5　28 27<br>中 中 小 小　37年結婚 田舎へ | 食 | Ⓜ Ⓕ | mmm食<br>10 8 5 | 叔父<br>M<br>28 | F F<br>16 13 | 祖母<br>F'<br>69 | F F F |
| 1941年（昭16） | （太平洋戦争） | 女中〃〃<br>F' Ⓜ Ⓕ F FMMm　F F F<br>73 46 42 20 17 14 12 9<br>大　中 中 小<br>44年結婚 | 食 | Ⓜ Ⓕ | MMm食<br>14 12 9 | F F<br>20 17 | | 祖母<br>F'<br>73 | F F F |
| 1945年（昭20） | 空襲にて焼失 | 女中<br>（F'）Ⓜ Ⓕ FMM（M）　F<br>77 50 46 21 18 16 13<br>田舎へ疎開　高 中 中疎開 | 食 | Ⓜ Ⓕ | M 食<br>16 | F<br>21 | M<br>18 | | F |

幼時のシーンではない。幼時の空間体験は記憶に深く刻み込まれるものなのである。

## 間取りの概要

最初に造った日本家屋は典型的な「中廊下型」といってよかろう。長い廊下が走ってオモテとウチを分ける。オモテは八畳（座敷）・六畳（次の間）の続き間として構成され、縁側をもって南の庭に面する。表玄関は堂々たる南入りで、位置は次の間の方に近い。つまり書院造以来の伝統的間取りを踏襲している。別に内玄関があるが、RCの書斎増築前は茶の間の横に東向きに内玄関が付いていた。

暗い中廊下に隔てられて北側には茶の間・台所・女中部屋更に納戸と並ぶ。茶の間が北側にあるのも古い型に属する。西の端の書斎はRCの書斎を建てる前に父が使ったもので、後は我々子供たちの部屋になった。

風呂場から東はRC造書斎と共に増築した部分で、内玄関が南に面し、暗い中廊下の端のここだけに光がさしていた。突き当たりには書斎の大きな鉄扉が控える。階段は表・裏2個所あるがどちらも薄暗く急だった。二階は十畳・六畳の格式高い客間のしつらえである。

## 家族構成と寝方の変化

祖父の存命中から父の時代までのこの20年余はほぼ1世代に相当し、家族構成にも変化がある。したがって寝方も変化が大きい。その変化の概要を表2—2—9に示した。

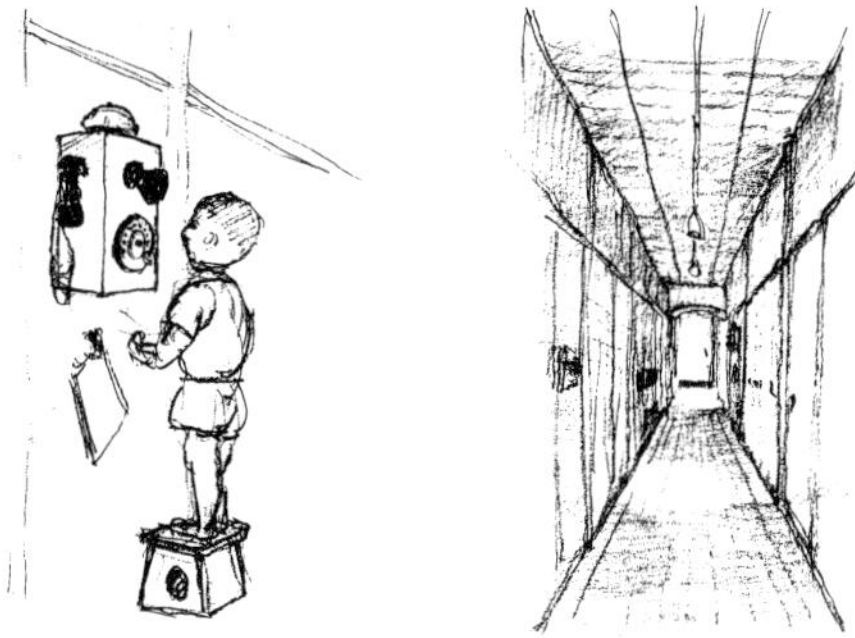

●図2−2−10　中廊下。幅3尺8寸、長さ6間は三段跳びの遊びにもってこいで、八畳前の暗いところからスタートし、内玄関の明るいところへ向けて跳ぶ。正面には書斎の大きな鉄扉、中央部には壁掛け式の電話があった。

続き間の八畳・六畳はこの家の中心で、初めはここを祖父母夫妻が占め、祖父の晩年は八畳に寝たきりの生活となる。その没後は父母とその子(即ち我々兄弟)が寝るようになった。当初父の部屋であった西の書斎は、RC造書斎新築後は独立性のある部屋として機能し、初期には叔父の、後には年長の子の部屋となる。納戸および二階六畳も、使い手は代わるがそれぞれ個室としての性格を帯びていた。座敷のみは家の主人の場として確定し、他の部屋はその時期々の家族が通過して行くのである。二階六畳は、祖父の没後は祖母の部屋として定着する。

## 住まいの記憶

・中廊下

今は無きこの家の思い出として強いのは、まず中廊下、次いで茶の間、そして座敷である。尤も、子供たちの部屋として使ったベランダと新二階の思い出も数多い。

中廊下は暗くそして長かった。ここでの遊びは三段跳である。八畳の前の暗いところからスタートし、茶の間の前に踏切線を設けてホップ・ステップ・ジャンプで内玄関前の明るい部分へ向けて跳ぶ。ちょうどベルリンオリンピックで田島直人が16メートルを跳んで日の丸を掲げた頃である。小学校低学年の子供にとっては十分楽しめた。長さ6間の一直線であったこと、そしてもう一つ幅が3尺でなく3尺8寸に作られていたことが、この中廊下の利用を助けていた。廊下が曲がってから先の西の方は、これも長さ3間半はあったが、その中ほどに天窓があり、鈍い光を落としていた。端が壁になっていたので、ゴムボールをぶつけてピッチング練習をするには最適であった。

●図2－2－11　四畳半の茶の間。家族8人と給仕する女中さんの計9人が、二つのちゃぶ台を囲んで坐った。長火鉢・茶簞笥・整理戸棚が置かれ、戸棚の上には大きな神棚が祀られていた

中廊下の中央あたり、茶の間の向かいの壁には電話があった。もちろん当時は壁掛け式で、送話機は壁に付き受話器をその左に引っ掛ける形式のものである。家のまん中だから誰にでもよく聞こえた。これで「はいはい、はい居ります。少々お待ち下さい」といった応対の仕方を知らず知らずに覚えたのかもしれない。尤も私は生来しゃべることが苦手の引込み思案だったから、電話の取り次ぎに出るのは大嫌いであった。

・茶の間

茶の間の印象は強い。よくまあ四畳半の狭さに、祖母、父、母、兄弟5人、給仕する女中さんと、計9人も入ったものだと思う。その上、大型の茶簞笥、長火鉢、整理戸棚も置かれていた。戸棚の上、天井近くには大きな神棚がまつられていた。茶簞笥の上にはラジオが置かれ、私のごく小さい頃（昭和初年）はラッパつきのものだったが、その後箱型になった。食卓は脚の折りたたみになるちゃぶ台が2脚、食事の都度出された。ほぼ正方形で多少の大小があり、1脚が今日まで残っているが、その寸法は約65cm角である。

茶の間は直接戸外に面してない。台所が鍵の手に曲がって北側をふさいでいるのだが、ここは以前風呂場があったのである。台所側の鴨居の上に高窓があって、台所の天窓からの光が僅かに落ちては来たものの、薄暗く、いつも電灯がともっていた。

この茶の間の情景として記憶に鮮やかなのはラジオである。とくに相撲の中継放送である。中でも双葉山が70連勝を阻まれて安芸の海に外掛けで敗れた一戦の、何が何だか分からないような喧騒興奮とアナウンサーの絶叫は今でも耳に新しい。私は悲運の横綱武蔵山びいきから出羽の海系が好きだったが、弟は大の双葉山ファンで、その後の毎日の放送を、ちょうど夕食前、ラジオの前に坐って一心に祈りながら聴いていた。

●図2−2−12　茶簞笥の上にはラジオがあった。記憶に鮮やかなのは相撲の中継放送で、双葉山が70連勝を阻まれて安芸の海に敗れたその後、大の双葉山ファンの弟は毎日祈りながら聴いていた

・座敷と次の間—続き間座敷

祖父の代は新築後そう長い期間ではないが、座敷は主人の領域として大事に扱われ、叔母たちは敷居に油をひく仕事をさせられたという。祖父の晩年にはその病室となった。「座敷が次の間よりも玄関に近い位置にあり、そして次の間が茶の間となる」というのが昭和初期の中廊下型の代表的プランで、これが近代日本都市住宅の典型だというのが定説だが、座敷の並び方も茶の間の位置もこの家はその一時代前の型に属する。六畳は、廊下にある電灯のスイッチには「居間」と記されていたと記憶するが、そう呼んだ記憶はなく、呼称は「六畳」であった。

北側の茶の間で行われていた食事が、いつの頃からかこの南側の六畳に移った。この部屋は台所のすぐ向かいだからサービスには何ら問題はないが、それまで使われなかったのはやはり観念の問題だろう。

さらに１９４０年（昭和15年）、この六畳に大きな掘ごたつが作られた。冬の間だけこたつ、夏はその上に板を置き畳を敷いて普通の和室になる。熱源はもちろん炭火かたどんで、真ん中に石の炉が切ってあった。洗足など当時のモダンな住宅地では茶の間に掘ごたつが流行だったというが、わが家の掘ごたつも丁度その時期だったのだろうか。これが１９４０年だったことは明確に特定できる。下の弟がこれを書いた綴り方（作文）が大切に保存されていたが、それが尋二すなわち2年生の時だからである。

だがこのこたつで食事をしたという記憶はない。このこたつやぐらも今日残っているが、寸法が3尺×3尺6寸ほどで、大きいとは言えこの大家族全員は坐れないし、それに、こたつで食事するなどは当時としては行儀にかなったことではなかったろう。

●図2―2―13　座敷での相撲

夕食の後、座敷の八畳で兄弟で相撲をとった記憶がある。真ん中の二畳が土俵であった。とすれば、せいぜい小学校低学年の頃であろうか。食後の父が六畳からそれを見ていた。祖父の時代には家族がこの座敷に自由に出入りする雰囲気はなかったというから、場の性格は世代交代と共に段階的に変化するものと思われる。それは食事の献立なども同様である。

六畳の押入の下段には手提げ金庫の入る戸棚があり、ここで母が支払いの銀行小切手などを書いていた。

・接客―座敷・二階座敷と書斎

座敷といえば非日常の行事に使われるというのが住居学の一般的知識である。しかし、1930年代（昭和初期）の都市生活のわが家では、儀式ばった行事といったものはもうほとんど姿を消していた。一階の八畳座敷は、せいぜい、お盆のときにお経を上げに来た坊さんにお茶を出すといった接客の場であった。親類など普段の客は八畳か六畳を使った。二階にも十畳・六畳に廻り縁つきの立派な続き間座敷があったので、表だった宴会はここで行われた。叔父の咽喉科医師がドイツへ留学するときの壮行の宴、父が学位を受けたときのお礼に先生や先輩を招いた宴、同人雑誌の親しい仲間を招いての会食などである。階下から急な階段で運ぶわけだ。中華料理の維新號を呼んで出張料理をさせたこともある。いちばん下の叔父の結納が行われたのもこの二階座敷で、我々子供たちは裏階段からそっと様子を覗きに行った覚えがある。

父の客は多かったが、これは全部書斎だった。客が表玄関から上がって中廊下を通り書斎へ向かうのを、正面に当たる茶の間では障子の陰で息をひそめていた。

正月の客も多かった。ほとんどは父と専門を同じくする友人・弟子たちで、元日の午後から夜まで、入れ替わり立ち替わり現れて書斎は大賑わいだった。あるとき数えたら延べ60人を超えていた。

この書斎はふだん子供たちはほとんど立ち入らない。チーク材のドアが閉まり、恐る恐るノックした。天井は高く、周囲はその天井までぐるりとガラス戸つきの本棚になっている。窓はスティールサッシュの外開き、その欄間には父自らがデザインしたステンドグラスがはめ込まれている。おそらく七色の光の降り注ぐ中での読書三昧を夢見たのだろうが、当時の日本ではまだ色ガラスの技術が乏しく、茶色の濃淡になっていた。大きな革張りのソファと寝椅子、ガスストーブの入ったマントルピース、その上に良い油絵の額が掛かっている。父はヨーロッパに憧れていたに違いない。

・西の書斎とベランダ

西の端の書斎は八畳の畳敷だが、いわゆる和室のつくりではなかった。当初は父のものとして作られたのだが、東にＲＣの書斎が出来てからは子供たちの部屋として使われた。部屋の周囲にはガラス戸つきの大きな本棚があり、文学全集などが収まっていた。その南にはガラス窓で囲まれた板張りのサンルーム風の部屋が付き「ベランダ」と称したが、ここに私と弟の勉強机が置かれた。ただし寝るのは六畳である。二人の姉の机は書斎に置かれ、またここで寝起きした。この二部屋は子供たちの共同の生活の場であった。

・納戸

納戸の西側の押入れの中段には仏壇がはめ込まれていた。幅3尺の中に収まる小型のものである。この部屋が仏間を兼ねていたのだが、呼称は「納戸」だった。祖母が毎日お経を上げていたのが思い出される。尤も、東側には桐の箪笥二さおがはめ込まれ、納戸という機能も厳然としてあった。またこの部屋は寝室としても使われた。初期には叔父の、次いで姉たちの、そして最後には私の個室となった。いずれも中学上級ないしは高校在学の頃で、私室的空間として機能したのである。

・台所

台所はちょっと変わっていた。半分はコンクリート土間ですのこ敷き、半分は一段高く揚げ蓋で床下に炭など入っていたが、これは当時としては当たり前の姿であったろう。人造石研出しの流しは土間部分に、ガスコンロは床上部分にあった。特徴的だったのは天窓である。梁の見える高い天井の中央部、ちょうどガスコンロの上あたりに、ガラス戸のはまった3尺角くらいの天窓があり、見上げれば空が見えた。ガラス戸には車がつき、下から紐で引っ張って屋根面に沿ってガラガラと開閉した。焼き魚のときなどに開けたが、雨が降り出すとあわてて閉めた。

勝手口は女中さんたちの日常の出入りに使われたが、また魚屋が天秤棒を担いでやって来て、注文に応じその場で魚を下ろした。これを見物するのは楽しみだった。井戸からはモーターつきのポンプでドラム缶の高架タンクに水揚げされ、家の中に配水された。

・縁側

縁側も結構日常的に使われた。弟が相撲好きだったことは前述したが、画用紙に力士の絵を描いて切り抜き、支えを付けて立て、菓子のボール箱の裏に土俵を描いてトントン叩きながら闘わせて勝負させたのは、この縁側である。また下の弟が小学生の頃モーター制作にこっていたが、この作業も縁側でやっていた情景を思い出す。

・新二階

これは一風変わった空間であった。RCの書斎の屋上にマンサード型の鉄骨のトラスをかけ、屋根はスレート葺き、全面スティールサッシュの突き出し窓という、まるで工場のような造りで、設計は粟谷鶉二という建築家、後年知ったことだが東大建築学科出身で山下寿郎氏と同期の方であった。

この新二階を造った理由が面白い。書斎の陸屋根に雪が積もると天井スラブが冷え、室内ではガスストーブを焚くので結露して、天井裏に水滴がたれた。これを防ぐために屋根をかけたのだと父から聞かされたが、結露防止に26坪もの大空間とは解せない。図面には「子供室御増築設計図」とあった。

父は立派な卓球台を作って、友人たちを招いてピンポンに興じたり、また2・3年後からはゴルフに夢中になって練習用のキャンバスを張った。しかし主に子供の遊び場として活用された。いちばんよくやったのは、弟と二人での野球である。毛糸の屑を靴下の古で包んだボールはカーブもよく曲がったが、ピッチャーとバッターで勝負し、打球の当たった壁の位置でショートゴロ・三遊間・レフト前・ホームランなどルールを定めてゲームをした。これはまことい面白い遊びだったが、なにしろ審判が居ないので、球の判定をめぐってしばしば喧嘩になった。

当時は断熱材など使わなかったから、冬は冷え切り、夏は炎熱地獄になった。ただし洗濯物の干場としても活用された。

・庭

八畳六畳前の縁側はガラス戸で開放的に庭に面していたが、この庭は純日本風であった

●図2−2−14　1945年4月の空襲により家は全て全焼したが、鉄筋コンクリート造の書斎だけは防御の甲斐あって焼失を免れた。屋上増築の鉄骨部分も焼け落ちた。（1945年10月撮影）

から、遊びに使った記憶はない。遊びはむしろRC書斎前の東の庭である。ここは洋風の（というよりは雑な）庭で、幼い頃には足踏みの自動車や三輪車を乗り回した。東の端には砂場があり、砂遊びもしたが、小学校上級になると竹の支柱を立てての走り高跳びや幅跳び、さらに後には鉄棒が設けられて、逆上がりや蹴上がりの練習をした。

## 焼失とその後

太平洋戦争の末期、空襲が激しくなると、RCの書斎は換気孔に砂を詰め、書棚の間には水の入った瓶を置き、木造母屋との境の鉄扉に接した廊下の床板を切るなどして、万一に備えた。1945年（昭和20年）4月13日の空襲で遂に母屋は焼失したが、備えの甲斐あって書斎のみは無事であった。

今でも見る夢がこの家を舞台にしていることが多いが、体験記述を書くことによって半世紀近く前の記憶が再び身近になったように思われる。

## 空襲から書斎を守ったことの顛末

（たまたま弟鈴木道彦がこれを書いているので、借用・転載する。）

もともと父がこのような書斎を作ったのは、その少し前の1926年に、フランスから送らせた多くの貴重書を、船火事でそっくり失ってしまったからである。半狂乱になった彼は、それ以来、本を火災から守る手段を真剣に考えたあげく、当時まだ例の少なかった鉄筋コンクリートの書庫の建築を思いついたのである。そこには関東大震災のとき、和風の土蔵の多くが消失したという経験も、ふまえられていたらしい。

日中戦争が始まり、さらに全面的な戦争が迫ってきたときに、わが家の第一の関心事は、どうやって戦災から本を守るかということにあった。そのために、少しでも火の入りそうなところ、たとえば換気孔などは、あらかじめセメントで入念にふさがれた。私たち一家には、来るべき空襲にそなえて本を守ることの方が、戦争に協力することよりも、はるかに意味のある重大な事業だと思われたのである。

１９４１年、日本はついに太平洋戦争に突入する。そして１９４５年4月13日夜の東京大空襲で、私たちの家は焼失した。焔はまず母屋をなめ、木造部分はたちまち火に包まれた。そればかりか、父の書斎の上に重ねるように造られていた鉄骨組みの二階にも火が入った。こうしてひと晩明けた次の日の朝、一面の焼野原には、上からも横からも火にあぶられた無残な姿で、ただ鉄筋コンクリートの書庫だけが残されたのである。内部がどうなっているかは、見当もつかなかった。

一度火に包まれた蔵は、過熱しているから、すぐに開けると自然発火するといわれる。だから私たちは、はやる心を押えて、建物の冷えるのを待った。一週間ほどして、ある晩かなりの雨が降ったので、もういいだろうということになったが、猛火にあおられて表面のふくれあがった鉄扉は、暗号数字を合わせる錠も錆つき、押せども引けどもビクともしない。それで、建物に沿って地面を掘りさげ、土台の下からモグラのように屋内へ入ることになったのである。

当時私は16歳になろうとするところだったが、2歳上の兄と二人で、汗みどろになってスコップをふるい、やっと人ひとり通れるほどの穴を掘った。こうして、建築の専門用語で地中梁（ちちゅうばり）と呼ばれる部分の下から、建物の内部にもぐりこみ、暗闇を手探りで、ようやく窓のあるところにまで辿りついたのである。ガラガラと重いシャッターを開けると、外光とともに、庭から心配そうに見上げている父の姿が目にとびこんできた。本が無事だと知ったときに、その顔がクシャクシャとゆがんだのを、私は今も鮮明に記憶している。

中廊下型住宅

# 荏原の中廊下型住宅（近代化3）

在塚　礼子

●
・1933年（昭和8年）建築
・1969年（昭和44年）一部、1984年（昭和59年）全体取り壊し
・東京府荏原郡（現東京都世田谷区）
・木造2階建　持家
・敷地　125・7坪
・家屋　54坪

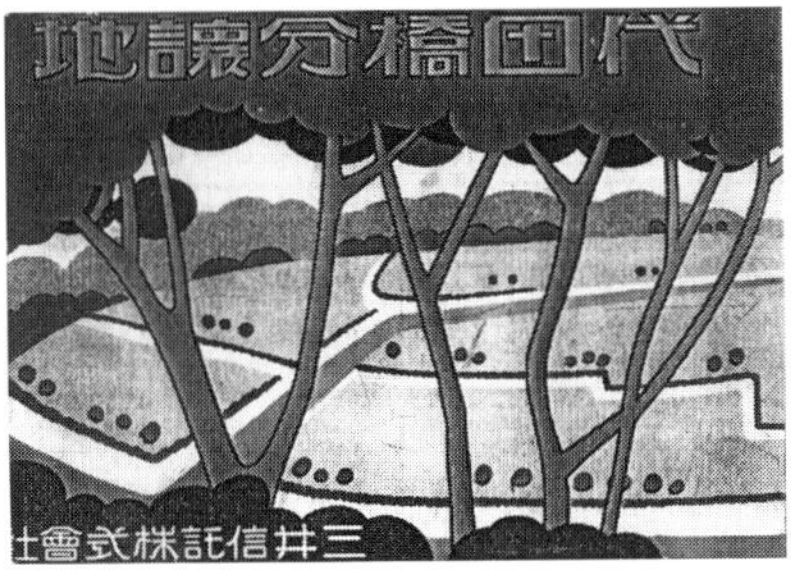


●図2－2－15　分譲地のパンフレット

## 概要

昭和の初めに、井の頭線の開通と時を同じくしてひとつの住宅地が生まれた。ここに緑豊かな庭とともに生きた中廊下型住宅は、21世紀を迎える直前、最後のひとつが姿を消した。今、それぞれの敷地は、3階建てや4階建てを含む複数の住戸に埋められている。町並みはすっかり変わったけれども、私が会えなかった祖父の好物を教えてくれる隣人たちは住み続け、道からは、また、小さな子どもの声が聞こえるようになった。

この住宅の建築時の家族構成は、建築主であった祖父（52歳）と祖母（41歳）の夫婦、その長男である父（19歳）以下7歳までの男子5人の7人家族と女中であった。

プランは、（1）茶の間が北側、（2）座敷が玄関から直接入れる位置にあり、次の間はこたつのある居間、（3）あらたまった接客用の二階座敷に違い棚、一階座敷にはこたつと仏壇、（4）洋風応接間がない（これは祖父の意向という）、（5）出入口は大玄関・内玄関・勝手口の三つ、トイレは二つ、などの特徴を持つ中廊下型住宅である。

設計には棟梁とその息子（建築の専門学校出身）と祖母の意向が主に反映されたという。また、昭和20年の祖父の死去の後、祖母の考えによって、次男以下の叔父たちは結婚後一時同居し、その後次々に独立するという形で住生活が展開した。

●図2―2―16　入居当時の西側外観

●図2―2―17　家の前の道にて（1940年）

この中廊下型住宅は必ずしもその典型ではなく、建築時に既に型への変形が加えられている。その後のおよそ40年間、ほとんど増改築されることなく住み続けられたが、その経緯から、型が住み方によってさらに崩壊していった過程を読みとることも、また、そのような変化を許容した型の力を読みとることもできる。

●図2―2―18　配置・平面

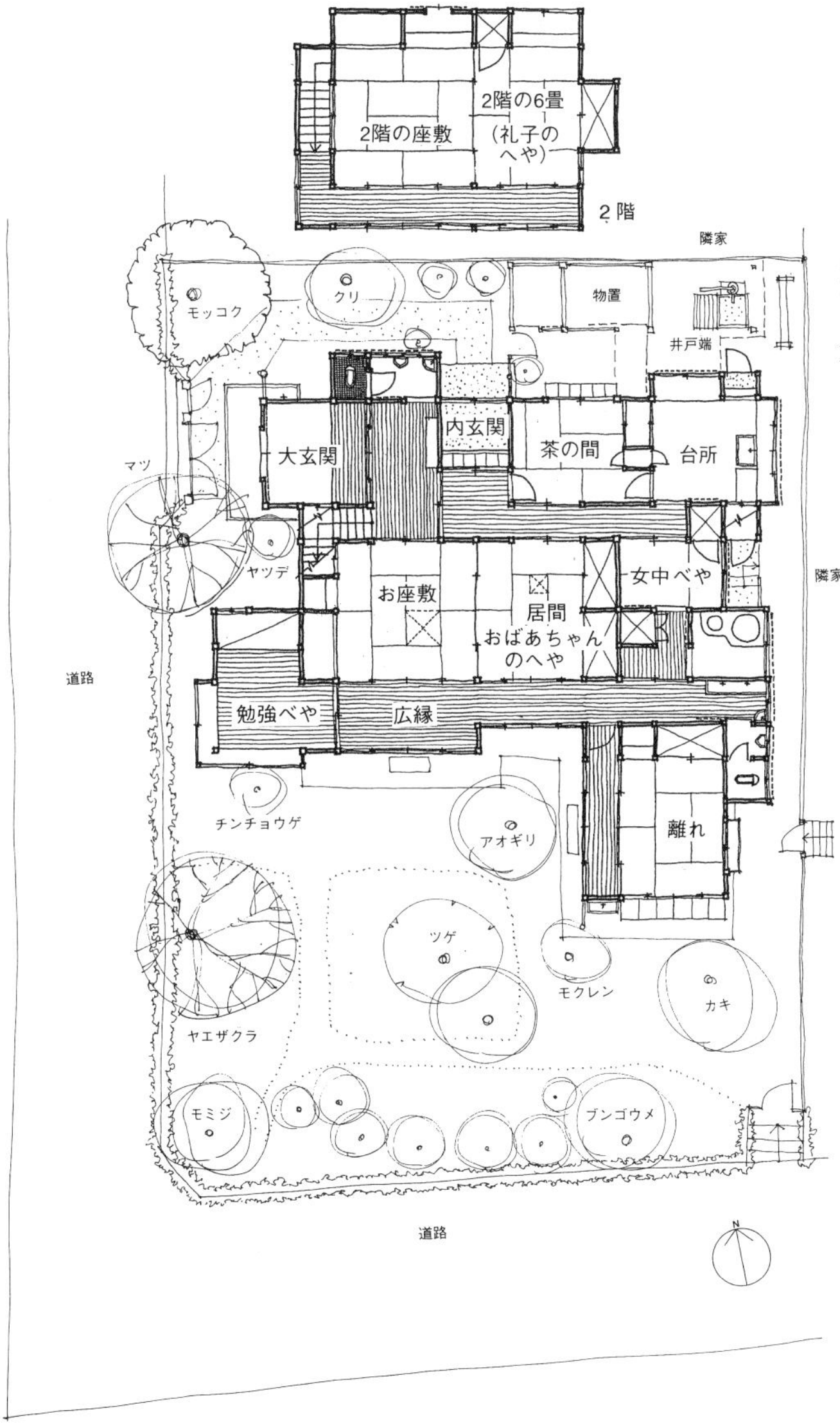

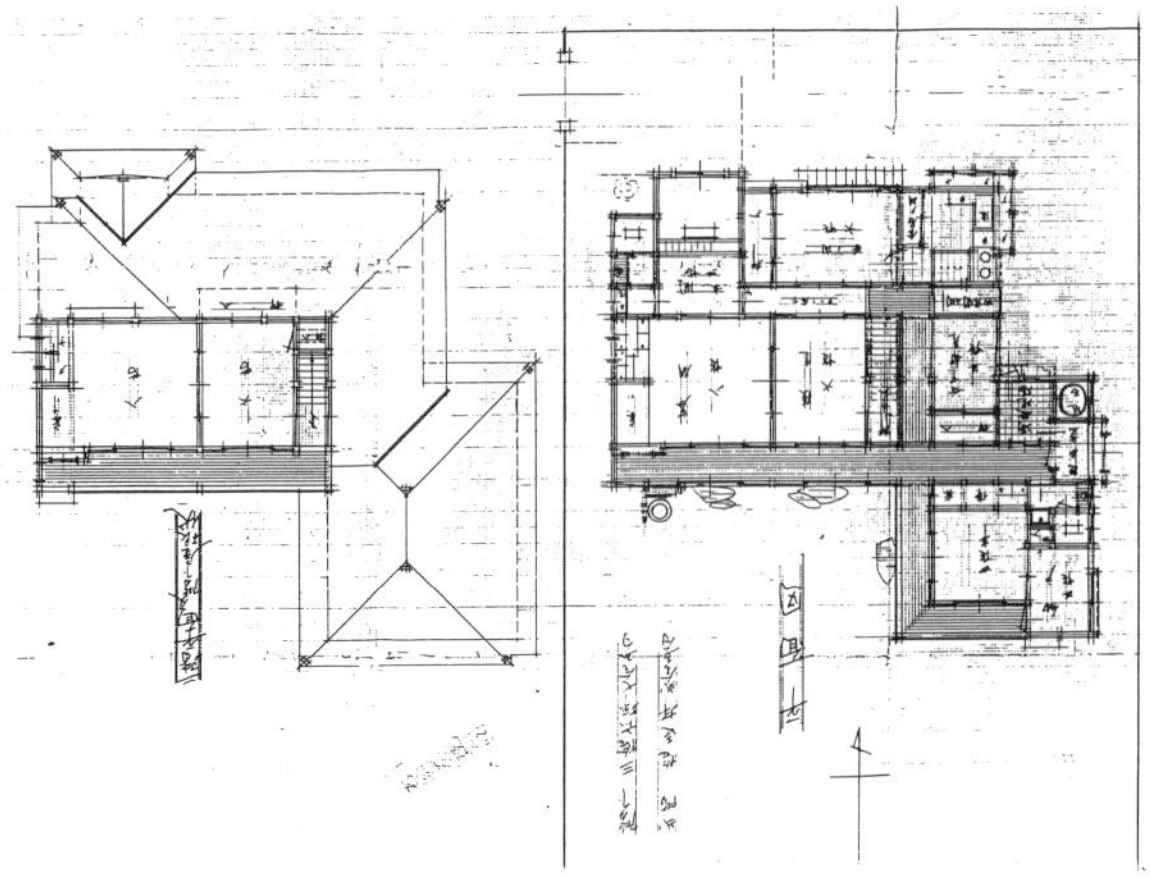

●図2－2－19　棟梁の息子による計画案（前図に合わせ方位を逆転した）

## 計画案と実施案

この住宅には棟梁の息子による鉛筆描きの計画案が残っている。計画案は祖父の意向を既に反映してか、応接間はなく、畳廊下などのやや古めかしい様式を持つ中廊下型住宅となっている。この案と実施案との差異から、当時主婦であった祖母の住居観を読み取ることができるが、これは、型の崩壊のひとつめの契機でもある。

変化した主要な点は、（1）「勉強べや」の付設、（2）階段の位置の変更、（3）内玄関と勝手口の分離、（4）広縁の付加、（5）仏壇の「離れ」から座敷への移動、などである。敷地に制約があるため、それに伴って縦廊下がなくなっている。

全体的に見れば、計画からの主な変更点は、格式よりも家族生活や合理性を重視したものとして位置づけられる。「座敷」は掘こたつと仏壇のある居間的なへやとなり、広縁の脇の「勉強べや」にもこの居間を通っていくことになった。また、階段の位置の変更は直接来客を二階に通すためであり、これによって「二階の座敷」の格式（奥性）は低下した。内玄関と勝手口の分離も、古い形式に見えて、家族の出入り口を重視したものと見ることができる。

しかし、中廊下型住宅が新たに実現し、計画案においても守られていた、へやの通り抜けのない動線処理の基本を破ってしまう結果になっている。この点からは古い形式への後退といえるが、一方、「居間中心型住宅」に近づいたという見方もできる。台所と茶の間の間をハッチにしたり、押入に抽き出しを造り付けさせたりした祖母には、当時の生活改善運動の影響がみてとれる。

●図2－2－20　入居して1年後のお正月（1935年）

●図2－2－21　二階の座敷、床の間の花は真の様式、すでに応接セットが置かれている（1935年頃）

## 新築時の住み方

新築入居した時の住み方は図2－2－22に示したとおりである。夫婦寝室となっている「離れ」は隠居べやとして計画されたという。海軍を退職して海運会社にいわば天下りしていた祖父にとって、この家は老後の家として意識されたに違いない。しかし、祖母にとってはむしろ子どもを育てる家であった。まだ育ち盛りの男の子たちが乱暴に使うことを考慮して、例えば玄関脇の便所の小便器のスペースは、水を流して掃除ができるよう一段低くして石を並べた仕上げとしている。

その子ども達の住み方を見ると、年齢差の大きいこともあってか、長男と次男が優遇されている印象を受ける。三男以下が、六畳（特に呼び名はなかったという）でなく、押入れもない座敷に就寝していたのはやや理解しにくい。「六畳にはタンスも置かれていて、三人寝るには狭かった」（五男）というより、「女中べやを通り抜けることは全くなく、六畳が通路という感じがあった」（長男）からなのだろう。いずれにしても、座敷はその後も、私自身の子供時代の寝室となったのである。

入居して間もなく、もうひとつの理解しにくい住み方が現れる。二階の座敷に絨毯が敷かれ、ソファーセットが置かれ、つまり、玄関脇の洋風応接問のようにしつらえられたのである。椅子の高さに合わせて火鉢を置くための小卓子も用意された。男性客のズボンの皺が気になったというのだが、格式ある座敷への思い入れよりも、また、祖父が設計時に拒否したスタイルであったにもかかわらず、洋風応接問の接客のスタイルに則ることを優先させたということになる。床の間と違い棚を背にドイツ人の来客と祖父がスリッパを履いて並んで立つ珍妙な記念写真が残っている。

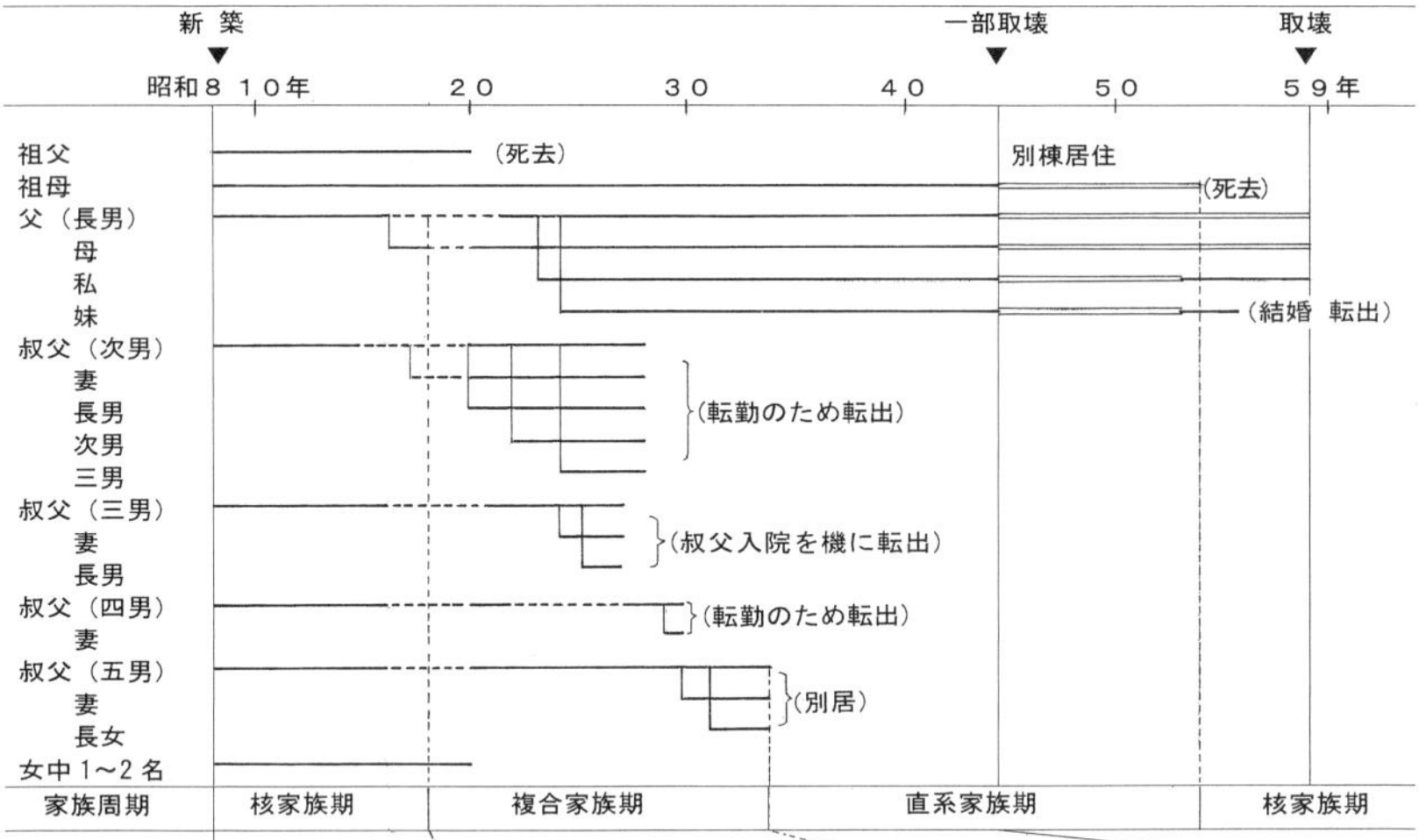


| | | | |
|---|---|---|---|
| お座敷 | 接客、子ども就寝 | 接客、私と妹が途中から就寝など | 接客、私と妹が一時就寝など |
| おばあちゃんのへや | （特になし） | 祖母の就寝、更衣など | 祖母の就寝、更衣など |
| 茶の間 | 食事、だんらん | 食事、だんらん(直系家族) | 食事、だんらん |
| 離れ | 夫婦就寝 | 叔父(次男)一家就寝→父母、私、妹就寝 | 父母就寝 |
| 勉強べや | 父(長男)個室 | 叔父(三男)一家就寝→(五男)一家就寝 | 私と妹の勉強部屋→妹の個室 |
| 女中べや | 女中私屋 | 叔父(次男)一家食事→(三男)一家食事 | 父の洋服ダンス、机などの置場 |
| 2階の座敷 | 改まった接客 | 改まった接客(叔父たちの婚約者など) | 改まった接客、祖母のクラス会など |
| 2階6畳→礼子の部屋 | 叔父(次男)個室 | 父(長男)一家就寝→叔父(四男)新婚時就寝→納戸→私の個室 | |

●図2-2-22 家族構成と住み方の変遷

## 住み方変化

40年間は、大きく、父の結婚までの核家族期、叔父たちが結婚して独立していく複合家族の変動期、およびその後の直系家族期の3期に分けて捉えられるが、一貫して夫婦寝室としては第一に「離れ」が選ばれ、第二に「二階の六畳」、第三に「勉強べや」が選ばれている。このような独立性の高い部屋が複数存在して互いの距離をとれたことが、戦後における複合家族の居住を支えたものと思われる。また、その時期には、復員した父の意見により、直系家族とその他の家族が生計分離し、食事室とトイレを別にして生活した。それを祖母は嘆いたという。

1948年に生まれた私の記憶は、父母・妹とともに寝室を「二階の六畳」から「離れ」に移した頃から鮮明になる。その後2歳下の妹と「お座敷」で寝るようになり、一番下の叔父の一家が「勉強べや」を出て独立したのち、そこの作り付けのベッド（叔父が結婚した時に幅を広く改造してあった）に二人で寝たのは束の間で、ピアノを置くためにベッドは壊して、再び「お座敷」で寝るようになったのだった。夏になると大きな蚊帳をつって寝る

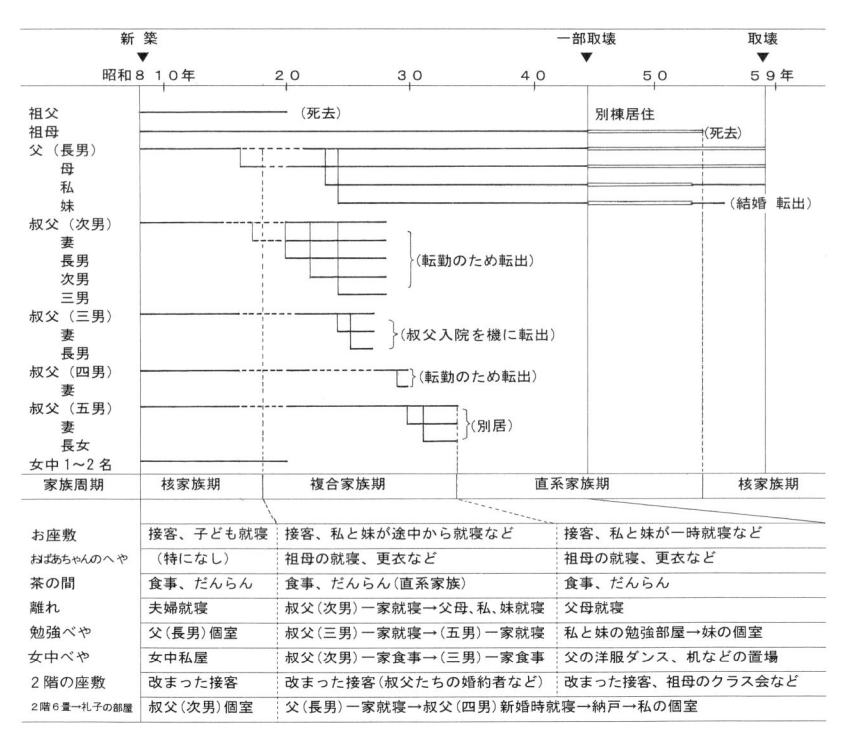

●図2－2－23　自分の部屋となった二階六畳の東側小窓からの風景、中学2年の夏休みに描いた

●図2－2－24　直系家族のこの構成での居住期間が長かった（1953年頃）

のは気持ちがよかったし、蚊帳をひとりでたたむようになった時は大変だったがうれしくもあった。そして、二人の机を置いた「勉強べや」は、文字どおりの「勉強べや」となった。

その後ピアノを専門的にしはじめた妹が「勉強べや」を独占し、そこにベッドを置いて寝るようになった。私はそれを羨ましく思ったものだ。北側の小さな窓が好きだったこともあるが、家の中の唯一の洋風イス式のへやへの憧れがあったことも確かである。私は「二階の六畳」を自分のへやにした。乳幼児の頃の寝室に戻ったことになる。東側の高めの小窓が気に入り、その下に机を置いた。義理の叔母たちは「怖いのにえらい」などと感心してくれたが、その頃二階はめったに雨戸を開けない、ちょっとした異界になっていたのである。

成長につれて変化した私の寝室にひきかえ、最も安定していたのは祖母のへやだった。祖父の死後、隠居べやだったはずの「離れ」を次男一家に譲ってこのへやに移って以来、それまで通路のようなへやだったにもかかわらず、このへやはすっかり「おばあちゃんのへや」以外の何ものでもない、しかし昼間はいつも開いているへやとなった。へやには不似合いで大きすぎる軍服姿の祖父の肖像画が、欄間の中央にかかっていた。その向かいの、上に振り子時計のかかった柱は、かくれんぼや「初めの一歩」の鬼が立つ柱でもあった。

### 座敷と祖母のへや

中廊下型住宅において一般的とされる住み方とは異なり、「お座敷」は居間として、日常的な接客のほか、こたつでの団欒や子どもの遊びや勉強などに活用された。床の間には蓄音機が置かれたりお琴が置かれたりした。小学校1年生の時、初めての勉強机を置いた

●図2－2－25　祖母と孫達でお正月の記念撮影（1958年頃）

のもこのへやの片隅である。その後勉強べやに机が移ってからも、よくこたつで勉強した。すると、私がやっている旅人算や鶴亀算を、祖母もこたつの向こうで面白がって解いたりした。母がこたつに入ることはあまりなかった。

お正月に親類が集まったのもお座敷であった。皆が集まると少し狭かったが、それでも、こたつからはみ出た人は大きな青い瀬戸物の火鉢を囲んで一へやで過ごすのがお正月の過ごし方だった。

「お座敷」の居間的な性格は時代を下るにつれて強まったと見られるが、それを促したのは、あらたまった接客室としての二階の座敷の存在、逆に完全な家族の部屋としての茶の間の存在に加えて、掘こたつ・仏壇・広縁といった建築条件であったろう。これらは最初の設計案から変更された点であり、祖母がはじめから居間的座敷を意図していたことがうかがわれる。

また、この座敷を中心とした茶の間・広縁の拡がりが、この住居の中央部分に家族の領域を形成しているが、次の間にあたる祖母のへやもその一部を成していた感がある。いつも開放されていたし、茶の間から庭に抜ける風は心地よく、子どもの昼寝の場でもあった。一方「お座敷」は、毎日掃除し、仏壇の水を換え、お経をあげ、こたつに炭を入れる祖母の領域として意識できた。この続き間はやはり一つながりの空間として思いおこされる。そして「お座敷」の中心性はそこが祖母の領域であるということによって強められていた。取り壊す5年前、祖母のお葬式をしたものこの続き間である。続き間座敷らしい使い方をしたのは、祖父の葬式と二十三回忌の法事とこの時の3回だけである。欄間の長押が祭壇の写真を少し見にくくしていた。

●図2－2－26　4歳の時の絵／中央の開かれた襖の奥に茶の間の様子が描かれている

## 茶の間と井戸端

もうひとつの懐かしいへやは茶の間である。いわゆる卓袱台ではなく、重い、大きめの、長方形に伸ばすこともできる座卓が常に口かれており、他に黒っぽい茶ダンス、その上にラジオ・柱時計、そして北東の隅には畳の上に直接ガスコンロを置いていたこともあった。中廊下のつきあたりにあった壁掛け式の電話を、茶の間の南東の隅に置くようになったのはいつのことだったろう。テレビが加わったのは１９５９年（昭和34年）頃である。小学校のクラスでは遅い方だったが、テレビがないのを少し誇りにしていた記憶もある。でも、あのカバーのかかったテレビが来た時はやはりうれしかった。「食事中はテレビは見ない」という家も少なくなかったようだが、わが家はそのことはあまり気にしなかった。

茶の間は小さくて、北向きで、へやのつくりも立派ではなかった（長押のない唯一の日本間だった）が、居心地はよかった。茶の間の北側の、物置と木戸で囲われた裏庭かつ中庭的スペースは、暮に餅つきをした場所としても思い出深く、台所北側の井戸端で洗濯をしたり西瓜を冷やしたことも、夏の涼しい記憶である。しかしもっと昔、茶の間・台所・井戸端のあたりには、そこで水仕事をしていた母のまわりで過ごした幼い頃の時間が蓄積しているように感じられる。勝手口の階段をうまく上がれずに唇の下を切った時の傷跡が今もかすかに残っている。

## 廊下の印象

中廊下というスペースは中廊下型住宅に独特なものに違いないのだが、この家の中廊下は廊下であって廊下でないといったものだ。大玄関との境の、来客があればすぐに閉じられる少々重い引き違いの板戸のお陰で、この廊下は「内」のスペースである。

●図2−2−27　向いの家に間借りしていたアメリカ人が撮影。（1955年頃）

内玄関は、上がり口のガラス入り障子が閉じられることはほとんどなかったが、その上に深めの戸棚が作り付けられていて少し狭苦しい感じがあった。正面の壁には帽子掛け（帽子よりもコートを掛けたが）が並んでいた。完全な廊下の部分は短い上、北側の茶の間との境はガラス入りの障子だし、南側の六畳との境は障子入りの襖で、しかも昼間はほとんど開いていた。茶の間側の壁には小さな黒板がかけてあった。祖母がなにかメモしていたようだが、私達は指にチョークの粉を付けて跳び上がって壁につけ、高さを競ったりした。黒板の向かいにはほうきやはたきが何本か下がっていて、その向こうは女中べやの障子、正面には電話、左に台所の曇りガラスの引き込み戸といった風に、変化に富んでいたというのか、生活の匂いがした。

中学1年の時に、新築したという友人宅に招かれ、玄関を開けるなり真っ直ぐに伸びている、木目の壁とドアしか見えない暗い中廊下に、変な感じを受けたのを覚えている。

気持ちがよかったのは長く伸びた明るい二階の廊下で、見晴らし台というと少し言い過ぎのようだが、上半分のガラス戸を開け放ち、冬には富士を見、夏には多摩川の花火を見た。二階にいい座敷を置いたのは、もてなしの心を表したものと納得できるのである。といっても、二階での接客は料理を運ぶのも大変で、その人手があってできることでもあった。白いキャラコのカーテンも今や廊下を一段と明るく思い起こさせる。

この家はもう心の中にしかない。一部を取り壊した時、痛々しくてたまらなかった。それなのに全部を取り壊してしまった。この家でくりひろげるべき家族の生活がなくなってしまったのだからとあきらめたのである。

# 変り続けた鵠沼の家（近代化４）

笠嶋　泰

●
- １９３８年（昭和13年）頃建設、その後７回の増改築
- 神奈川県藤沢市鵠沼
- 木造平屋建　借家
- 敷地　75坪
- 家屋　当初13坪、現在53坪
- 居住　１９４０年～１９９９年（現在）
- 家族構成　３人の核家族↓６～８人の三世代家族↓６～３人の核家族↓三世代家族

## 鵠沼へ

　１９４０年（昭和15年）、父の満州への転勤や次女の誕生を控え、家族は母方の祖母が一人で隠居生活を送る鵠沼へ居を移すこととなる。父33歳、母25歳、長女１歳の時であった。次女に続き長男が誕生し、一家は５人家族となるが、父は満州での生活が殆どであった。翌１９４３年（昭和18年）、東京の千住に住んでいた祖父母が軍の命令で自分の家を明け渡し、家族と同居することになる。父は不在勝ちであったが、家族は賑やかな三世代家族となった。

　この鵠沼の家は、当時のお金持ちの別荘として建てられた家ではなく、東京に通うためのサラリーマン向けに建てられた庶民用の借家であった。鵠沼が東京の別荘地帯から新興住宅地に変貌する第一陣に開発された住宅の一つと思われる。開発も大手のディベロッパーによるものではなく、農家が畑を宅地化し、建てたものである。

　やがて私の生まれるその家は、１９３８年（昭和13年）頃に、近くの地主が建てた何軒かの借家の一つであり、母方の祖母の敷地と地続きになっていた。延べ床面積13坪、敷地面積75坪の平屋建てで、二つの和室、土間にスノコを敷いた台所のある板間の部屋、父が「玄関の間」と呼ぶ二畳の間、それに浴室・便所・納戸が備わった小さな家であった。

●図２－２－28　入居当時の間取り／１９４３年頃のサラリーマン用の典型的都市郊外住宅。

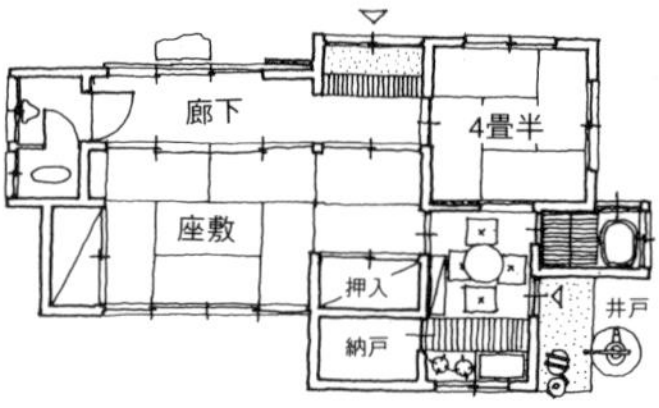


●図２－２－29　入居当時の配置／建物は敷地のほぼ中央に配置され、住居は、南側よりむしろ北側の庭と連続する形で作られていた

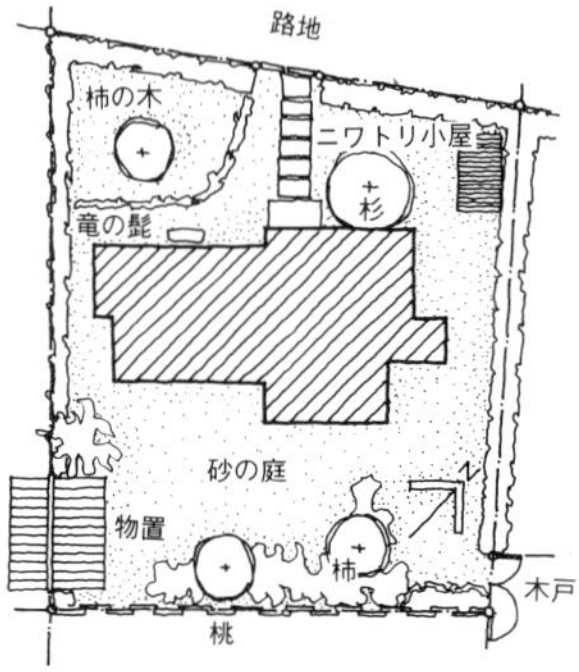


わが家では、二つの和室の内、大きい和室を「座敷」と呼んでいた。その座敷の南側の窓には何故か低い腰壁があり、南側の庭との連続性は希薄であった。これに対し、道路側には3枚引きのガラス戸の入った廊下があり、このことがこの家の向きを北側の路地に向けていた。（図２－２－28）

南側の庭には、後に敷地境界争いの火種となる隣家と2対3の割合で区切られた共用の物置があった。この南側の庭には柿・桃・やつで等が植えられ、中央部分は砂地のままであった。しかし私が近所の友達と遊ばなくなる年頃になるまでここで遊んだ記憶はなく、私は寧ろ路地側の庭で遊んだ。この北側の庭は木戸から玄関に真っ直ぐに伸びた石畳で二分され、片方には野良犬に荒され取り壊されることになる鶏小屋があり、他方は龍の髭で縁取られただだっ広い砂地であった。（図２－２－29）

当時の住居内の使い方は、次のようであった。

父がいない家族全員は六畳の座敷で就寝し、食事は台所の板間の部分に坐卓を出し行われた。台所には箱式の流しと台の上に置かれたガスコンロがあったが、煮炊きは台所脇の庇の懸かった外部で行った。この場所には井戸があり、井戸から桶で浴槽に水を入れた。姉達はこの水汲み１００回の手伝いをやらされたことを懐かしい記憶としてよく覚えている。また時々訪れるお客様は、家族全員の就寝する座敷に通したらしい。なお、北の四畳半は、後に祖父母が同居するまで、病弱であった母の手伝いをするためのお手伝いさんの宿泊室に使用された。

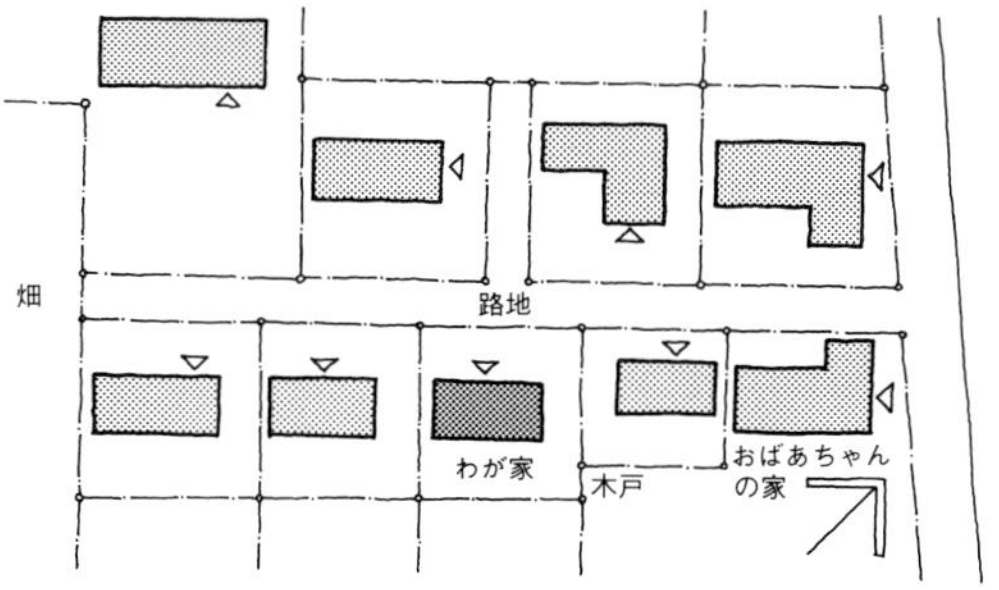


●図2−2−30　周辺の家並み

## 近隣の生活

### ・路地に面する家々

わが家が面する路地に並ぶ家は全部で9軒。その内、私と同年輩の子供のいる家族が6軒。即ち、母方の祖母の家を除き、その住居平面を思い出せる家は6軒である。この6軒中2軒は路地の北側に立地し、その座敷を南の路地側に開放していた。さらに、路地の南に立地する4軒の内の2軒も座敷を路地側に開放する間取りとなっていた。（図2−2−30）

現在の計画者達の考え方からすれば、立地する場所にかかわらず住居の座敷を南に向かって開放するのが一般的である。しかしこの路地南側の4軒中2軒の座敷は路地側、即ち北側に開放的な構えとなっている。日本の古い農村住居の間取り構成には「口と奥」「表と裏」の空間構成原理が作用していることはよく知られている。これらの住居の建主が農家であったことも考え合わせると、わが家を含むこの2軒の座敷が路地側に開放的であったのは、この伝統的な日本の「表と裏」の空間構成原理が作用してのことかもしれない。

### ・路地の生活

家の中で独りで遊んでいると、「外で遊んでらっしゃい」と母によく言われた。母は、男の子が家の中で遊んでいることを身体の具合が悪いことの注意信号とでも考えていたようである。ぐずぐずしていると次に出てくる言葉は「何処か具合が悪いの」であった。私の方も、別段家の中で遊びたかった訳ではなく、まだ路地から友達の声が聞こえてこなかっただけであることが多かった。

家の前の路地は、近所の子供達の格好の遊び場であった。私が記憶する昭和30年前後の路地では、めんこ、独楽、ビー玉、缶蹴り、相撲、鬼ごっこ、隠れんぼ、開戦ごっこ、宝探し、地図、釘差し、チャンバラごっこ、花いちもんめ、達磨さん転んだ、ゴムボールでの三角野球、ゴム段、なわとび、ドッチボール等々が行われた。何の遊びをするかは、お正月前後に行われる独楽遊びを除くと、たまたまそこに集まった子供達の年齢や性別を考慮して決定されていたように記憶する。チャンバラごっこは小学生にならない男の子が集まった場合に行われ、花いちもんめや達磨さん転んだはやはり小学生前の男の子と女の子が集まった時の遊びであった。ゴムボールでの三角野球は小学校低学年から小学校３・４年生の男の子が集まった時に、ドッチボールは同じ小学校低学年から３・４年生の男の子と女の子が集まった時に採用された。

　路地の何処で遊ぶかは、遊びの種類によって決定された。めんこは比較的凹凸のある場所、独楽は比較的土が硬い場所、反対に相撲は土が軟らかいところ、隠れんぼは隠れやすいところが多い場所というように選択された。場合によっては、子供のいる家の庭が遊び場として採用された。しかし、そのことを咎める家はなかったばかりか、その家の人からおやつが出されるのが常であったように記憶する。いずれにしても、遊びの中心は小学校前の子供から小学校３・４年の子供達であり、夕飯近くに、各家から「○○ちゃん帰ってらっしゃい」という声が聞こえるまで続いた。

　当時の路地は、子供たちの格好の遊び場であったし、親たちにとっても子供を安心して遊ばせておける場所であった。路地に面する人々は、互いに顔見知りであるばかりでなく、子供たち全ての名前や各自の学校での様子まで知っており、時にはお裾分けや調味料を借りたりすることもあるほど親しかったことは言うまでもない。

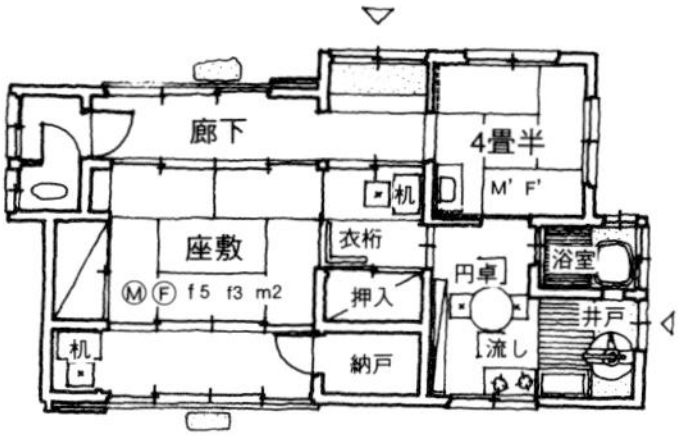


●図2−2−31　最初の改装（1944年）／座敷と南側の庭との連続性が強められるとともに、煮炊き場や井戸が室内化された

## 繰り返し行われた増改築

### ・最初の改装

最初の改装が何時頃行われたかは定かでない。この家の増改築史を通観すると1944年（昭和19年）の疎開直前と考えられる。

この最初の改装では、座敷の南側に廊下を付け、その開口を掃き出し戸とし、踏み石を置くことにより、座敷と南側の庭との連続性が強められた。また台所東側の煮炊き場を簡単な壁で室内化することにより、寒さ等の不便さが解消された。（図2−2−31）

この住居での生活は、疎開するまでの僅かな期間と、1948年（昭和23年）頃から始まる一連の改装までの3年間に展開された。ここでは後者の3年間の生活について述べる。当時、父も満州から戻り、7人家族の生活である。父41歳、母33歳、長女9歳、次女7歳、長男6歳、祖父71歳、祖母66歳である。

祖父母の部屋は北側の四畳半であり、その他の家族は六畳の座敷で寝起きする。食事は台所の板の間部分に坐卓を出して行った。長女・次女の勉強机が二畳の玄関の間と座敷南側の廊下の隅に置かれていた。廊下の隅に置かれた勉強用の座卓が次女用のものであり、そのことが非常に悔しい思い出として次女の胸に残っているらしい。長男は祖父に、北の四畳半に置かれた仏壇の前で「いろは」を教えてもらった。

この頃ある日、長女の学校の先生が家庭訪問に訪れた。たまたま台所にいた父が応対せざるを得なくなり、うかつにも父は下着（フンドシ）一つで玄関に出向き、相手が先生であることを知ると、何故かあわてて元の台所にとって返したらしい。ここで話が終れば良いのだが、しばらくすると、四畳半の引戸が静かに開き、下着の上に着物の帯を巻いては

●図2―2―32　茶の間の設置と台所の充実1948年（昭和23年）頃／台所が拡充され、茶の間が台所から分離される

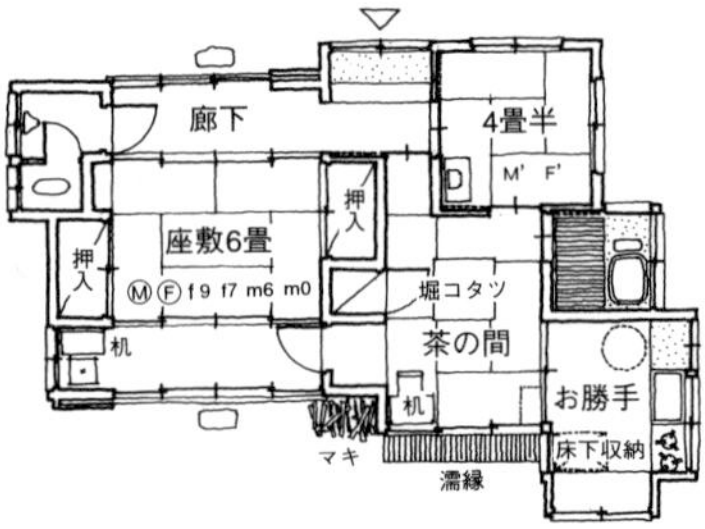


●図2―2―33　茶の間

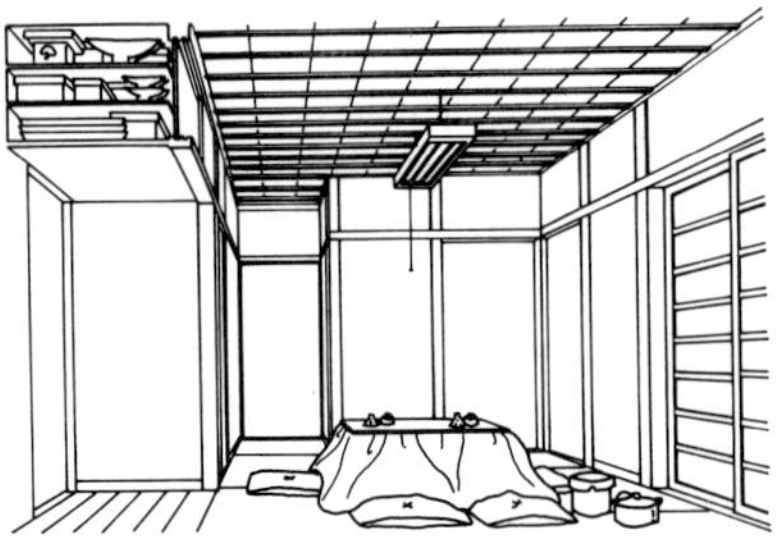

いるが殆ど前と同じ姿の父が現れ、先生の前を通り抜け、座敷に向かったとのこと。長女はその光景をただただ無言で見ていたらしい。このことは懐かしい笑い話を提供してくれるとともに、次のことも教えてくれる。即ち、四畳半と台所がつながっていたこと、台所と座敷を直接結ぶ動線がなかったこと、又座敷に下着・服を入れた箪笥が置かれていたこと等である。

・1948年（昭和23年）頃の台所廻りの改装

板の間での食事、台所流し部分の雨漏り等の不便解消の為、茶の間の設置・台所の充実・浴室の拡充を図る。また同時に納戸をやめ、先の下着事件も影響してか、茶の間から座敷南側の廊下へ直接行ける動線が確保される。（図2―2―32・33）

1948年（昭和23年）4月に私が生まれ、8人家族となるが、父の北海道への単身赴任の為、結局7人での生活となる。

座敷は祖父母以外の5人の就寝部屋として使用された他、一軒置いた隣に住む母方の祖母やPTAの役員等が訪問した時に使用したらしい。茶の間は食事の他、雑談やこたつで行われる子供達の勉強部屋としても使われていた。当時の日常生活の中心場所を表す指標の一つと考えられるラジオは、茶の間と新しい台所を結ぶ出入口の上の板に置かれていた。このことからも、この新しい茶の間がこの家の一つの中心であったことが窺える。

・1950年（昭和25年）頃の座敷廻りの改装

昼間家族が居る場所の充実が終わり、1950年（昭和25年）頃、座敷廻りの改装に取り掛かる。六畳の座敷を八畳とし、大工さんのサービスで床の間が拡充された。この八畳間には、昔六畳間であったことを教えてくれる垂れ壁が今でも残っている。八畳の南側に

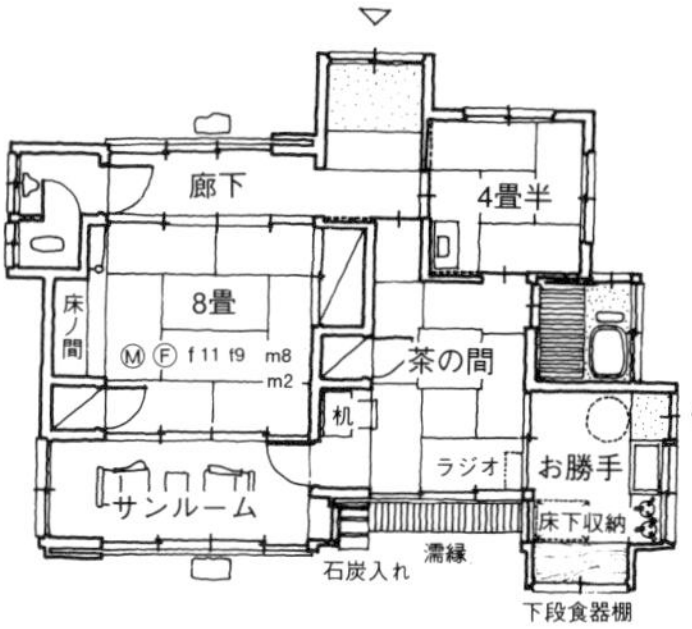


●図2―2―34 座敷の充実、サンルームの新設(1950年)

●図2―2―35 六畳間の名残を伝える八畳間の天井

はサンルームが新しく設けられた。父はそのサンルームにサーモンピンク色のソファと、当時としては最新式の電気蓄音機とを置き、床仕上げを縁甲板とし、わが家の中で一風かわった空間とした。父はこのサンルームに、父がかつてどこかで見て憧れていた、南洋の植物が飾られ色鮮やかな小鳥が飼われた西洋館を夢見ていたのかもしれないし、後述する名古屋の書生時代を過ごした家を再現していたのかもしれない。さらに、父が単身赴任している北海道からは大きな一枚板が送られ、玄関の敷板として利用された。(図2―2―34)

ところで、この調査をする前まで、私は八畳間で生まれたことになっていた。しかし、話を聞いていく内に、話の辻つまが合わなくなり、私が六畳で生まれたことが明らかになってしまった。その話自体取り立てた話ではないが、母はできることなら八畳で生まれたことにしておきたかったらしく、この辺りから、六畳と八畳とを微妙に区別するお嬢さん育ちの母の心情を窺い知ることができる。(図2―2―35)

当時の生活は、母・長女・次女・私の4人が八畳で寝起きし、小学校4年生のとき就寝分離した長男は一人で茶の間で就寝した。その茶の間は食事・雑談の場及び私を除いた兄弟達の勉強部屋であった。八畳は、以前と同様、父が居ない為か、少ない客をもてなす部屋として使用された他、この頃から始まる母のローケツ染めの作業場となる。この頃の特別な事件として、又特殊な住居の使い方として祖父母のお葬式があげられる。祖父は1951年(昭和26年)に、祖母は53年(同28年)に他界。それぞれのお葬式はわが家で行われた。私が記憶しているのは、私が5歳の時に行われた祖母のそれである。

八畳の建具は全て取り外され、サンルーム・八畳・廊下・路地側の庭は連続した一体の空間とされ、棺は庭から見ると一番奥のサンルームに安置された。八畳に身内が座り、焼

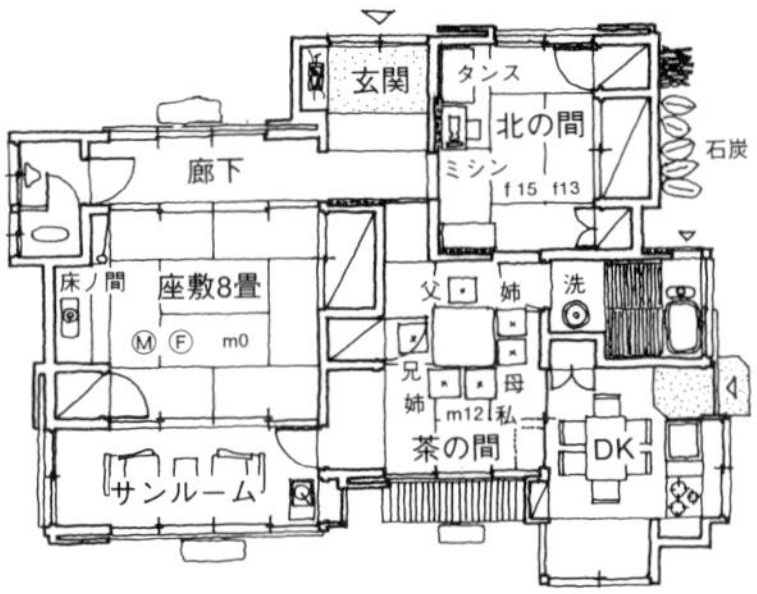


●図2―2―36 北の間、玄関の充実、DK化の失敗（1954年）

●図2―2―37 その頃の台所食事室

香の客は玄関からではなく、直接路地側の庭からアプローチした。一方、玄関は、身内の出入りの場所となり、茶の間・台所が裏方としての役割を演ずるのであった。この家の座敷が、当初路地側の庭に向いていたのは、この日のためであったのかもしれない。

・1954年（昭和29年）頃の改装

1954年（昭和29年）、父は北海道のある鉱山所長から東京本社勤務に代わり、再び鵠沼の家に住むようになる。周辺の下水道整備に合わせ、我が家も台所を再び改装するとともに、北の四畳半を六畳に拡充する。台所には当時モダンな住宅の象徴的存在であったDK方式を導入する。食卓は折りたたみ式のテーブルとなり、流し・米櫃・ガスレンジは造り付けのものとなった。出窓には斜めの格子がはめ込まれ、さらに室内から直接ゴミを捨てられるダストシュートまで設置されていた。また、壁・天井仕上げは、これも恐らく当時の最先端を表したであろうベニヤ張りであった。子供心に、その目新しさに優越感をもったものである。（図2―2―36・37）

しかし、座る生活様式が長く椅子式の生活に馴染めなかった為か、あるいは隣接する茶の間に堀炬燵が一年中用意されていた為か、このモダンなDKでの生活はそう長くは続かなかった。小学校4・5年生の時に八畳に置かれたTVを一人で見ていた私が、当時人気のあった「アニーよ銃をとれ」の乗馬の妙技に興奮し、母親を呼びに走った折り、誰も反応してくれなかった家族がこの茶の間で食事をしている光景を今でも思い出すことができる。このことから考え、DKでの食事は長くて3・4年と考えられる。

家族全員が集まって食事をする時、この新しいDKは奥にいる人の出入りに前にいる人がいちいち何等かの対応をしなければならなかった程過密であり、その過密さが子供心に

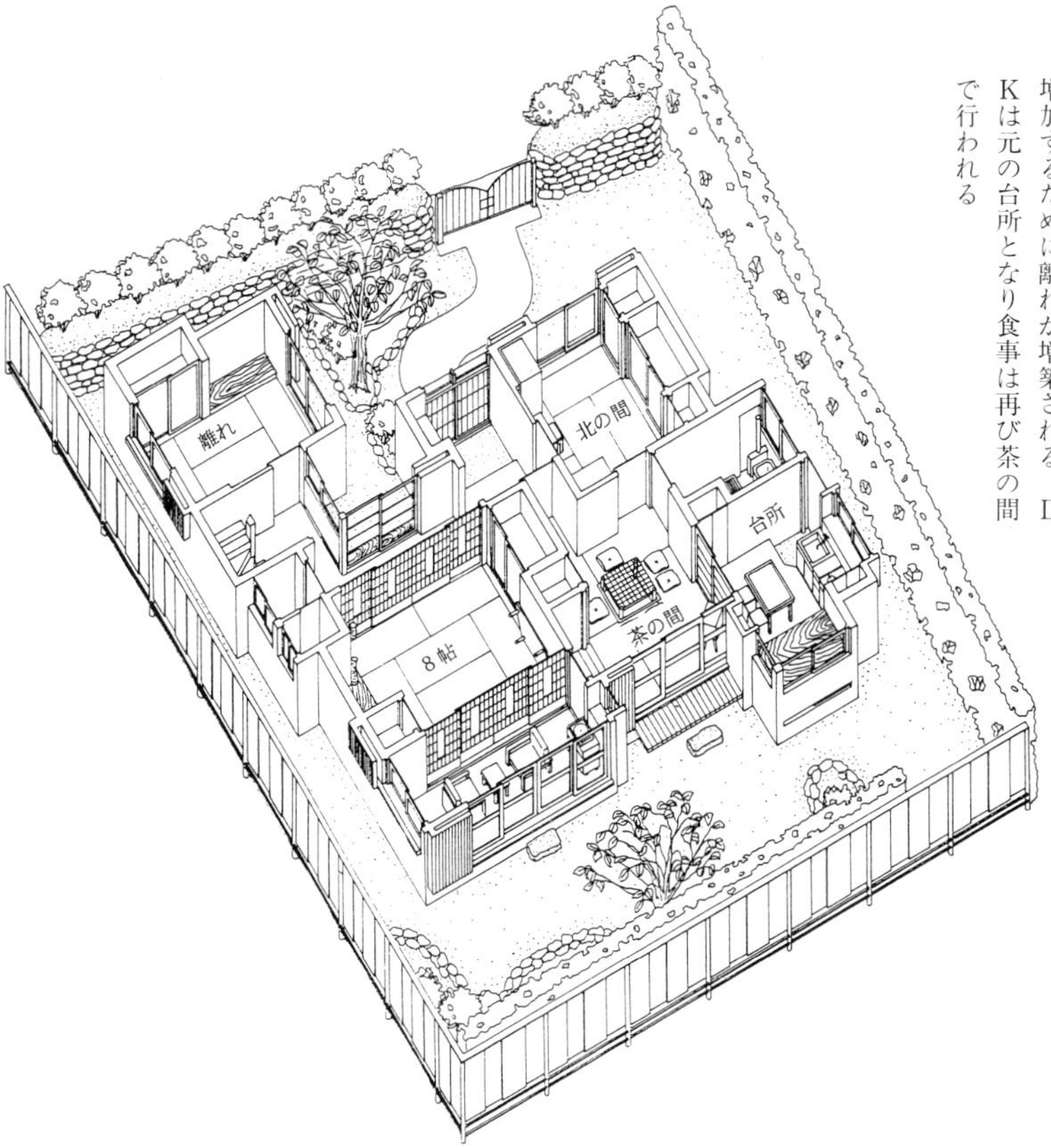


●図2－2－38　離れの増築／個室を増加するために離れが増築される、DKは元の台所となり食事は再び茶の間で行われる

大変嬉しかった覚えがある。この狭さもDKでの食事を長続きさせなかった理由の一つであろう。一方、拡充された北の和室は2人の姉の部屋とされ、茶の間に長男が就寝し、八畳には両親と私が就寝した。

### ・1958年（昭和33年）の改装

1958年（昭和33年）、長女は既に就職し、次女も高校卒業後就職することが決っており、いよいよ父が最も期待を掛けている長男の大学受験の時期が迫る。このことに合わせ、北側に、わが家で「離れ」と呼んだ部屋を増築することになる。一階には床の間の付いた六畳間があり、二階には一畳の板間がついた四畳半がある「離れ」であった。外観は既存の建物と異なりモルタル仕上げの外壁であり、屋根は緑のペンキを塗ったトタン葺であった。当初、二階は長男の部屋とされ、一階は客間とされ、父の客をもてなす部屋として実際に使われた。やがて、経済的に苦しかったのか、あるいは他の理由からか、この一階の部屋を藤沢に工場をもつ会社の貸し室とする。何人かの人がここに住んだが永くは続かず、やがて空室となった。（図2-2-38）

そうこうしているある日、勉強しない私に父が業をにやしたのか、きっかけが定かでないのであるが、とにかく私は家から追い出されることになる。私の方も私の方で、追い出される瞬間は泣き騒いだが、一旦戸を締められてしまうと、逆に自転車を出して夜の住宅街をさまよい始め、寝る場所を捜し始める始末であった。しかし、幸か不幸か、適当な場所が見つからず、走っている内に思いついたわが家の物置に引き返すこととなる。父の指示かわからぬが、母親が布団を差入れてくれたことを記憶している。この事件以来、私は離れの一階に寝起きすることとなる。即ち、この時期になって始めて我が家の就寝分離が完了することになる。

長男が大学に入り、しばらくして長男と私の部屋が交換される。

１９６３、６４年（昭和38、39年）に長女・次女が相次いで結婚し、北側の六畳には古いミシンや箪笥が、その押入にはやはり姉達が使った古い布団がそのまま取り残されていた。一種の納戸の様にも思えるが、わが家全体の納戸として積極的に位置づけられていたのではなく、慌ただしく嫁ぎ去った姉達の抜け殻をそのままにした感が強かった。

１９６６年（昭和41年）、長男も大学を卒業し、父と同じ金属系の会社に就職。勤務先が八戸の為、家を出る。

・離れ外装の化粧直し、門の改装

１９６８年（昭和43年）１月下旬より長男の結婚を控え、我が家の正面部分に当たる離れの外装及び門を改装。離れのトタン屋根は元の緑色に塗り直し、クリーム色だった外壁は何故かピンク掛かった色に吹き変えられた。門柱には石が貼られ、門扉には大層にも我が家の家紋が飾り込まれた。当時、大学受験を控えていた私は、何でこんな時期にこの様なことをしなければならないのかと憤慨したこと、その私を見て、母がハラハラしていたことを覚えている。

その年、私も大学に入学。私の大学生活が始まることにより、最大８人が居住した鵠沼の家は、父と母の二人だけの生活となってしまった。

４月には長男の結婚式が行われ、父と母の二人きりの生活が一層強く感じられる様になったと思われる。この頃の生活がどの様な様子であったかは定かではないが、時々帰省した時の印象を以下に記す。

父と母は、例の八畳で就寝。食事・雑談は茶の間で行う生活は以前のままであった。一方、離れ一階の雨戸は毎日開けられていたように思う。これはいつ訪れるか分からない客の為にそうされていたのではなく、不用心とならないようにするため、また玄関への通路に見苦しい感じを与えないようにするためにそうされていた。その証拠に、客は離れには通されず、八畳の間に通された。また、離れの二階は「行かずの間」とされ、正月にたまたま兄弟が集まる時等に私が使う程度であった。さらに、北側の六畳は、当時家族達の勧めで父が始めた「日本茶」のお店用の箱置場とされていた。このように、昼間の生活は以前と変わらないが、夜あるいは非日常時の空間使用の内容は一変した。

１９７０年（昭和45年）、水洗便所の使用が可能となり、便座を電気で暖められるものにすると共に、便所を水洗化する。便器を洋式のものとしたため、同時に小便器を取りやめた。

・茶の間の洋風化、ＤＫの拡充

１９７６年（昭和51年）、昔から秘かに抱いていた母の希望を取入れ、茶の間を八畳の洋

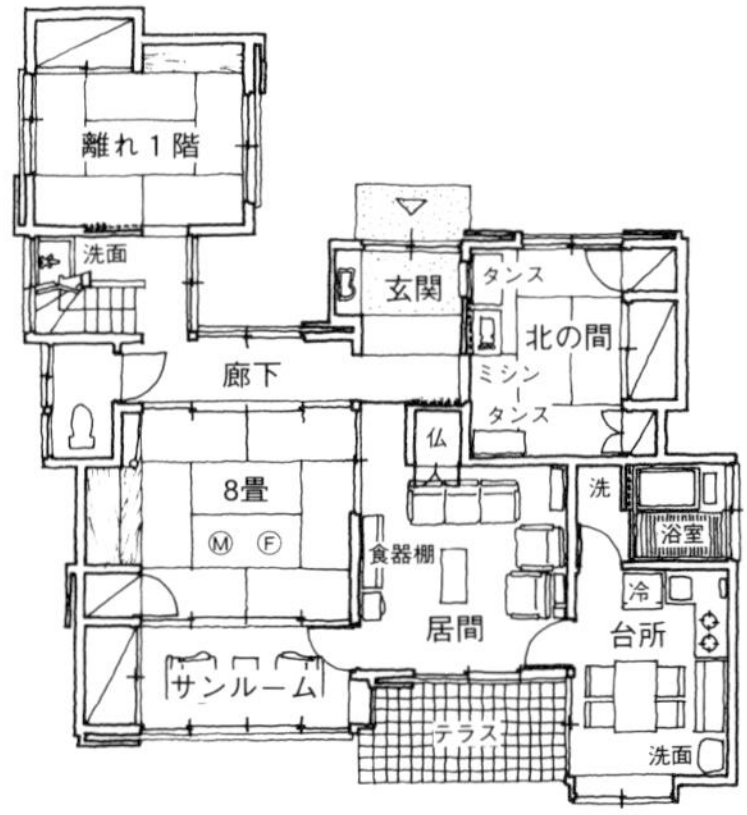


●図2−2−39　茶の間の洋風化、DKの拡充（1976年）

間とし、ソファセットを置く。また、再び台所をDKとして計画する。1954年（昭和29年）のDK化は永くても3〜4年しか続かず、再び元の台所となってしまったが、今回のDK化は1999年（平成11年）の現在でもDKとして使用されており、定着したと考えられる。定着した理由に、前回のDKよりやや広くかつ使用人数が少なく、相対的には相当広くなったこと、又前回は隣接する部屋がすぐにでも茶の間化し得るしつらえとなっていたのに対し、今回は茶の間化しにくいしつらえであることも重要な要因と言えよう。しかし、居間のガラスのテーブルはいつしか置きこたつへと代わり、父はソファに座ってこたつの中に足を入れ、テレビを見る生活となる。

器は変わっても、身体化した生活様式はなかなか変わらない良い一例である。（図2−2−39）

・三世代住居へ変貌

1980年（昭和55年）、既に東京勤務になっていた兄の、子供の教育及び年老いた両親のことを考え、兄夫婦が同居することになる。いくつかの計画案が検討されたが、既存の建物の大幅な改装は新築と同程度の費用が必要なこと、また将来の兄夫婦の家の増築をスムーズに行えるようにすること等を考え、既存部分と新築部分とが平面的にも断面的にも噛み合わないこと等を考慮した計画案となる。即ち、北側の六畳を取り壊し、そこに屋根裏部屋のある二階建てを建て、同時に離れは取り除いた。既存部分の浴室は納戸とされ、両親の思い出深い品々がここにしまわれている。（図2−2−40）

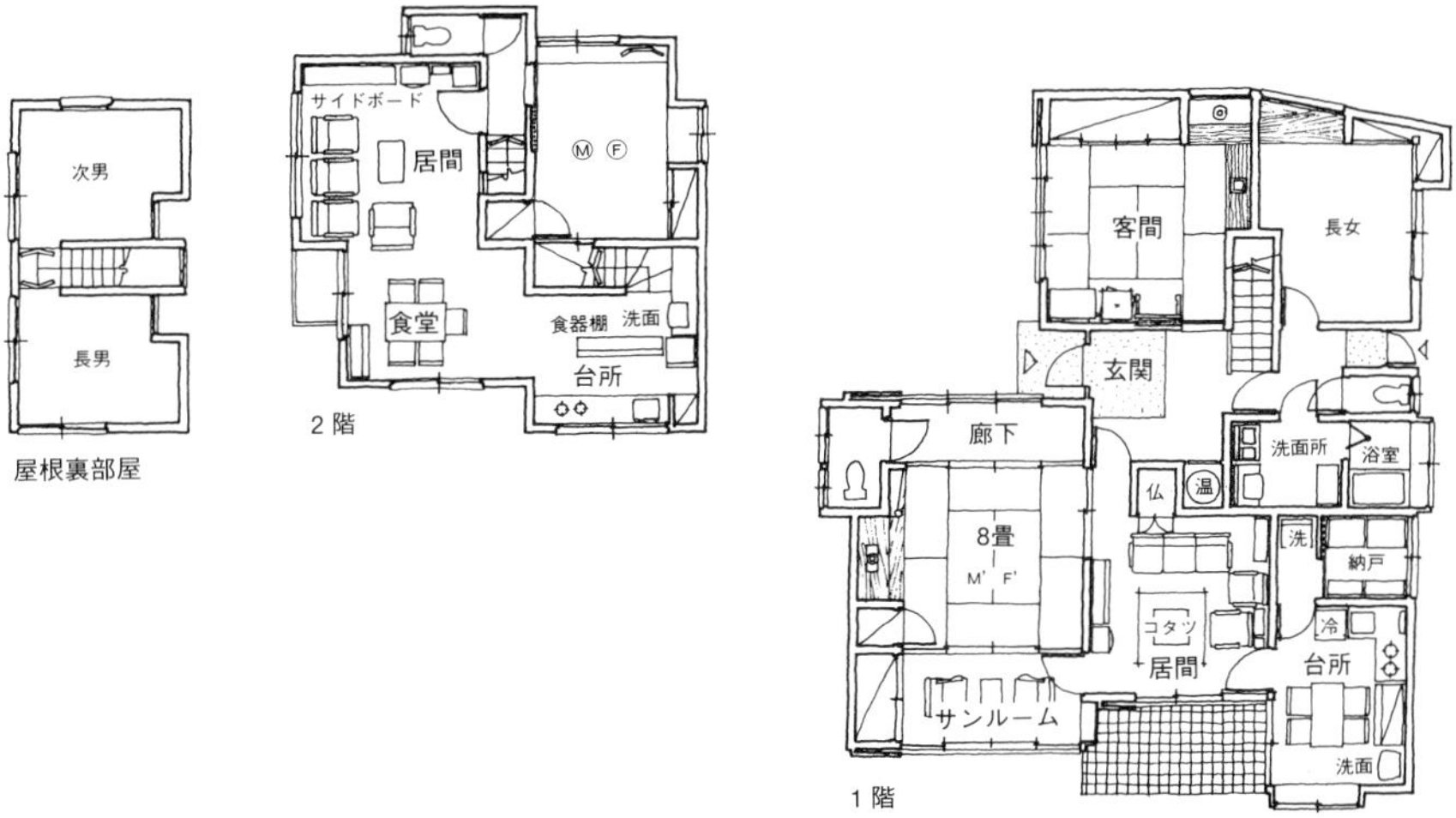


●図2—2—40　三世代住居（１９８０年）

・既存部分のその後

鵠沼の家が三世代住居に変わった１９８０年（昭和55年）から１９９９年（平成11年）の現在まで、既存部分、新築部分とも一切手が加えられていない。しかし、その中での生活は大きく変わった。新築部分の兄夫婦の家族での子供の成長に伴う部屋割りの変更等の変化もあったが、一番の大きな変化は既存部分での老夫婦の生活であろう。

三世代住居に変わった時期から現在までの間の老夫婦の生活は三つの時期に分けられよう。一つは、若夫婦に頼ることなく父と母とで自立した生活を営んだ時期である。この時期の既存部分での生活を聞いてみると、八畳で就寝し、雑談やテレビを見るのは居間で、食事はＤＫで行われている。両親の大切な客あるいは客の人数が多い時は八畳が使用されていたらしい。

二つ目の時期は、三世代住居になって10年を経たころからの2～3年の間、父も母も身体を悪くし、入院を余儀なくされた時期である。最初父が脳梗塞で入院、退院後順調に回復するが、続いてポリープの手術を行うために再び入院。これも驚くべき早さで回復するが、退院後は極端に神経質になるとともに、わがままにもなった。このことへの対応疲れからか、今度は母が入院する事態となる。この頃の老夫婦の生活は、基本的には前の時期と変わらないが、週2～3回、夕食を兄夫婦に頼ることになる。経済的な理由ではなく、母の体力が限界に達していたからである。このような、どこか憂鬱な暮らしを続けていた最中、父は2度目の脳梗塞となり、帰らぬ人となった。享年84

歳であった。

三つ目の時期は、この父の死から現在までである。母は最初こそ元気がなかったが、今では三度の食事も全て自分でこしらえ、完全に自立生活を送っている。最近では、書き貯めてきた俳句を自費出版するほど張り切って、一つ目の時期より生き生きと暮らしているように見える。

## 変容の歴史が伝えるもの

鵠沼の家の変容を比較的詳細にみてきた。増改築に次ぐ増改築を行ってきたところにこの家の特徴があろう。また、戦中、戦後及び高度経済成長期に掛けての一般的都市市民の住要求が垣間見られる典型的事例とも言えようし、現代にも通用する都市市民の家族成長に伴う住要求変化の全体像を示す事例とも言えよう。

この都合7回に及ぶ変化の歴史を眺めると、変化は三つに大別できる。一つ目は子供の成長に伴う個室の増加にみられる規模や室数拡充のための変化であり、二つ目は台所のＤＫ化、茶の間のリビング化等の居住様式の変化に伴う変化である。三つ目は座敷の充実、座敷南側の廊下のサンルーム化等のグレードアップとでも言える変化である。一つ目と二つ目は、建築の計画学の中で比較的採り上げられてきた問題である。これに対し三つ目は「嗜好」の問題として片づけられて、さほど採り上げられなかったように思う。しかし、父にとってこの三つ目の変化が極めて重要なことであったことを、晩年の父から聞かされた。住居の変化が、使うためばかりで行われるのではないことをよく示す例であり興味深い。最後に、その父の述懐を記し、本稿を閉じたいと思う。

「私（父）の思い出深い家は、子供の頃住んだ東京の北千住にあった四軒長屋の一軒である。祖父母と姉の4人で住み、私が考えて薬屋を営んだ。この祖父は、商売の方はあまり上手でなかったが、アイディアマンで、つい最近まで使われていた女性が着物姿の時ハンドバックの代わりに使う「信玄袋」の考案者であった。この北千住の家の間取りは、一階に道路側より店、祖父母が寝起きした二畳の和室とがあり、二階には私と姉のそれぞれの部屋があった。貧しかった故に、思い出深い。しかし、後の鵠沼の家の増改築に大きく影響を与えたのは、この北千住の家ではなく、関東大震災以後一時私が書生としてお世話になった名古屋の富田家の家である。富田家は、名古屋の「五摂家」には属さないが、現在も実質的に名古屋を動かしている名家の一つで、七〇もの部屋があり、各部屋はそれぞれの工夫が凝らされ、また外部には凝った池や庭園があった家である。」

# 富山千原崎の小住宅（近代化5）

小柳津　醇一

●
・1956年（昭和31年）建設
・富山県富山市
・木造平屋建、持家
・敷地　200㎡
・家屋　85㎡（22・5坪）

## 古材再利用の質素な家

毎年、秋の院展（日本美術院展）の時に上京していた父は、自分の留守中に借家住まいの家族が追い立てを喰らっているのではないかと、真剣に心配したそうですが、やがて自分の持家を建設することをついに決心します。父が50歳、私が中学2年の時です。田舎で彫塑の研究を続ける父には、もちろん経済的には余裕のあるはずがないのですから、この家は運送会社のトラックの車庫に使っていた古い木材を再利用したものですし、ほとんど借金と多くの人たちの特別の厚意で建ったものだと、母は言っていました。それでも、両親にとっては遂にヤッタという感じだっただろうと思います。私も工事中の家を、学校の帰りにわざわざ回り道をして見にいったことを覚えています。

風呂場（母は当時「湯殿」と呼んでいました）は長州風呂で、最初は入るのが怖かったのですが直ぐに慣れました。何でも燃すことができて便利でしたし、雪の多い日には銭湯まで雪道を滑りながら往き来することもなく、つくづく有難いと思ったものです。内風呂がある家は、当時としてはまだ珍しい方で、冬には隣のTさん家族がもらい湯に来ていました。もっとも、父にとっての風呂場は塑像を作る際の石膏取りの作業場としての意味もあり、そのことも風呂場を設けた理由かもしれません。

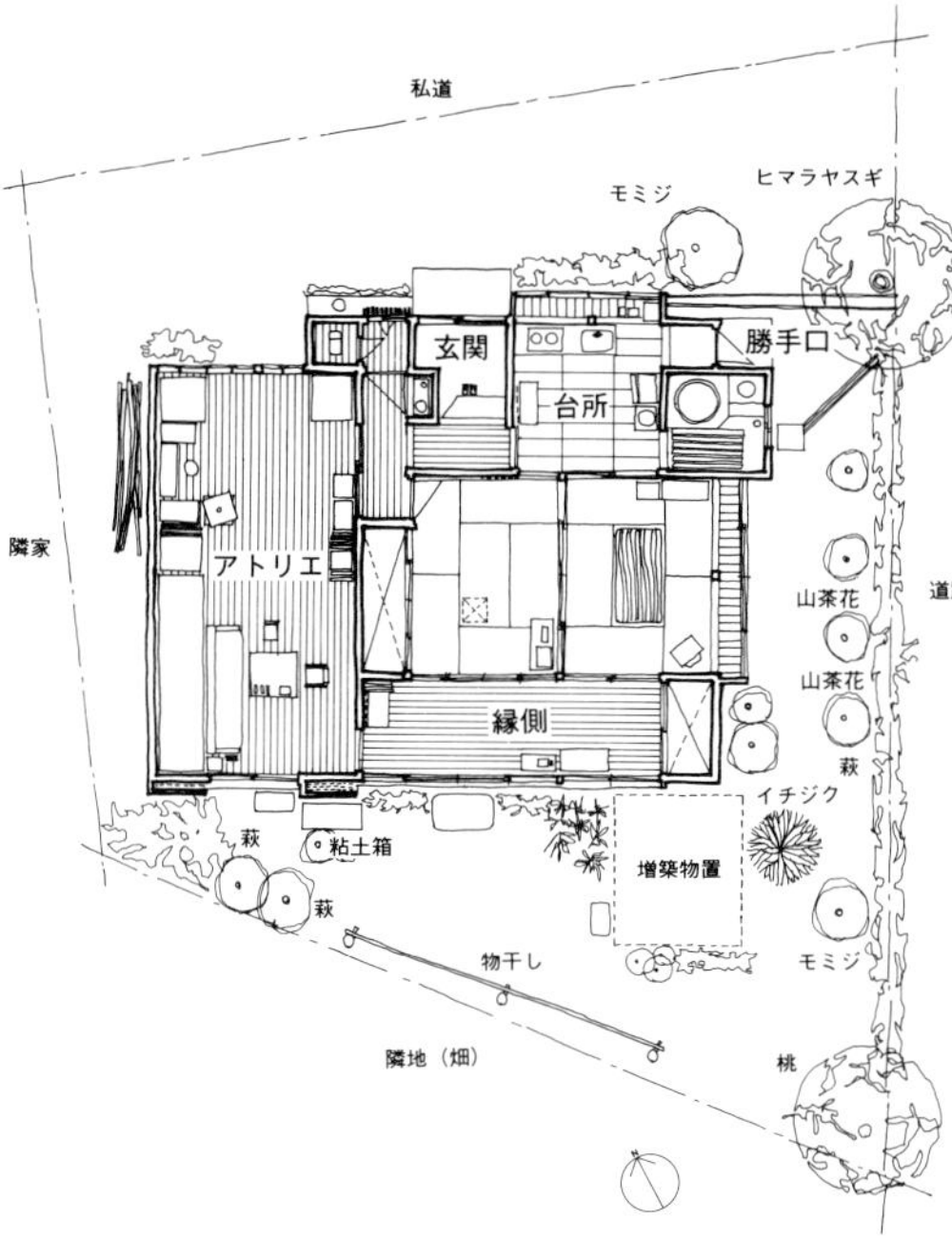


図2−2−41　配置・平面

この家のプランは関井さんという大工さんと相談しながら両親が決めたようです。東西が棟方向の平入りで、アトリエ部分だけ天井を高くするために棟も少し高くなっています。

## 父の領域―アトリエ

ところで、この家のプランの特徴はなんといってもアトリエが大威張りしていることですが、これは仕方がないことでしょう。父にとってはアトリエが全てだったのでしょうから。アトリエの壁は小舞下地で天井は木摺り下地の、いずれも塗り壁なのですが、これは兜山さんという左官屋さんが父の難しい色の注文を聞きながら、じつに丁寧に取り組んだ仕事でした。家が少し傾いた今でも、全くクラックが入っていないという見事な仕事で、これには感心させられます。このような優れた職人がごく身近にいくらでも居たということは、素晴らしいことだったと思います。

父は殆どの時間をアトリエで過ごしていました。夕食後、お茶を飲んだら直ぐアトリエへ。制作中は鍵をかけて、他者の入室を拒否します。10時と3時に母がお茶をアトリエに運び、少し話をするといった程度。父への来客はほとんどアトリエに通します。玄関側とは反対側にもアトリエへの出入り口をとるなど、動線のことはかなりよく考えたようです。入浴と就寝時以外に、父がアトリエを出てくるのは食事の時ぐらいでした。

## 食事と一家団欒

ただ、両親は食事の時間をとても重視していたように思います。躾けをする機会としても考えていたのかもしれませんが、それとは別に家族でのいろいろな会話を大切にして、なるべく子供たちに話させるようにしていました。口にものを入れたまま話すのは論外でしょうが、そのためか、かなり賑やかな食事だったと思います。

最初のうち食事は台所の板の間にゴザを敷いて、卓袱台（例の丸い台にギーっと折りたたむ脚がついたもの）で食べていました。私はなぜ畳の部屋で食べないのか不思議に思いましたが、母はそこは座敷だからと言っていました。

しかしそれも暫くの間で、そのうちに食事は畳の部屋でするようになります。父は3尺×6尺の合板に漆を塗って甲板にし（乾漆像をつくったりしていたので、漆はかなり扱っていた）、それに杉の磨き丸太をつかった脚をつけた大きな座卓を作ったのですが、それをきっかけにして東側の畳の部屋で食事をするようになりました。東側の和室の出窓の先に道があるのですが、そこを通る近所の人たちが、楽しげな食事の様子を感じて羨ましいと言ったとかで、食卓の上のものには反比例して相当に賑やかな食事風景だったのでしょう。

## 融通無碍の続き間

母は東側の和室を最初は座敷のように考えていたのかもしれませんが、このような床の間をつける余裕もない狭い家で座敷も次の間もあったもんじゃない、といったところが実情で、あくまで小規模住宅における使い勝手・合理性追究の結果としての続き間構成だったと思います。事実、入居当時父50・母49・姉22・姉19・私14・妹10からなる6人家族の生活に対して、この六畳二間の続き間は実に融通無碍に対応しました。

東側の部屋に私と姉2人、西側の部屋に両親と妹が就寝していましたが、この家に住んで2年後に一番上の姉が嫁いでからは、妹は東側の部屋で就寝するようになり、さらに私が上京してからは二番目の姉と妹だけが東側の部屋で寝ることになります。

そもそも寝室という概念がこの家にはなかったと言えます。食寝分離ができていない住み方なのです。東側の部屋は食事室であり居間であり客間（アトリエへ通さない客は全てこの部屋へ）であり勉強部屋であり寝室でもあるのでした。しかし、それまでの長い借間生活という居住経歴が影響したのか、このような生活は何の抵抗もなく受け入れられました。いや、むしろ随分ぜいたくな生活になったと思ったほどです。

2室が同格のように使われていたといっても、そこには微妙な差があったのも確かです。父の客以外の客は必ず東側の部屋へ通しましたし、父が描いた絵を懸けたり、小さな塑像を置いたりして飾ったのも東側の部屋でした。この部屋からは劔岳・大日岳・薬師岳などの連峰を眺めることができて、この家ではいちばん明るい部屋でもありました。この部屋に置かれる、父がつくった大きな座卓も、食卓用・接客用・書き物用・読み物用・トランプ遊び用・何となく頬杖をつく用等、さまざまに活用されました。この座卓は幾度かの塗り替えを経て今も使われており、私や姉妹達にとってもっとも思い出深い家具の一つとなっています。東側の部屋の一本の柱には、両親にとっての8人の孫たちの成長の変化を記録したしるしがはっきりと刻みつけられています。

縁側を1間幅にしたのは正解だったようです。ここは、母がさまざまな家事をする場所でした。春先などの陽射しはこの縁側を極めて居心地の良い場所にします。冬の間は物干場としても使っていました。

私がこの家にいた１９６０年頃までの冬季には、炬燵は西側の部屋に切ってあった炬燵用の炉を使っていました。この家ではいちばん外気から奥まった部屋なので、そこで家族全員（父はアトリエでストーブを使っていたが）じっとしていました。ただ、どんなに寒くても炬燵での食事は父がいっさい認めないので、冬でも東側の部屋で食べていました。その時の暖房は、たった一つの火鉢だけでした。冬にはこれといった娯楽があるわけではなく、炬燵にあたりながらそばの箪笥の上に置いてある感度の悪い5球スーパーラジオ（真空管式）のアンテナ線を摑んで（そうするとよく聞こえたのです）、初代広沢虎造の「清水次郎長伝」や徳川夢声が朗読する「宮本武蔵」などの名調子に、家族そろって聴き入っていました。たまには勉強もしたと思います。宿題をいやいやでしょうが。ただ、一緒に炬燵に入っている姉にヒョイと訊くことができて、とても便利ではありました。団欒する部屋はどこにするかなどという意識は全くない時期のことです。後年、電気ゴタツを購入してからは、炬燵の位置は自由に決められるようになり、その前後に購入したテレビと共に（テレビを買ったのは比較的遅く、東京オリンピックが開催された１９６４年のことである）東側の部屋に設けられるようになりました。

冬を除いて2室の間の境の襖はほとんど開け放されたままですし、夏にはこの襖と東側の部屋の2ヶ所の障子はいずれも取り払われて、4枚の簾が懸けられます。こうすることで実に風通しがよくなり快適なのです。

家具といってもわずかな箪笥類があるだけ。これは昔から今までずっとそうです。私が高校生の時に縁側に椅子と机が置かれたことがありますが、それもほんの一時期でした。

とにかく今から思えば、子供一人ひとりが持っている物が今よりも圧倒的に少なかったのは確かです。特別に貧しくてそうだったのではなく、皆そんなものだったのではないでしょうか。

このような生活からすれば、家の中で子供各人が自己の領域を主張することなどあり得ないのです。父だけが自分の領域をはっきりと持っていたことになります。プライバシーなどということについて思い悩んだ覚えはありません。このあたりは、〈高密度居住〉に慣れていた家族間で阿吽の呼吸というか生活の知恵がはたらいていたのかもしれません。

このような小規模の住宅に多人数で生活した人たちは、この時期には決して少なくなかったと思います。でも、いわゆる個室・寝室が確立していない家で十代を過ごしたからといって、私にしろ姉妹にしろ何か独立心が不足していたり親への依存心が強かったりしたとは、とても思えません。

続き間系住宅

# 戦後東京の小住宅（近代化6）

初見 学

●
・１９５０年（昭25年）頃建設
・東京都千代田区
・木造平屋建　社宅
・家屋　38㎡（11・5坪）

## 僕の住宅遍歴

40年間、僕は集合住宅に移り住んできた。これまでに8軒の住まいを体験したが、自分の意志で、あるいは親の意志で、自らの住まいの計画に関わったのは1回だけで、おしきせの住宅を転々としてきた。

いくつかの居住体験の中から、その原点とも言える、小学生時代を過ごした「社宅」を回想してみたい。大分昔の体験なので、記憶が定かでない部分も多い。記憶力の問題なのか、記憶に残りにくい住まいの構造だったのか、今のところ判別しがたい。中学・高校・大学時代を過ごした典型的な３Ｋの社宅では、狭小な住まいの中に自分の場所を獲得すべく意識的に住宅と関わりをもったが、小学生時代の住まいに、そのような記憶はない。家は生活の舞台背景として、少なくとも当時は無意識下の存在だった。

## 住まいの概略と家族

住所は東京都千代田区麴町、四谷と半蔵門のほぼ中間に父の勤める会社の社宅があった。工場のあった山口県の社宅からここに移ったのは、１９５２年（昭和27年）、4歳の時である。当時、この社宅は新築ではなかったから、建設されたのは戦後間もない頃だったのであろう。同じ間取りの平屋の社宅10棟が敷地内にまとめて計画されていて、各戸に専用の

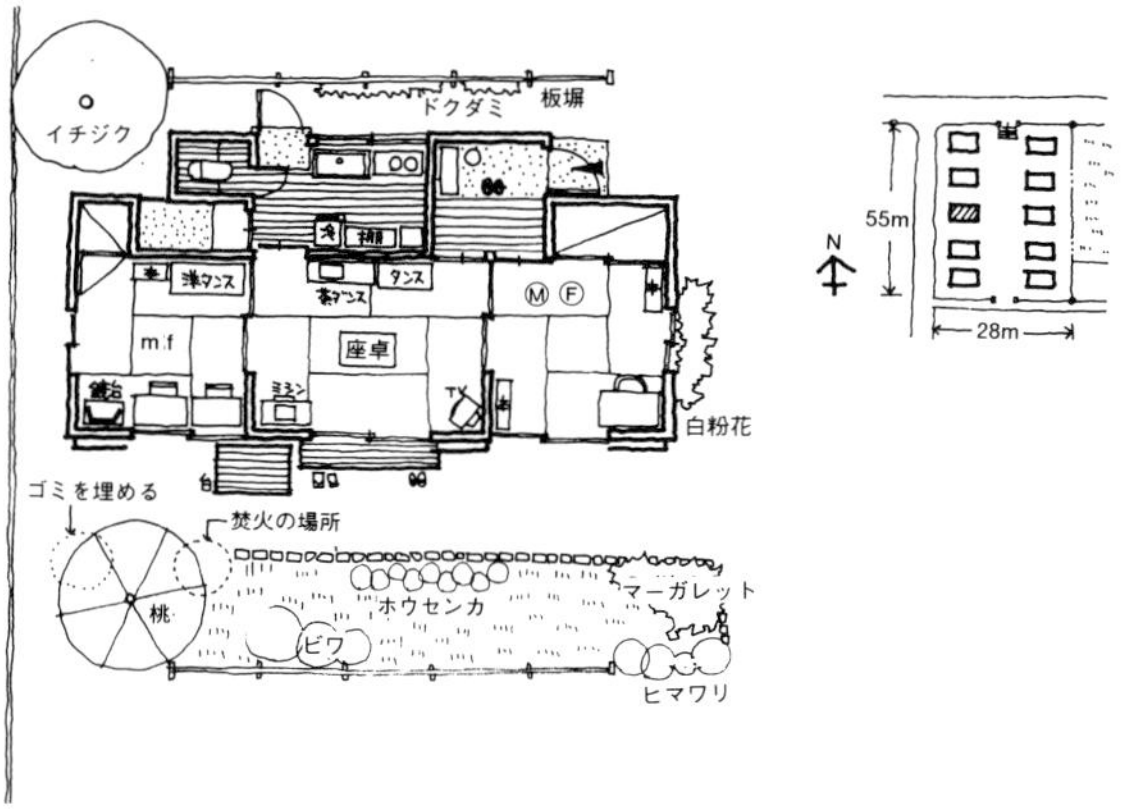


●図2－2－42　南北55ｍ、東西28ｍの角敷地に、木造平屋の戸建住宅10棟が東西二列に並ぶ。この家は、道路と板塀で仕切られた西側の列の中央に位置する。続き間形式の和室3室が南面し、北側に玄関・台所・便所がコンパクトに配されている。家の南に専用の庭、裏に勝手口への通路、東側は家へのアクセスを兼ねた共用の外部空間

庭があった。南北方向に5棟ずつ2列に並んだ住宅群の中央に通路兼共用のオープンスペースがあった。

構造は木造、外壁は杉の下見板張り、セメント瓦の切妻屋根。中央に六畳、その両側に四畳半が二つ、他に玄関と台所、浴室にも使える物置。極めて単純な間取りで、延床面積は12坪弱。各戸の敷地境界がはっきりしないので、1軒の敷地面積は正確には分からないが、敷地全体の面積が約1、500㎡、中央の共用部分を除くと、戸当たりの敷地面積は約120㎡程度と推測できる。

家族は会社員の父、専業主婦の母、僕、3歳齢下の妹の計4人。この時期、父は都電を乗り継いで20分の丸の内に勤務しており、僕と妹は、始業のチャイムが聞こえてから家を出れば間に合う距離の近所の区立小学校に通っていた。父は30代をこの家で過ごしたことになる。

## 開放的な家の造りとそこでの生活

玄関に近い東側の四畳半は両親の寝室で、南を枕に二つの布団を敷いて寝ていた。日曜の朝、妹と2人で両親の布団に潜りこむこともあった。この部屋は父の書斎でもあり、本棚には埃をかぶった難しそうな専門書が並んでいた。帰宅後や休日、机に向かって何やら書きものをしている父の後ろ姿を覚えている。南側の窓には低い腰壁がついていて、腰掛けてよく漫画を読んだ。

西側の四畳半が子供部屋。僕と妹は茶の間のほうを頭にして、布団を二つ並べて寝た。夏、蚊帳を吊っていた時期もある。雨戸の節穴から射し込む光線が、埃に反射して浮かび上がる朝の情景は何故か強く印象に残っている。部屋の長押に沿わせてアンテナを張りめ

ぐらし、自作のゲルマニュウムラジオを布団の中で聴いた時期もある。南側の窓辺に2人の勉強机と椅子、北側に子供用の小さな本箱があった。勉強机の一つは僕が小学校に入学したときに買ってもらったもので、もう一つは父の学生時代のものだった。子供の家具はこれだけで、玩具やガラクタは半間の押し入れの下の段に詰め込んでいた。このほか、部屋には三面鏡や両親の洋服を吊るしておくタンスがあった。

中央の六畳が茶の間で、食事やだんらんの場だった。堅苦しい客は少なく、稀に両親の寝室に通すこともあったが、親戚や父の友人とはこの部屋で食事を共にした。部屋の中央に折り畳み式の脚のついた卓袱台があり、それを逆さにして乗り物に見立てて遊んだ。部屋の隅に足踏み式のシンガーミシンが置いてあり、母親や我々子供達の衣類の多くが生産された。このミシンでもよく遊び、針を折って叱られた。北の壁面には、茶簞笥と引き出し簞笥が並んでいた。茶簞笥にはお菓子や茶器のほかに、薬などのこまごました物が入っていた。茶簞笥の上には真空管式のラジオが置いてあり、テレビを購入するまでは我が家で唯一の情報機器だった。このラジオで聴いた「笛吹童子」や「森永子供劇場」のテーマ音楽は今でもふと口をつくことがあり、そんな時には当時の家の雰囲気も一緒に思い出す。また母が、「君の名は」という連続メロドラマに夢中で、その時間には風呂屋へ連れていってもらえなかった。引き出し簞笥は確か4段で、上から順に、父、母、僕、妹の衣類がしまってあった。テレビを買ったのは、小学2年か3年の頃で、近所の友達と、力道山のプロレスや、千代の山、栃錦、若乃花らの相撲を観たような気がする。家にテレビがなかった頃は、友達の家や市ヶ谷にある日本テレビ前の街頭テレビを見に行ったりしていたので、どこで観たのかは必ずしも定かでない。「鉄腕アトム」や「スーパーマン」は家で観たように思う。襖を閉めるのは、寝る時と父が仕事をしている時くらいで、ふだん3部屋はひとつながりの空間として使っていた。冬の暖房は櫓炬燵と、はじめの頃は火鉢、その後はガスストーブを併用していた。寝るときには湯タンポを抱えて布団に入った。

台所は板の間で、人研の流し、鋳鉄製ガスコンロ、上の棚に氷の塊を入れて冷やす冷蔵庫、食器棚などが置いてあった。便所はいわゆる汽車式で、紐を引いて上部タンクの水を流す方式だった。風呂桶を置けば浴室になる部屋があったが、我が家では物置として使っていた。当時、社宅の中でここを風呂場としている家はなく、みんな銭湯に通っていた。

小さな家のわりには玄関は広かった。もっともこれは近代的な住宅を見慣れた目からすればの話で、当時としてはこの程度の広さが当たり前だったのかもしれない。しかし全体のバランスの中ではやはり広かったのか、板敷きの部分を増やして、ピアノや簡単なソファを置いている家もあった。玄関を使うのは父と我々子供たちが学校に行くとき、それから家族揃って外出するときくらいで、普段、子供達は南側の濡れ縁から出入りしていた。また近所の主婦が訪ねてくるのは濡れ縁か台所の勝手口だった。東と西の妻側には、やっと子供の頭が入るぐらいの小さな掃き出し窓があった。母が留守の時には、鍵をもたない我々子供達はここから家に入った。

### 戸外での生活

子供にとっての生活の場はほとんどが家の外だった。家の前の小さな庭では、行水や焚き火や花火を楽しんだ。父の会社の関係で家にはいろいろな種類の花火がたくさんあった。子供達が花火で遊んでいる様子を、浴衣を着た母が濡れ縁から、父がトリスを飲みながら茶の間から眺めていた。茶の間と庭とは濡れ縁を介して一体の空間だった。

我々が入居する前に住んでいた人が作ったと思われる庭の花壇には、いろいろな草花の種を蒔いた。庭の桃の木には毎年大きな実がなった。春先に小さな実は間引き、虫がつかないように初夏に袋をかぶせるのは子供の仕事だった。裏の無花果にも実がなった。低く這うように伸びる太い枝の上に、隣の原っぱから拾ってきた古畳や廃材で小屋を作って遊んだ。綱を巡らせて遠隔操作のできる装置を工夫するのが楽しかった。

幼い頃は、社宅の敷地全体が遊び場だった。家と家の間には、目隠し程度の板塀があるだけで、その下を潜ればどこの庭にも自由に出入りできた。家によって庭の様子は千差万別だった。東隣の家には、怖い年寄りがいたが、庭は全く手入れをしないままで、雑草が生い茂っていた。バッタやカマキリの宝庫で、格好の虫捕り場だったが、騒がしかったのか、よく怒鳴られた。見つからないように忍び込むのも遊びだった。

南北に50ｍ程の中央のオープンスペースでは、自転車の練習やキャッチボールや缶蹴りをした。親の年齢はまちまちだったが、戦後のベビーブームで、社宅内には同じような歳の子が大勢いた。小学校の低学年まで、この空き地は我々の天国だった。

ある時、ラジオで立体放送の実験があった。父親たちが家からラジオを運び出し、左右に並べて、社宅の人たちみんなで、汽車の通過する音の臨場感に驚嘆した。中央のオープンスペースはそんな共用空間でもあった。

## 周辺の家々

現在の日本の住宅水準から見れば小さく貧弱な家だった。しかし当時は、そんな風に思ったことはなかった。いろいろな家があった。大きな「お屋敷」に住んでいる子もいた。長い廊下の両側に部屋がいくつも並び、旅館のようだと思った。後で本当に旅館になってしまった家もあった。韓国人の友人の家は真っ白くてモダンな洋風の「御殿」だった。また、ペンキ屋、はんこ屋、鞄屋といった商家や、家の中で旋盤を使って螺子を作っている家の友達もいた。そこでは店の奥や工場の二階が住まいだった。隣の原っぱには、古畳をテントのように立て掛けて住んでいる「浮浪者」もいた。まだまだ日本全体が貧しかった。

## 近代化の萌芽と伝統の残照

この家は、近代的な面もあるし、伝統的な部分を引きずっている面もある。居間中心型というよりは茶の間中心型の間取りで、食寝分離や寝室の分解といった近代的な住み方を想定して計画されたようにも見える。我々家族はそのように生活していたが、全く違う住み方をしている家もあった。住まいは必ずしも近代的ではないが、住み手の意識が近代を志向していたのである。廊下を設けず合理的でコンパクトにまとまった平面こそが近代的とされた時代だった。また居室が全て南面する構成は、日常の生活を重視した近代的な住宅理念に適っていた。

一方、全ての部屋が畳敷きで、壁の少ない開放的な続き間の構成や広い玄関に、伝統的な形が残されている。畳の上でのユカ坐の生活は、多くの起居家具を必要とせず、狭くてもなんとか生活できた。続き間は小さな家を広く感じさせたし、いろいろな家族構成や生活に柔軟に対応できた。

この家は、貧しい戦後という時代の中で、日本の伝統的な住まいが、近代的な住まいへと推移していく過渡期の姿を示している。しかし変化は未だ穏やかだった。この後の高度経済成長期には、電化製品や耐久消費財が家の中に大量に持ち込まれ、洋風化の嵐が生活を変え、住まいを急激に変化させていった。

## 3　現代の諸相

### モダンリビング

# 吹き抜けのある居間（現代1）

小柳津　醇一

●
- 1966年（昭和41年）建設
- 千葉県船橋市
- 木造2階建　持家
- 敷地　320㎡
- 家屋　170㎡（51坪）

### このプランが生まれた背景

この家は建築家の義父が設計したものです。義父は1908年（明治41年）生まれですから、この家を設計したのは59歳の時ということになります。こういうプランの家は、私が大学に在学していた1960年代、池辺陽先生がお書きになった『すまい』（岩波婦人叢書、1954年初版）という本などをテキストにして、これからの日本の住宅のあるべき方向として、みねぎしやすお先生から教わった住宅そのもののような気がしますし、当時の建築雑誌を通して知った増沢恂さんの住宅などもこのような傾向のプランだったように思います。

ところで、設計当時すでに60歳になろうとしていた明治生れの一建築家が、なぜこのようなプランの家を設計したのか、その背景には興味あるところですが、設計した本人がいない今ではそれを知ることも困難です。ただこれ以前に、義父が山下寿郎設計事務所の札幌支店長をしていた関係から、妻の家族は札幌で12年間生活しています。このときの家も義父の設計だったそうですが、その家のプランを妻のおぼろげな記憶から呼びおこします

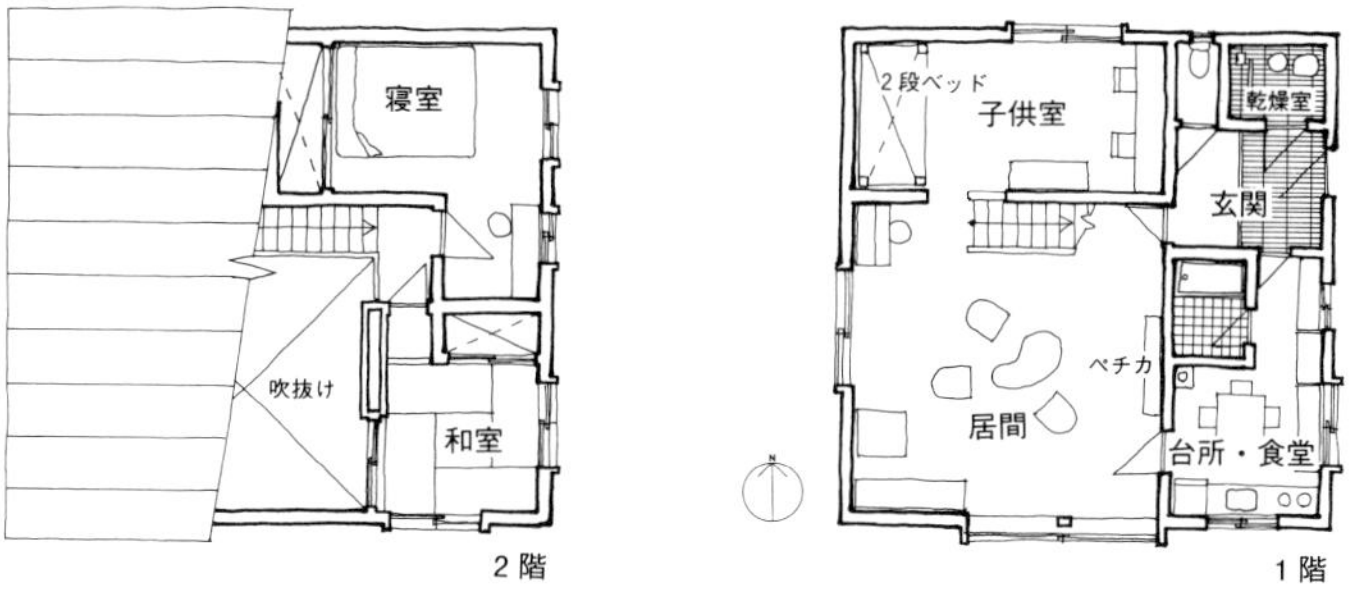


●図2−3−1　札幌の家

と、居間ホール型平面・吹抜けの居間・老人室以外は全て洋室、ダイニングキッチン等、この家との幾つかの類似点を指摘することができます。この「札幌の家」には、義父の仕事の関係から来客も多かったそうですが、その時は居間の隅に置いてあるテーブルと食卓に使っていたテーブルとを合わせ並べて置き、全てそこでもてなしていたそうです。二階は妻の両親と祖母が使い、子供たちは一階の北側の部屋を使っていたようです。典型的な居間ホール型平面や玄関脇の乾燥室を兼ねた物置などが、北海道のモダン住宅を感じさせます。

札幌の家のことを聞いてからこの家のプランを見ますと、義父が自邸の設計に当たって考えていた生活像が何となく判るような気がしました。

### モダンリビングへの戸惑い

この家はいわゆるモダンリビングを地で行くような家でした。それは私のそれまでに経験した生活と住居とはかなり異質なもののようだということも、漠然とですが感じました。勿論どちらが良いとか正しいとかいった性質のものではないのですが。

義母は紅茶を入れるのがとても上手です。今でも、わたしは義母がいれてくれた紅茶の味は最高だと思っています。また、いろいろな種類のケーキを手早く上手につくるのにも驚かされました。洋風の料理も得意です。これらは、私の好きなキンピラゴボウやヒジキの世界とは違うのですが、なんとなくこの家の構えによく合っているように感じるのです。

玄関で客を迎えるときも、最初はかなり戸惑いました、式台が在るとか無いとかでなく、とにかく扉のところを塞ぐような感じで突立ったまま客を迎えて、玄関先で話をすること

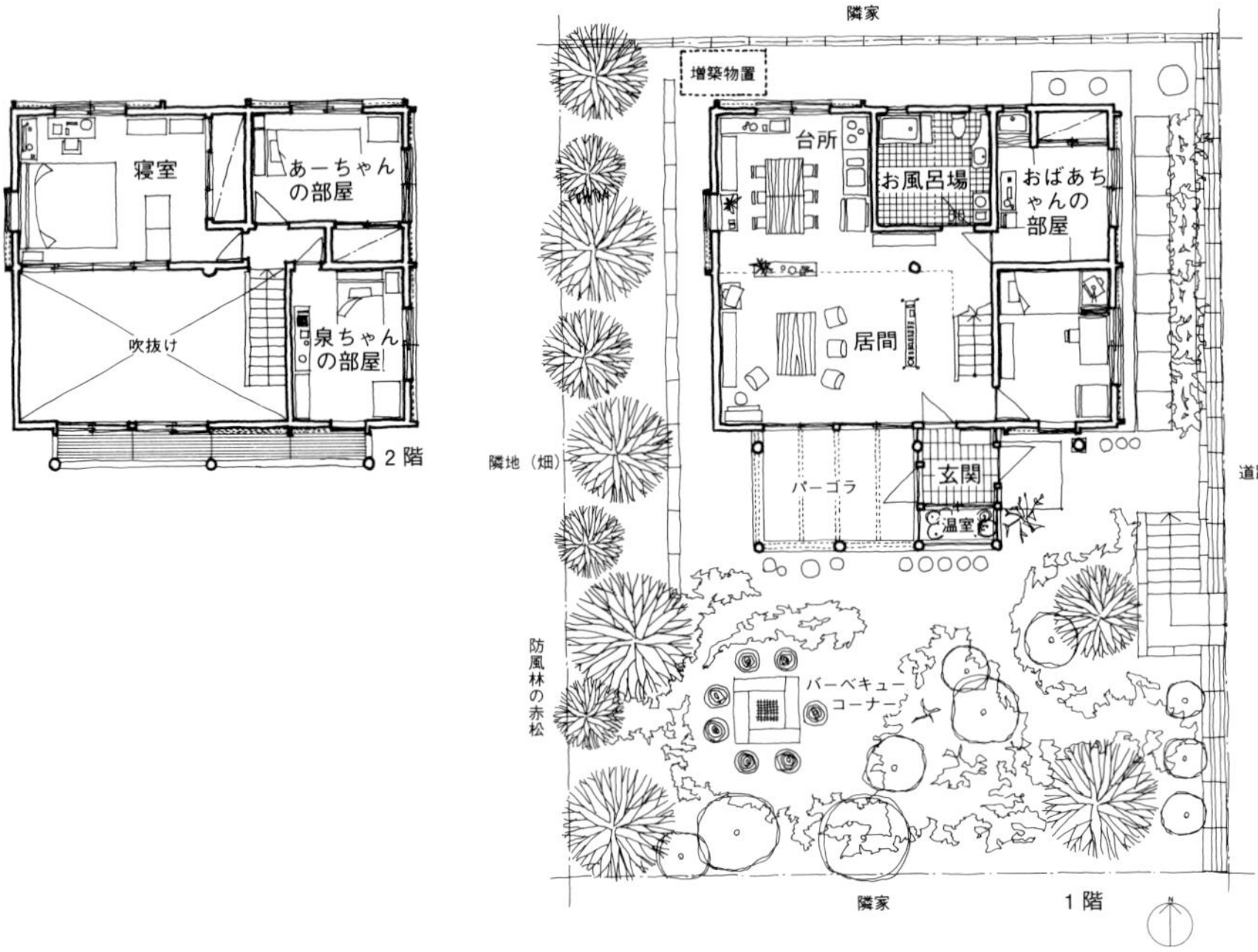


●図2―3―2　西船橋の家

になんとなく違和感がありました。いかにも、人を家の中に入れるに際してガードを固めてチェックしているような印象を受けました。玄関というものはもう少し開放的で、その家の中の雰囲気に少しは触れられる場所だと私は思っていたのですが、この家では少し様子が違っていました。そして、どうぞお入りくださいとなれば、サッと扉を開けてコートを預かり握手でもするのが相応しいのでしょうが、未だにあの握手というやつに馴染めない私には、それもいささか困ったことでした。吹抜けの居間には広い壁面がありますが、そこには大きな油絵や臈纈染の作品などがたくさん懸けられていました。これも、わたしがそれまでに親しんできた部屋のしつらえ方とは大分違っています。なんとなく住宅にしては大げさすぎるように思ったのです。

しかし、このような玄関や居間のつくりも、それなりのスタイルを身につければ、別にどうということでもないのかもしれません。「海軍」出身の義父が自邸の設計でイメージしていた住様式は、きっとスマートな洋風のそれだったのだろうと想像しますし、何だかとても判るような気がします。

## 合理的な空間構成

私たち夫婦が同居していた時期は、家族はすでに全員成人で各人は個室を持っていました。個室にいるかぎりは、視線や音などについてのプライバシーはかなり保持できるし、いったん個室を出れば一階のＬＤＫに行くほかないわけです。居間は吹抜けで一階と二階は一体的につながっていますから、個室の扉を出た瞬間から、その人は居間の空間に参加していることになります。その意味では、この家の空間構成は非常に単純明快であり合理的であると言えるし、見方を変えれば全く襞とか陰影のない、扁平な空間構成だということもできましょう。

接客は全て居間で行なわれます。家族は個室に潜んでいないかぎり、必ず客と顔を合わすことになります。いやでも挨拶はしなければなりません。客に食事を出すときは、当然家族と一緒に食べてもらうことになります。いやでも、何らかの会話をしなければなりません。かくして、私は義母の友人・知人、祖母の友人・知人、義兄の友人・知人みーんなよく知ることになります。この家のＬＤＫは広々として気持ちは良いのですが、床は土間コンクリートに断熱材を貼った上にラバー系長尺シートを敷いたもので、大きな吹抜けのためもあって冬が寒いのです。居間には大型のクリーンヒーターを設けてあるのですが、せっせと二階の個室群を暖めているだけのようでした。

加えて、家族が居間でくつろぐときは、あまり椅子に腰掛けないで床に直に坐ってしまうのです。最初は椅子に腰掛けるのですが、居間の中央に置かれたテーブルが低いこともあってか、その内にいつのまにかズルズルと床にじかに坐っているのです。でも、前述した床材は冷たいのです。しばらくして、この居間の中央部にはジュウタンが敷かれることになりました。

ところで、私はいまだに駄目なのですが、義兄たちはこまめに厨房に立ちます。残業を終えてまちまちな時間に帰宅する者どもは、各自適当につまみを作ったり、冷蔵庫からひっぱり出したりして、チビリチビリとやります。たまたま居間に義母か妻がいてくれれば巻き込みます。何だか寮母みたいだとは、或る日の義母の言葉ですが。ただ、確かに調理への男の気軽な参加を促したり、不規則な食事時間（逆に言えば、一日のうちで食事の時間がだらだらと長いこと）への対応といった点では、このようなＬＤＫスタイルは有効だったのではないかと思います。

ようするに、家族各人の生活時間が一様ではなくなってきたことと、このようないわば公私室型のモダンリビングの形式はうまく合致していたと見ることができるかも知れません。

過渡期の戸建住宅

# 杉並の建売住宅（現代2）

友田　博通

●崖の上の家
・１９６２年（昭和37年）新築
・東京都杉並区
・木造2階建　持家
・敷地　60坪
・家屋　28坪

低地の家
・１９６４年（昭和39年）新築
・東京都杉並区
・木造2階建　持家
・敷地　45坪
・家屋　30坪

## 二つの家

杉並の家は2軒とも同一の小規模建売業者の設計建設した家であり、１９６２年（昭和37年）頃の、設計がいかにあるべきかといった明確な指針がない時代の建売住宅であった。戦前の伝統的なものへの固執と戦後の新しいものへの憧れが、部分部分の型として混在した住宅と言えよう。

・崖の上の家

新しい家はすごく郊外の良さが感じられた。袋小路の突き当たり、敷地は道路から１メートル以上高く、眺望・日当たり・プライバシーも最高で、芝生の庭では父がよく手入れをしていたのを思い出す。

住戸平面は、一階玄関わきに暖炉のある応接間、奥にＤＫと和室、二階は洋室と続き間座敷、伝統的な空間と近代的な空間が同居していた。一階和室は両親、二階洋室は私、二階の続き間は姉の部屋となった。

しかし、今考えると住まい方の上では問題がある。食事の場はダイニングキッチンより和室を使うことが多く、主寝室と食事の場が重なる。応接間はほとんど使わない。この規模で食寝分離もできない不思議な平面なのである。

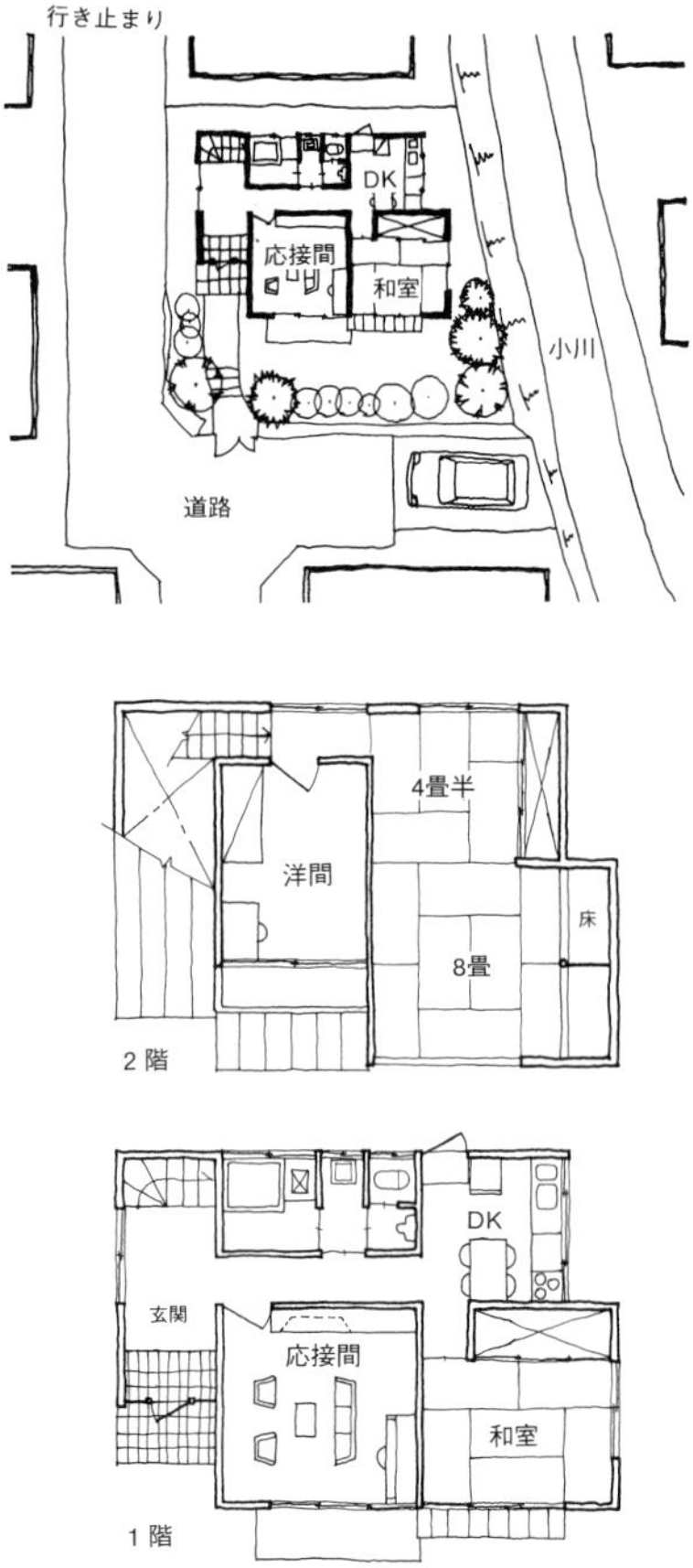


●図2―3―3　崖の上の家

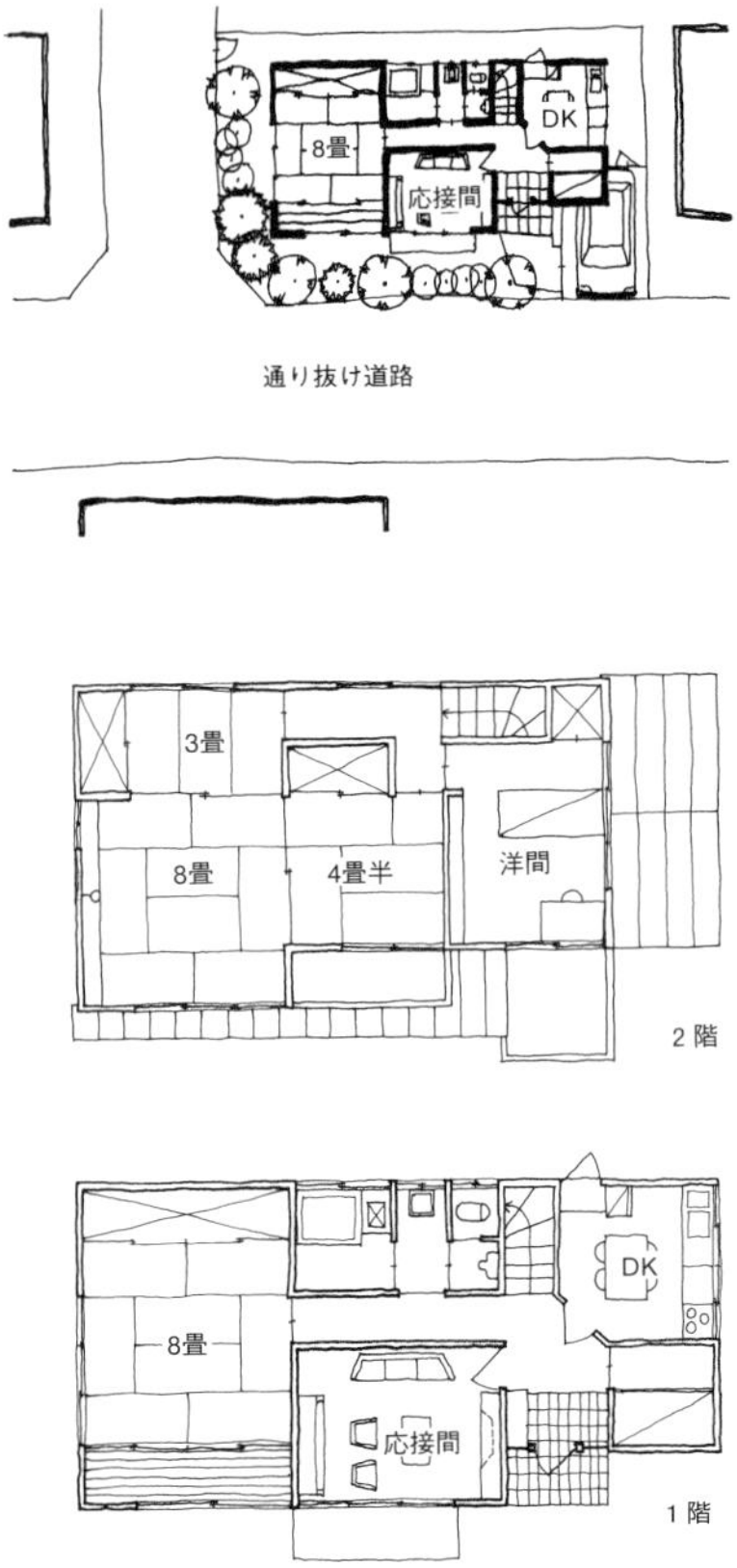


●図2―3―4　低地の家

また、二階続き間は、姉の希望では六畳程度の洋室がいいという。続き間は確かに広くて立派で良いのだが、個人の私室としては落ち着かない。二階を洋室3部屋として一階をLDKと和室にするのが現代の設計である。しかし当時としては、独立した洋風応接間や続き間座敷は不可欠で、独立洋室やダイニングキッチンの流行も取り入れたシャレた格式のある家と言えよう。

さてこの家で印象深いのは、いつもは人気がない広い応接間である。父の客が大勢来たこと、日曜日に窓を開けはなして庭と一体となった家族のくつろぎなどを思い出す。たまに使う良い部屋というのは、意外に印象に残るようだ。

ところがこの家は崖崩れにあい、2年後には移転する羽目になった。その時に不動産屋が世話してくれた仮住まいの家が新しい住まいとなった。

●図2-3-5　低地の家の二階座敷／日頃は姉の部屋であったが、正月や来客などの時には立派な接客の場になった

### ・低地の家

こんどの家は低地で、幹線である通り抜け道路に面し、道路と宅地の段差もなく庭も狭い。郊外の環境の良さを満喫できた崖の上の家に比べ残念な環境ではあったが、崖崩れの心配はなかった。しかも、家は広く南面3室の構成で、室内の環境としては十分であった。住戸平面は、一階玄関わきに暖炉のある応接間、奥に和室、二階は洋室と続き間座敷と、部屋の内容は崖の上の家と類似していた。しかし、一階奥の和室は八畳縁側付きと広いにも関わらず台所から遠く、台所には玄関わきの応接間が近かった。

部屋は、一階和室は両親、二階洋室は私、二階続き間（主に四畳半）は姉の部屋となる。しかしこの家では、食事に困った。最初はダイニングキッチンや一階奥の広い和室で食事をしたが、最終的には一階応接間が居間兼食事室となった。崖の上の家が食寝分離できないとすると、低地の家は応接間のソファーで食事をしなくてはならなかったのである。しかし慣れとは恐ろしいもので、我が家ではこれをオカシイとは感じなかった。

また、3間続きの和室（姉の部屋）は、正月の接待、結納、たまに家族で食事するなどにも使われた。姉の私室としては問題があったが、両親だけになると、私や姉の家族が訪問する時に役に立つ重要な部屋となった。

この家で印象深いのは、中廊下である。中廊下の突き当たり一階奥の和室の入口はいつも暗く両親の部屋ということもあって抵抗のある空間だった。他は、友達が遊びに来た時の記憶など、空間の思い出よりは人間の思い出が心に残る。青春時代は自室での生活がほとんどで、家空間全体を相対化しては意識しないようだ。

## 「現代型」の意味と問題点

・住戸平面の暴力

杉並の家2軒における住み方を見ると、住戸平面の影響のすごさが感じられる。夫婦寝室となる和室で食事・団欒せよと言われればその通りに、応接間で食事・団欒・接客せよと言われればその通りに。夫婦寝室で接客食事しないとか、応接間にソファーの代わりにダイニングテーブルを置くとかとてもできない。住戸平面は生活を規定するという意味で大変な暴力をふるうものだ。

しかし一方で、この体験報告を最初に紹介した時ひどい平面だと言われ、即ちそれはひどい生活をしていたと言われたわけでもあって、本当にひどいのかどうか自己欺瞞的にでも正当化できないかと考えて見た。

・食事団欒―一つの場から二つの場へ

夫婦寝室を兼ねる和室での食事について感想がある。父がいる和室に食事だと呼ばれて私と姉が入る。食事を終わってしばらくして私と姉が部屋を出る。主寝室で食事するのは子供の立場でいうと、両親の食事による権威づけみたいなものが感じられた。

これに対し現代のテレビのホームドラマでは、父親だけが独りソファーで晩酌し、他の家族はダイニングで食事する光景を見受ける。しかし、気の弱い私は、ダイニングで他の家族と一緒に急いでビールを飲み干し一緒に食事を終わる。父の時代には、家族を前に日本酒をチビリチビリと長時間かけて飲めたが、現代はそれを許さなくなった？　考えて見れば、日本では食事と団欒の場は一つであって、欧米のようにダイニングとリビングと二つの場に分けることはなかった。この変化は、主人を疎外するという意味で大きな変革をもたらしたようだ。

### ・ダイニングスタイル―教育と家事労働の優先

私は今は晩酌するが、はっきり言って夕食をダイニングテーブルでとるのがつらい。食事が終わると独りでさっさとソファーに座りたくなる。また、ビールやウィスキーを飲むのも、さらに言えば、食事もソファーでユッタリと気のむくままにと思うこともある。

ソファーで食事というと笑う人が多い。しかし、現代のファミリーレストランで人気のあるのはダイニングチェアーではなくソファー的な長椅子であり、随分楽な姿勢で話をしたり食事をする。子供の食事の態度を見ていると確かに椅子の場合は固定されて行儀よく食べるが、ソファーや畳の場合は行儀の悪いことが多い。母親の小さい子供のしつけや行儀に対する意見、家事労働の軽減意識が優位になり、夕食もダイニングで食べるようになった。とはいえ私には何となく食事が慌ただしくなったという気がしないでもない。

### ・続き間の喪失―晴れがましさからホストへ

杉並の家では、二階に続き間座敷があった。やはり続き間座敷での正月の接待は、父にとっては趣き晴れがましさがあった。この日は朝から母も私も姉も覚悟し、母は料理とその運搬、私と姉は若干の手伝いと途中から遊びに出された。しかも、夕方帰ってきてもこれは続いており、息をひそめるように寝たものだ。

今続き間のない私の家では、リビングダイニングで接客するが、主人である私にちっとも晴れがましさを与えてくれない。たしかに客は客然としていようと思えば可能だが、主人である私はついつい食物を運んだりとホストになり下がり、落ち着いていられない。二階の座敷であればこれは主人が食べ物の運搬をしたら客は客だけ取り残される。めったなことで主人は動かない。続き間での接客は家族の多大な犠牲の上に成り立っていたのだろうが、主人にとっては良いものであったろう。

### ・部分の型の寄せ集めと「現代型」

結局我が家は、玄関わきの応接間・和室の続き間など戦前からの伝統と、ダイニングキッチン・洋風個室といった欧米への憧れ空間が、部分部分の型として寄せ集められた家で、トータルな生活のイメージが欠落した家だった。たしかに、住宅公団・大手分譲住宅会社がこの後開発して行く「現代型」の住宅は、食事・団欒・就寝などの日常生活を、食寝分離・公私分離といった原則のもとのトータルな生活イメージで、これに矛盾のおこらない形式で完成させた。しかし、家を一つのトータルな生活イメージで一纏めにしてしまうことは、様々な空間の切り捨てや単純化も同時に引き起こした。部分部分に明確な型を持っていたわが家のそれぞれの部屋は、たとえそれが寄せ集めとはいえ、それぞれが私の心に様々な潤いを与えてくれた。

結局「現代型」への変化は、近代合理主義的な観念にのみ結びつき、必ずしも欧米の豊かな文化を踏襲したことにはならなかった。たとえば、茶の間での日本の食文化を捨てると同時に、ダイニングで食事しリビングでくつろぎ、食前酒と食後酒を区別する欧米の食文化は無視した。「現代型」の住宅は、合理主義という名の手術を施した「粗野の住まいの原形」にすぎない。今後は日本の伝統的な文化を見直すとともに、欧米の文化をも吸収した、様々に潤いのある「現代型」の住まいの完成を目指さなくてはならないだろう。

過渡期の戸建住宅

# 高度成長期の郊外住宅（現代3）

井上　えり子

●
- 1970年（昭和45年）建築
- 横浜市磯子区
- 木造2階建（プレファブ）　持家
- 敷地　約330㎡
- 家屋　約120㎡
- 1972年　2階改築
- 1978年　1階物置増築

## 大都市への憧れ

この家は、鹿児島出身の両親が東京に憧れて上京し結婚12年目にして建てた家です。ただし彼らに手が届いたのは「東京」の家ではなく、通勤に1時間半もかかる横浜の新興住宅地でしたが。

父は、鹿児島市内で病院を営む祖父の次男として1927年（昭和2年）に生まれました。父の幼年期の思い出話から私が受ける印象は「裕福な家庭のおぼっちゃん」です。祖父自身はもともと長崎の生まれで、代々熱心なクリスチャンでした。祖父が鹿児島に移り住んだ理由は、鹿児島市での教会建設にかかわるためで、その資金を提供したと聞いています。長崎という環境のせいか、父方の家では早くから洋風の生活がとり入れられていました。住生活に関して例をあげれば、ダイニングテーブルでの食事やベッドでの就寝などです。また、例えば食事の内容についても、祖父母はパンとハムエッグとサラダの朝食を習慣とするなど、かなり欧米の生活への傾倒が感じられます。このような生活が、鹿児島の中ではかなり特殊だったであろうことは容易に想像がつきます。父の目には、鹿児島の一般的な生活は田舎的と映ったかもしれません。青年期までには大都市「東京」への憧れを強くもつようになります。

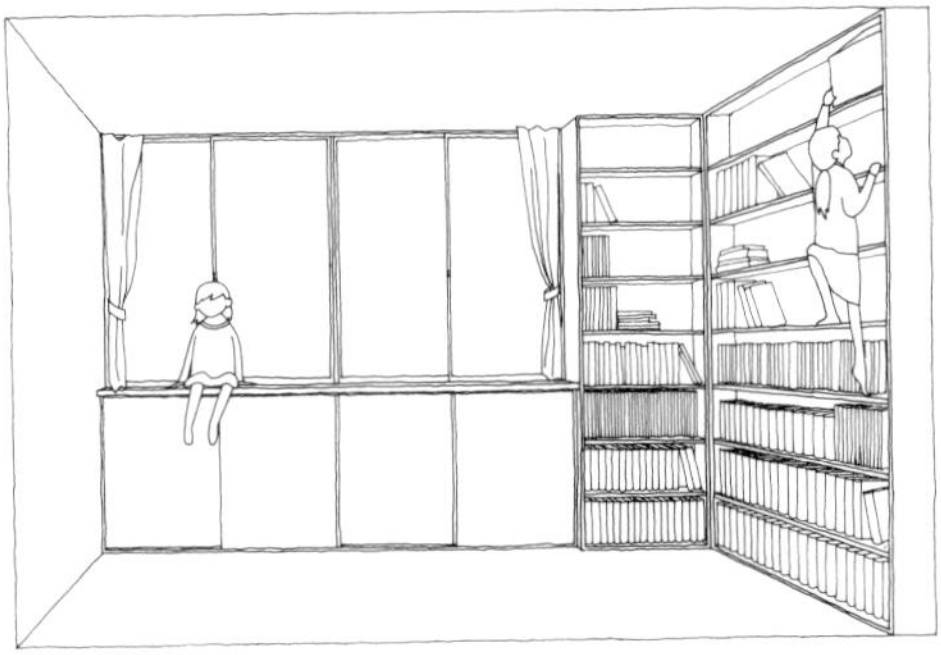

●図２－３－６　吉祥寺の家の子供部屋／書斎として作られた室を子供部屋として使用していた

母は、鹿児島郊外で軍人だった祖父の長女として１９３４年（昭和9年）に生まれました。職業婦人を目指していた母は、本当は教師になりたかったそうですが、経済的な事情から看護婦となりました。働きはじめた母が強く感じたのは、理不尽な社会の仕組みでした。母はそれを「鹿児島」という封建的な土地柄に結びつけて考えたようです。

このような両親が出会い、結婚すれば、二人の間で上京することが話題にのぼるのも自然なことかもしれません。１９６０年（昭和35年）に姉が、１９６２年（昭和37年）年に私が生まれ、１９６３年（昭和38年）には鹿児島を出ることになりました。

## 吉祥寺の家

両親が東京で最初に選んだ居住地は吉祥寺でした。吉祥寺では賃貸の戸建て住宅に7年間住みましたが、途中で1回引っ越しをしています。その理由はよくわかりません。引っ越す前と後の家は、歩いていけるような距離で利便性がさほど変わるとも思えません。しかし今思うと、引っ越し後の家のほうが父好みの洋風だったことと関係があるような気がしてなりません。特に書斎は、出窓や天井までの造り付け本棚があり、子供である私の目にも「洋風」の威厳を醸し出しているように見えました。書斎としてつくられていたこの部屋は、実際には姉と私の部屋として使用されました。私はこの本棚をハシゴのように上り、最上段に当時もっとも大切にしていた「リカちゃんハウス」を飾っていました。

## 横浜の家

１９７０年（昭和45年）、両親は念願の戸建て住宅を手に入れます。ただし購入直前に父

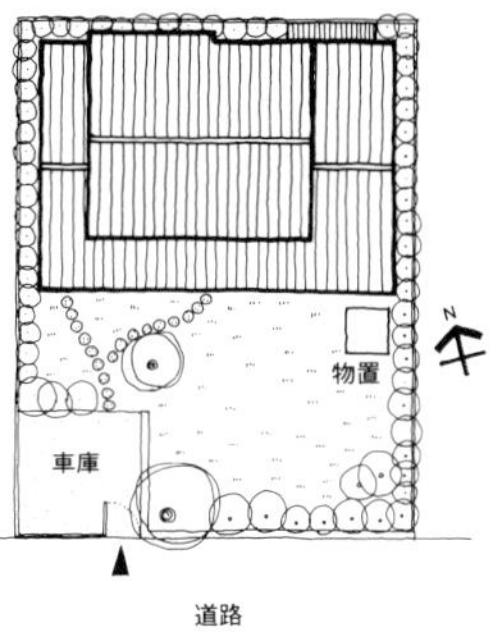


●図2−3−7　横浜の家　配置

が大病を患ったため、将来に多少の不安を感じた両親は予算を減らさざるをえませんでした。その影響は、横浜という立地や、プレファブ住宅を採用するという選択にあらわれています。

敷地は、公団が宅地開発・分譲したもので、横浜市内の旧国鉄の駅から徒歩5分のところにありました。町全体が新しく開発されたために、その町に住むのはほとんどが東京へ通勤するサラリーマンの家庭でした。同級生の多くは、画一的な外観の集合住宅団地に住んでいて、互いに「4街区の○○ちゃん」というふうに友達を呼んでいました。

設計の際、父が住宅メーカーの人に注文したことは二つだそうです。ひとつは「四方に風が抜けること」で、鹿児島に育った両親らしい要求です。もうひとつは「全室洋室にすること」で、父の洋風住宅への強い憧れが感じられる注文です。しかし、二つめの注文は実現しませんでした。住宅メーカーの設計士が「絶対に1室は和室にしたほうがいい、きっと後悔するから」と強く主張したためと聞いています。和室として設計士が選んだのは、居間の西隣の部屋です。両親の最初のイメージは、この部屋にソファを置き、居間にはダイニングテーブル以外の大きい家具は置かないというものでした。居間は子供達が走りまわれるようにしたかったからだそうです。また、東京に住んでいたときから子供は3人ともピアノを習わさせられていて、この部屋ははじめからピアノを置く部屋として計画されていました。そのため本当は洋室のほうが良かったのですが、設計士が主張をかえず、結局、和室となったのでした。

・横浜の家での生活

さて、横浜に引っ越した当時の家族構成は父（43歳）、母（36歳）、姉（10歳）、私（8歳）、

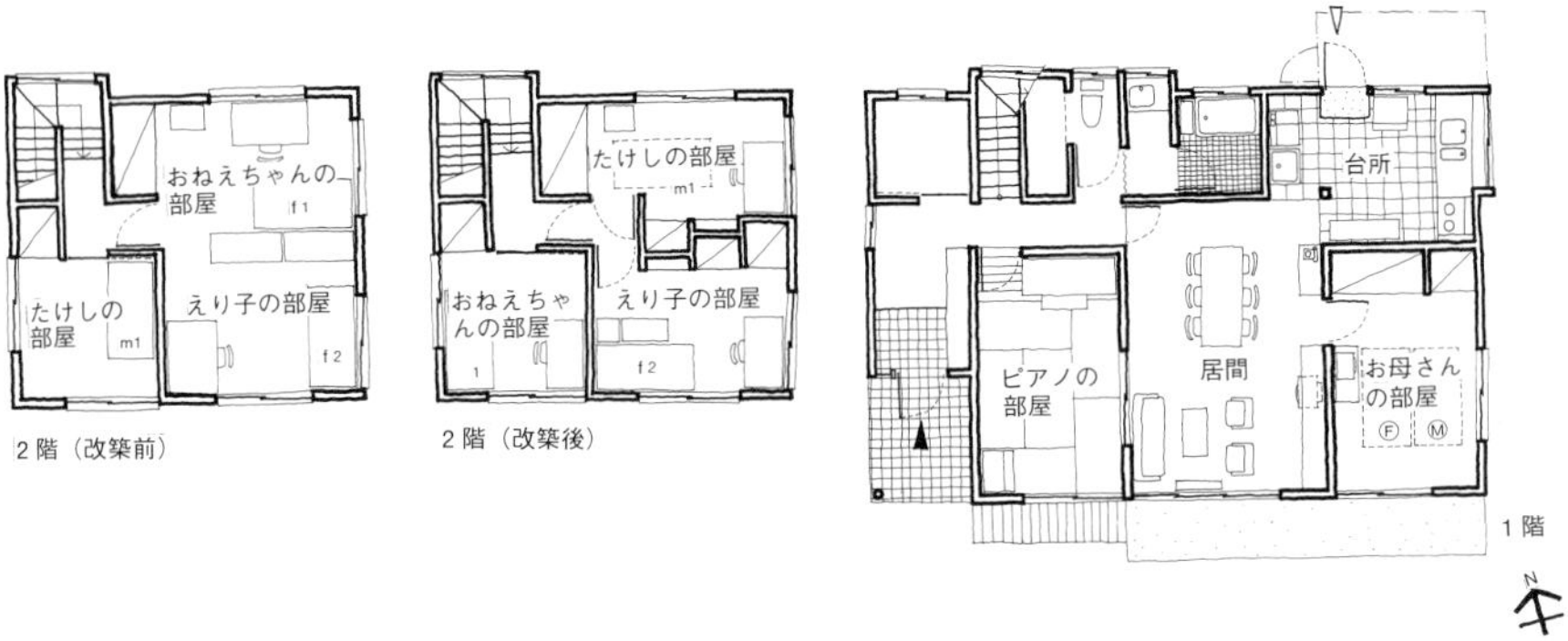


●図2－3－8　横浜の家

弟（5歳）でした。当初は、一階の「寝室」に両親、二階の「四畳半」に弟、二階の「十二畳」に私と姉が就寝していました。両親は布団を、子供たちはベッドを使用していました。両親が洋室なのに布団を使用したのは母の意見だったような気がします。また、しばらくたって両親の部屋には2台めのテレビが置かれました。

居間には、引っ越しと同時に大きなダイニングテーブルとソファが置かれました。ダイニングテーブルは、普段の食事の場であり、私の勉強の場でもありました。父は仕事から帰るのが遅く、休日出勤も少なくなかったため、家族そろって食事をしたことはほとんどありませんでした。父が一人で夕食を食べる脇で私が宿題をするのを母は嫌がり、「自分の部屋で勉強しなさい」とよく叱られました。

居間のテレビが置かれた棚は床から天井まであり、百科事典全集が飾ってありました。暖房にはセントラルヒーティングが使われていました。考えてみれば、冬でもこたつに入った記憶はあまりありません。こたつを使うとすれば、和室で、お客さんが来たときくらいでしょうか。ずっとあとになって、父と私と姉は通勤・通学の便から東京に住むようになるのですが、久しぶりに横浜の我が家へ戻ったとき、母が居間のソファのところにこたつを置いて使っていたのを見て、違和感を感じた覚えがあります。今思うと、母はずっと父の生活様式に合わせて、息苦しさを感じた部分もあったかもしれません。

和室にはピアノ以外には箪笥が一つ置かれていました。箪笥の上はガラス戸棚になっており、その中にキリストの絵と十字架、亡くなった祖父の写真が飾られていました。

接客には主に和室が使われていましたが、親戚や親しい客の場合には居間に通すこともありました。近所のおばさんが母とおしゃべりしに来るときには、庭から居間に直接上がって、ダイニングテーブルかソファに坐ります。お米屋さんや植木屋さんも勝手に庭に入ってきて居間から「奥さーん」と台所にいる母に声をかけていました。

引っ越して2年後、私と姉の室を二つに仕切る改築をおこないました。ずいぶん早い時期での改築ですが、両親にとっては予定通りだったようです。前述の通り建設当初は、父の病気により建設費用を安くおさえる必要があったのです。改築により、子供は各自部屋をもったようでしたが、実際には姉の部屋と私の部屋の間のドアはいつも開いていました。なぜなら、冷暖房は改築後も姉側の部屋にしかなかったためです。姉は高校受験をむかえると、さらに室の独立性を主張し、弟と入れ替わることになりました。

・横浜の家その後

父は横浜に引っ越ししてから10年間、遠距離通勤を続けていましたが、姉と私が東京方面の大学に入学すると、東京の新小岩に賃貸集合住宅を借りることになりました。弟が高校生を卒業するまでは母と弟が横浜の家に残ったため、しばらくは2ヶ所に分かれた生活が続きました。父は平日を東京で、週末を横浜で過ごしていましたが、私と姉は横浜の家に行くことはほとんどなくなりました。弟が高校を卒業した後は、両親もときどき庭の手入れをしに帰る程度です。今ではまわりの家の多くが、うちと同じように東京にも住居を持ち、「ゴーストタウン化している」と母は言います。それでもやはり、両親にとって横浜の家は特別なのでしょうか。郵便ポストにときどき「土地買います」のチラシが入っているそうですが、今も手放すつもりはないようです。

●
・１９８２年建設
・大手住宅メーカーの建売り分譲住宅
・埼玉県浦和市
・木造2階建
・敷地　２００㎡
・家屋　１２０㎡

●図２－３－９　種々のスタイルの住宅が並ぶ建売り住宅団地の街並み

都市LDK型建売住宅

# 浦和のマイホーム（現代4）

曽根　陽子

## 購入の経緯

子供達が各々の個室を必要とする年齢になり、公社マンションはそろそろ住み難くなっていた。そんなある土曜日、分譲住宅のチラシを見て出かける気になったのは、二人ともたまたま暇だったからだ。

良く晴れた日で、車を降りたら並木と植え込みがとても良い印象だった。２５０戸程のちいさな戸建て団地だが、この辺には珍しいきちんとした宅造で、路上にはゴミひとつなかった。販売所に寄ると、売り出し住戸はいずれも街区北側の売れ残りだと言う。夫は建物を見る前から、街なみをすっかり気に入った様子である。

さて、案内された当の建物はと言えば、（いや、そこに並んだ全ての建物が）住宅展示場さながらの派手さで、「松風」「クリスタル・シャロンヌ」等、各戸に名前まで付けて外観の違いを強調している。しかし、価格、広さ、プラン、仕上げは、どれをとっても五十歩百歩、あきれる程似通っていた。プランで言えば吹抜けのある玄関ホールとそれに続く階段、玄関脇の和室には必ず床の間が付いている。勝手口のある台所と十二畳ほどのＬＤ、二階は六畳主体の個室群といったところである。

数軒の中では、個室にバラエティのある「ワイン・マンサード」を選び試算してもらう。

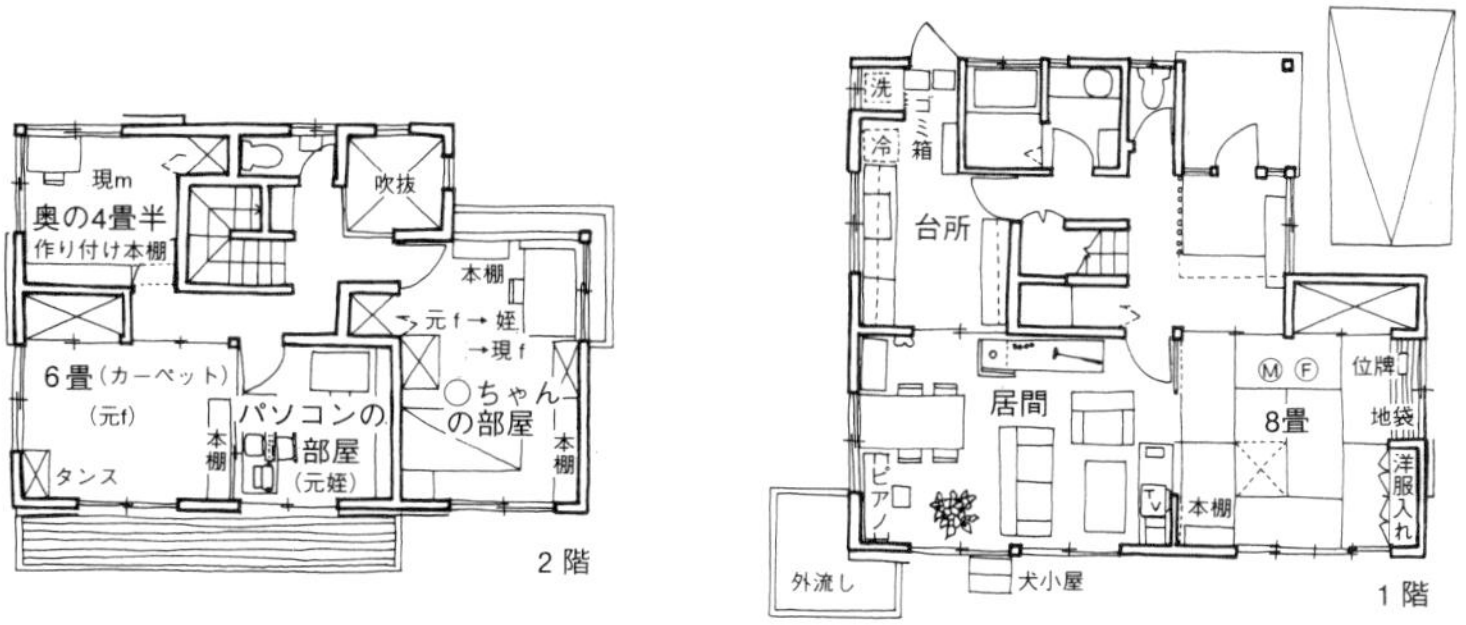


●図2−3−10　一階にL・D・Kと和室、二階に個室群のある典型的な都市LDK型住宅

「最後だから内緒で値引きします」の言葉で、勝負あった、という所かもしれない。

夜、あの家は恥ずかしいと言う私。夫は「家は建て替えできるが、環境は自分で変えられない」という意見。これには納得せざるを得なかった。結局次の日に契約し、数ヶ月後に転居した。

## 住まい方

部屋割はあっさり決まった。一階八畳が主寝室、二階で一番広い部屋が息子、六畳が娘。これ以上ないと言うほど当たり前の決め方だと思っていたのだが、設計者の設定では下の八畳が客室、二階の大きい部屋が主寝室らしい。確かに下の八畳間はプライバシーが無く、一般に言う「寝室」とは違うが、核家族でプライバシーなど必要なかったし、それより一階に誰も寝ない方が変な気がした。床の間は洋服タンスに改造した。

居間に手持ちの食卓を置き、あとはTVと小さな卓袱台だけで、2~3年家具なしで暮らした。家具は生活を固定するというが、幾らか思い当たる。家具なしの頃はテレビの前や炬燵で食事をすることも多かったが、家具の増えた今では、来客の食事も食卓で行い、こたつでの食事は正月だけになった。

私が仕事から帰ると、子供達はいつも居間にいた。テレビを見るのはもちろん、読書も音楽を聞くのも、勉強だって(受験直前以外は)居間でしていた。パソコンも居間に置きたいと言う。夫のパター練習、仕事から私の読書、化粧に至るまで、家族の生活時間のほとんどは居間に集中して、今の居間はいまいましい程狭くなった。

昔に比べ、泊まり客は減少した。二階の六畳を泊まり客用の寝室にしているが、双方の両親が上京した時は下の八畳に寝て貰う。座敷に寝るのは最上の客という意味である。この格付けは親にとって重要だと分っているのに、最近寝具を運ぶのがめんどうになって、母一人の場合は二階に寝て貰ったりする。反省。

引っ越し挨拶かたがた、同じ街区の人に声をかけ、庭に備え付けのバーベキュー炉を使ってパーティーをした。これがきっかけで近所付き合いが始まり、年に数回、持ち回りで大宴会を開いている。わが家の宴会時には、居間と和室をつなげ、集めた座卓を一列に並べて坐る。床柱の前がカラオケの舞台になる。

### 住んでの感想

この家は外構、プランから設備に至るまで購入層の平均的な好みを的確に捉えた設計で、空調機用の地袋にまで小棚を付けるといった類の小技も結構多い。今までのところどこといって際だった欠点を現さない大手住宅メーカーのクレーム対応力には感心した。今では、ぬるま湯のようなこの家のつくりにも大分慣れ、通俗な外観やディティールにいらいらすることも少なくなった。「これが自分の家」と照れずには言えない恥ずかしさは、私の受けた建築教育の名残りで、子供達にとって、これがなつかしい自分の家になることは間違いない。

都市ＬＤＫ型注文住宅

# 川崎麻生のサラリーマン住宅（現代５）

三井　健次

●
・１９７５年（昭和50年）建設
・川崎市麻生区
・木造２階建　持家
・敷地　３２０㎡
・家屋　１５０㎡

## 家の新築と家族

１９７２年（昭和47年）に父が土地を取得し、当時勤めていた会社関係の紹介で工務店に設計を依頼した。その工務店は木造住宅を中心に手掛けており、父の希望を取り入れて平面などが決まったという。その後は大がかりな増築・改造は行われていない。

この家に引越してきたのは、１９７６年（昭和51年）である。当時家族は両親と、高校生の兄、小学生の私の４人であった。

それ以前は父の仕事の関係で転勤が多く、社宅住まいが長かったせいか、戸建ての自分達の家に住むことに家族は皆とても喜んだという記憶がある。私自身も自分の部屋を初めて持つことが出来るということで、住む前から机の位置、ベッドの位置、本棚の位置などを考え、頭の中で勝手に部屋を想像していた。それは父も同じであったようで、家族の反対を押切り、二階にささやかな書斎をもうけ、中に立派な机を据えた。この新しい住宅は、私達家族にとって、単なる引越し先ではなく新しい生活を実現する場所であった。

## 居間と食堂

それから10年以上経ち、ようやく安定した住みこなしがみられるようになってきた。勿

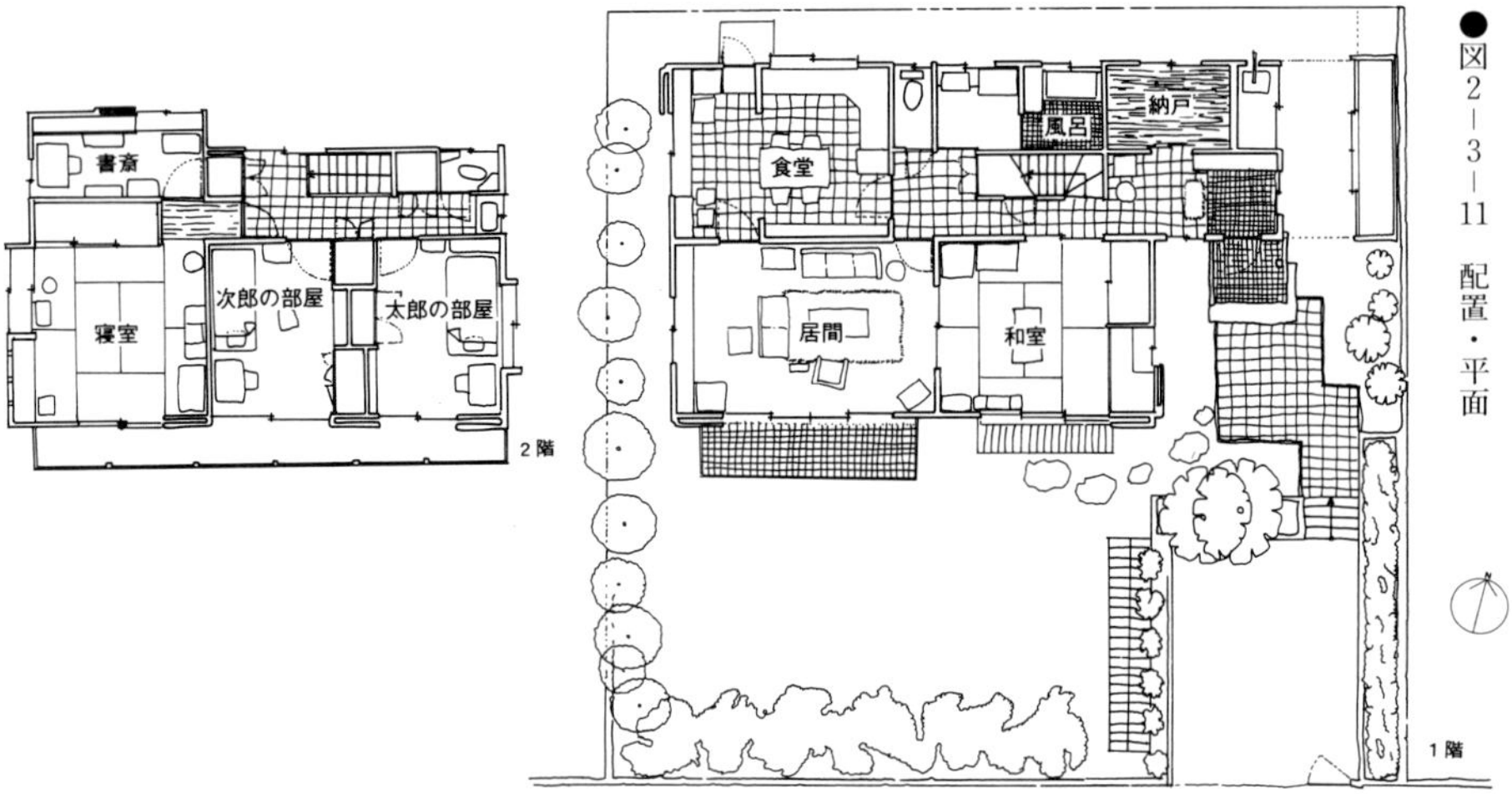


●図2―3―11　配置・平面

論それは住み始めた頃に思っていたようなものではない。

我が家では日曜の朝食の後、父がコーヒーを入れてくれる。子供達と母が居間で待っていると、父が「入ったぞー！」と大きな声を出しながら、居間にコーヒーを運んでくれる。一家団らんである。たいていの場合、父はスプーンを忘れたりミルクを忘れたりするから、結局母や子供達は居間と食堂をいったり来たりすることになる。結構面倒ではあるが、やはりコーヒーを飲むなら食堂より居間がいいと皆思っている。南向きの部屋は気持ちがいい。そこで話をしたり、音楽を聞いたり、テレビを見たりしながらくつろぐのである。

父だけにはテレビの横に定位置があり、他の場所に座ることはまったくない。面白い番組があるときにはソファの向きを変えて、画面と向かい合ってしまう。私は長いソファに寝転がるのが好きで、そのまま寝てしまうこともあった。

### 和室

そんな団らんの後、母が書道の稽古をしたり、父が仕事をしたりするのが横の和室である。私がレコード、ＣＤをかけるのも和室、但し、和室と居間の間は殆どいつも開けっ放しで、音楽を聞くのは居間である。だから、母が書道の稽古をしている横で私がレコードをかけているなどということもしばしばある。父が洋服に着替えるのも和室と居間を行ったり来たりしながらであるから、とても落ち着いて書道をする場所ではない。

来客の場合もやはり、和室でもてなすことがある。食事にも使うし、客の寝室としても使う。和室で食事を済ませてから、居間で果物を食べたりお茶を飲んだりすることも多く、和室だけ単独で使う場合は多くない。急の来客の時など結構大変である。それまで部屋中に広がっていた母の書道の道具などを急いで片付けることになる。

### 部屋の性格

この様に家族の生活の中心はなんといっても居間であるが、和室はその居間の横にあって、様々な使い方をされている非常に重要な場所である。もしも和室と居間が壁などで仕切られていたら、和室も随分と違った使われ方をしたのではないか。物置きのように使われてしまうことになったのかもしれない。和室の使い方は、この住宅の最も端的な特徴だと思う。

居間に比べて食堂はくつろいだときに使われることはほとんどない。母は食堂で手紙を書いたり町内会の仕事をしたりするようだ。冷蔵庫にはメモがとめてあり、横の棚には書類や、郵便物、電話がのっている。母にとっては作業場でもあるのだ。

この住宅は、これからも長く住み続けられるのである。まだ大がかりな増築、改築もされていない。今後、私達家族がどの様にこの住宅を住みこなしていくか、どの様に住み方が変わっていくのか、楽しみである。

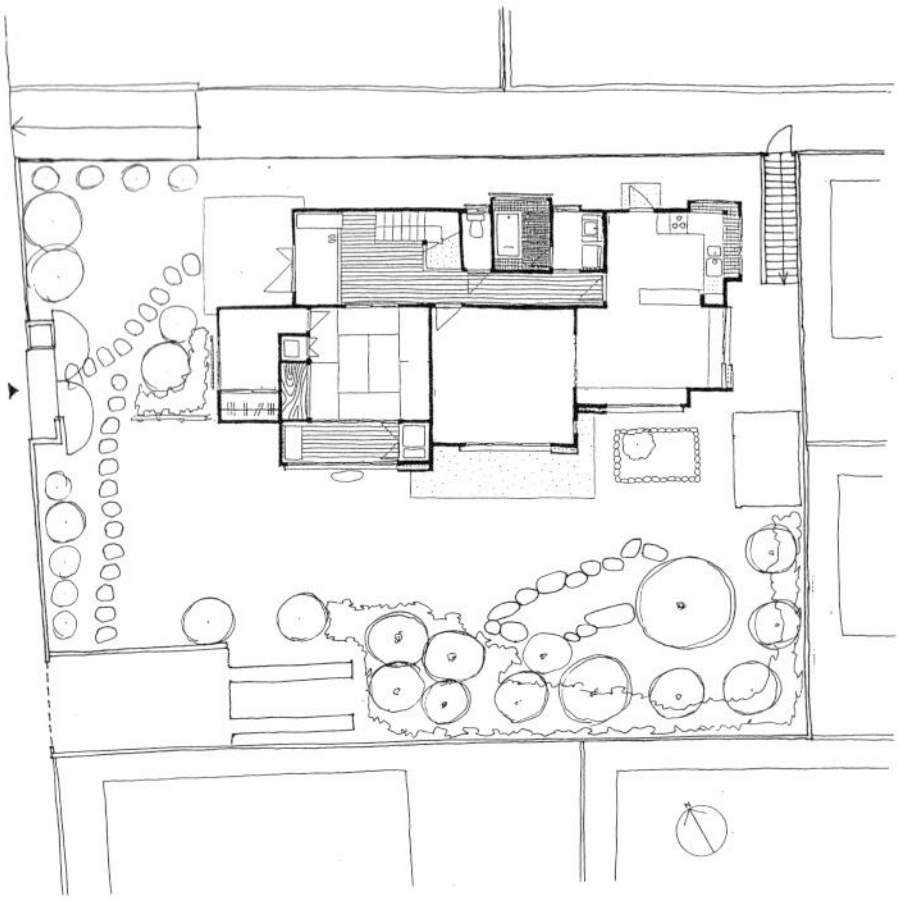

●
・1983年（昭和58年）建設
・千葉県松戸市
・木造2階建　持家
・敷地　427㎡
・家屋　150㎡
●図2－3－12　配置



# 祖母と住んだ郊外住宅（現代6）

蓑輪　裕子

## 家と家族

この家に越してから6年がたつ。長い間の社宅生活、おまけに度重なる父の単身赴任の後、やっと家族全員で落ち着いて住める憧れの「我が家」であり、家族の誰もが期待に胸をはずませてこの家に移り住んだことを思い出す。

周辺は新興住宅地、土地は建設会社をしている伯父から購入した。設計は若い女性建築士（27歳くらいか）であったが、プランに関しては父と私の意見が大きく反映している。その他全てについて、父は事細かに希望を述べた。

入居当時は、退職間際の父、専業主婦の母、学生の姉と私、そして祖母の5人家族であった。しかし、姉の結婚、祖母の死去により、現在は3人である。ただ各部屋の使われ方を見ると、変化させることには非常に消極的で、6年間ほとんど変わりがない。祖母と姉の寝室であった部屋も、若干整理した他は家具などもそのままの状態で現存している。

## 食堂と応接間

外出先から帰ってきて家族の誰もがまず最初に向かうのがこの食堂である。団らんと言えばまず食堂、食堂はわが家の中心であり、家族の誰もがこの部屋にいる時間が最も長い。台所と両面戸棚で仕切られており、会話、視線の交流ができるのも好都合だ。家族団らん

●図2—3—13　平面

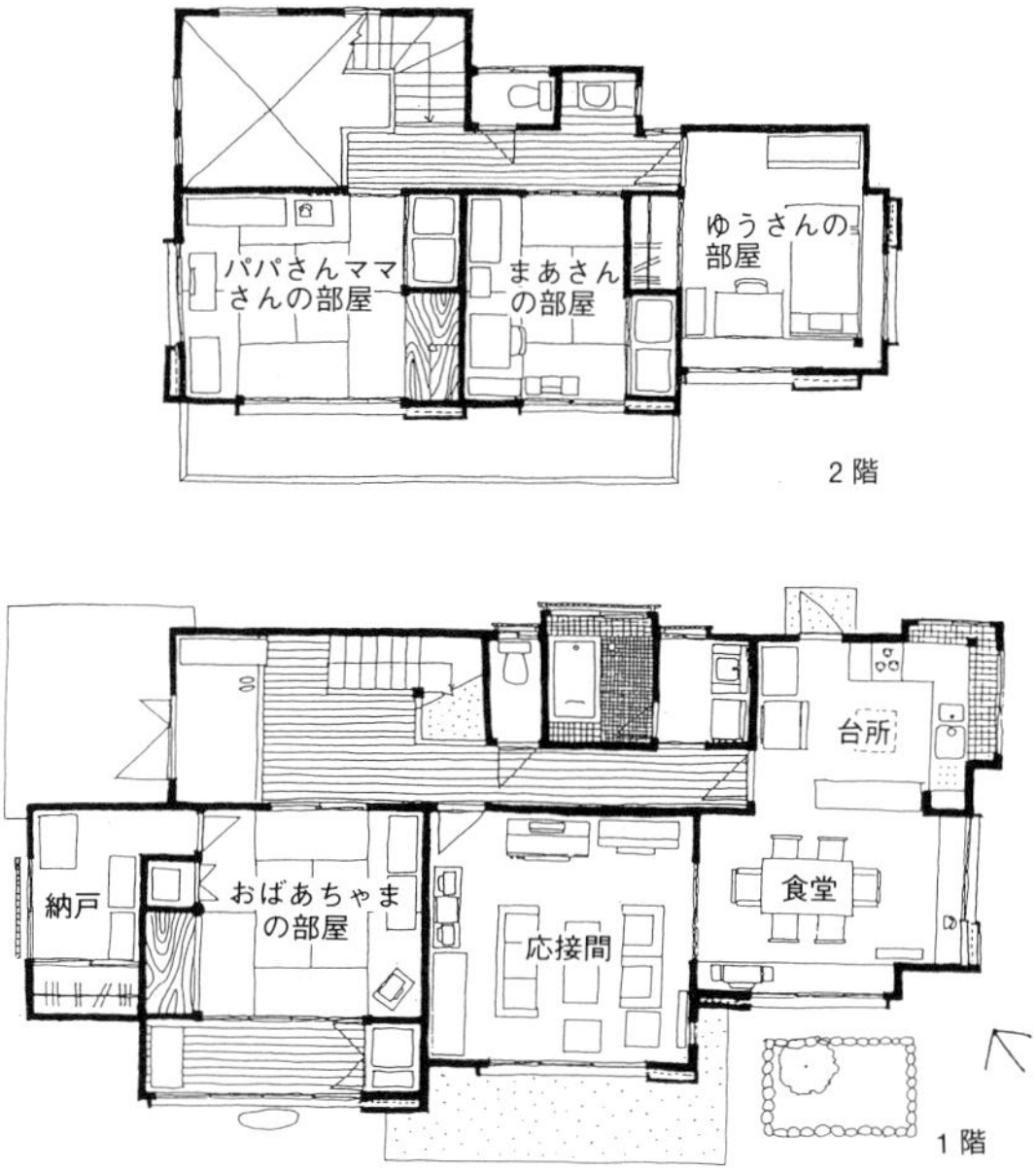


の他、父の書斎代り、母の家事室代りともなる。このため物がすぐに散乱し、思わずそのまま隣の応接間に移動させることもしばしばある。食卓の座席は一応決まっているが、状況によって移動も多い。

応接間は、月4、5回の来客時の接客に、普段は音楽を介した団らんの場、あるいは臨時の物置として用いられる。父がソファーにごろりと横になって、ステレオについているラジオでTV中継終了後の野球放送を聞く姿もときどき見られる。

いつ誰がきても良いようにきちんとしておきたいと思いつつ、日頃は洗濯物の仮置き場になったり（二階に干すときは必ず応接間を通ってテラスに出る）、いただき物を置いていたり（納戸は遠くて不便）、食堂にあった荷物（本や編物の道具）をちょっと移動させたり、繁雑になりがちである。

来客は多いが接客はたいていここで、アルバムにはソファーに並んで撮った客の写真が多数貼られている。客に飲食物を運ぶ際に食堂でくつろぐ姿が丸見えとなってしまうのはちょっと厄介である。

**祖母の部屋**

最もきちんとつくられた和室である。床の間には家で最も上等と思われる壺などが飾れている。姉の結納、祖母の葬式などここで行われた。

南向きで広縁のある広々とした部屋のはずなのだが、広縁のため案外奥まで日の当たら

●図2−3−14　応接間／ホームパーティーでお客様をおもてなし

●図2−3−15　食堂／家族がそれぞれマイペースで食事

ない暗い部屋、また食堂とも遠く孤立した部屋であることに最近気がついた。父は将来、ここを自分の寝室にするつもりで、納戸はこの部屋から出入りするようにした。このせいで多少人の出入りが増えたこと、また玄関や二階へ上がる動線上に位置するため通る際に声をかけられたことなどが、孤立化を少しは和らげていたと思う。

祖母は当初は食堂までちょくちょく来ていたが徐々に足も遠のき、テレビの1m前に座っているか、こたつに座って居眠りをしていたという印象が強い。近いはずのトイレも遠く感じられるようになり、かなり抵抗があったもののポータブルトイレを部屋に置くようになった。終には寝たきりとなり、病院に入って1ヵ月位で死去。現在部屋は客用に若干片付けられ、勉強部屋にしたりしている。既に何人もの来客がここに寝泊まりした。

**玄関と廊下**

玄関は吹抜けで家中のゆとりのスペースをここに集めたという感がある。玄関から見える廊下は直線で細く長い。食後に食堂で具合の悪くなった祖母を椅子で寝室に運ぶ際など、ここの廊下の狭さ、長さを、そしてドアのわずか2cm弱の段差の思いもよらぬ大きさをしみじみ感じた。

玄関から台所が見えたりトイレへの出入りが見えるのは私にとってはかなりの抵抗感があったが、父は気にならぬようで、建築士の方の「玄関から廊下が一直線の方が広く見える」との言葉もあったとか（?）でこうなってしまった。

この家は裏に勝手口があるが、ここにはたたきがなく門からも遠いため殆ど利用しない。このため灯油その他雑多なものがすぐ表玄関にあふれがちで、もっと収納に工夫が必要であったと思う。

### 庭とのつながり

一応鑑賞を意識した庭ではあるが、ふだん人のいる食堂の窓は肘くらいの高さの出窓であるし、見づらく出入りもしづらい。母はこの家で一番不満な点は「庭への出入りに応接間あるいは表玄関を使わなくてはならない」ことだと言っている。父は「いずれは出窓を壊し和室とつなげて縁側をつけたい」と思っているそうだ。日中家におらず、日曜日も庭いじり等しない私は庭とはほとんど無縁の生活を送っている。

### 二階部分

二階は個室が並んでおり、私は勉強・読書は自室で、母も洋裁などの家事の一部は自室でする。結婚して家を出た姉の部屋は、客用に使われたり私の物置と化している。各個室もプライバシーの度合は低く、自由にどの部屋にも出入りしてしまう（私の部屋はドアを閉めると若干入りづらいようではあるが）。

### 定住意識

近所の方とはかなり親しくつきあっている。8軒くらいとは物をあげたりもらったりする仲であり、病気の際の買物、病院への付添いなどの肩代わりすることもある。しかしそういった日頃の付き合いと将来の定住意識は無関係なようで、「狭くても良いから都心が便利で良い」と母は言い、「庭が欲しいからやはりここが良い」と父が言う。

今後、私が結婚して出て行くのかどうか、その後改造して二世帯住宅なりアパート併存住宅なりにするのかあるいは引っ越すのか、現在はまだ見当もつかない。しかし6年間とはいえ、ここは「憧れのわが家」であり思い出は数多い。我がままを言えば、それこそいつ戻ってきても良いようにあまり変わらないで欲しいという思いがある。

都市ＬＤＫ型注文住宅

# 北国の小住宅（現代７）

奥茂　謙仁

●
・１９５７年（昭和32年）建築
・１９６３年（昭和38年）一部増築
・北海道札幌市豊平区
・木造平屋建　持家
・敷地　１００坪（借地）
・家屋　20坪（増築前）　23坪（増築後）

## 家の成り立ち─父の憧れの新居

私の父は１９５８年（昭和33年）に28才で結婚、新居としてこの住宅を建てた。住宅は57年に着工し、年末に竣工、年明けに式を挙げて入居した。土地は借地ではあるが家屋は持家であり、当時の新婚の家としてはかなり贅沢だったのではないかと思われる。場所は札幌市内南東部の郊外、豊平川の河岸段丘の上に拡がる新興住宅地で、現在は都市化が進んでいるが、当時周辺にはまだリンゴ園や田んぼなどが多かった場所である。家の東30ｍ程のところにはその後廃線となった単線の定山渓鉄道がのんびりと走っていた。

父は広い芝生の庭に憧れを持っていたらしく、借地の区画が50坪と小さかったため２区画（１００坪）を借り、地代は月に坪20円。近所の地主さんのところへ母が地代を納めに行っていたのを憶えている。住宅は当初67㎡、今でいうと2L・DKの平屋建てで、知り合いの大工に頼み、工事金額は何もかも込みで一式１００万円。当時の父の給料が１万６千円（公務員の初任給が8千円）だったことを考えると年収の約5倍、結構高価な買い物だった。

間取りはL独立のL・DKタイプで、Lが住宅の中央にレイアウトされたホール型の構成。今みても割とモダンな間取りだが、これには父のマイホームへの想いが多分に反映さ

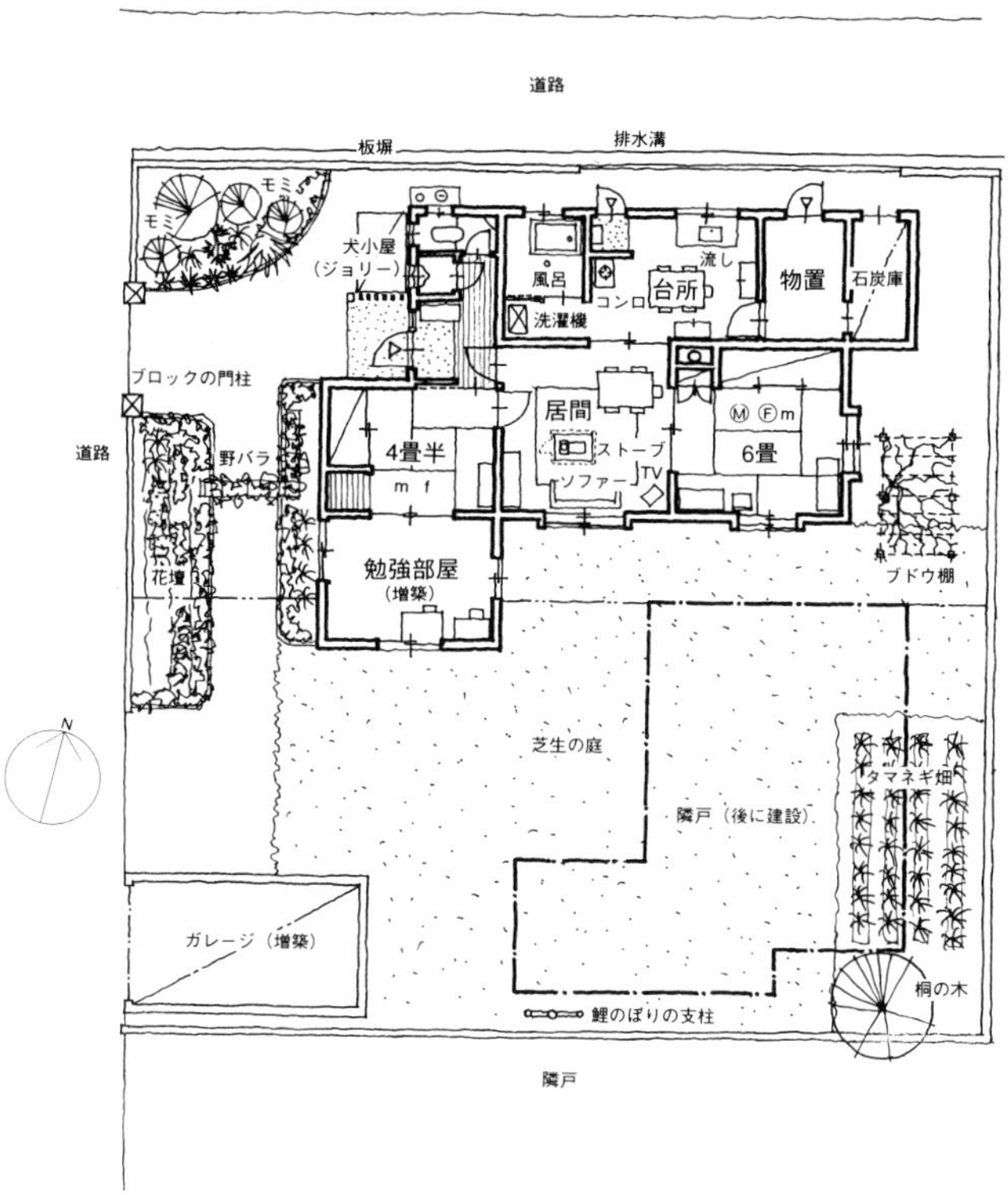


●図2―3―16　配置・平面

れていたと思われる。祖父も結構オシャレでハイカラな人だったが、父も自家用車を持ち、庭付きの戸建てに住み、2眼レフカメラや8ミリカメラを操るなど、モダンな生活にあこがれていた節がある。「庭に親戚を集めてパーティーを開いた」ことからも、そんな父の志向がうかがえる。つまり、当時の父の憧れや住志向が純粋に反映された住宅であったといえよう。

この家にすぐに私が生まれた訳だが、3年後に妹が続き、さらに弟が生まれる63年頃、子供部屋として1部屋増築しており、最終的にこの家は3L・DK、76$m^2$となった。

就学以前でもあり増築前の家のことはあまり憶えていないが、南側に広い芝生の庭があり隣戸との塀が遠かった（走って塀にタッチして戻る競争をしていた）こと、家の前に水仙やチューリップが咲いた花壇と野バラのトンネルがあったこと、芝生の隅にはタマネギ畑と桐の木（恐らく妹が生まれた時に植えたもの）があったことは強く印象に残っている。また端午の節句には庭に高い鯉のぼりが立てられたことも記憶にある。

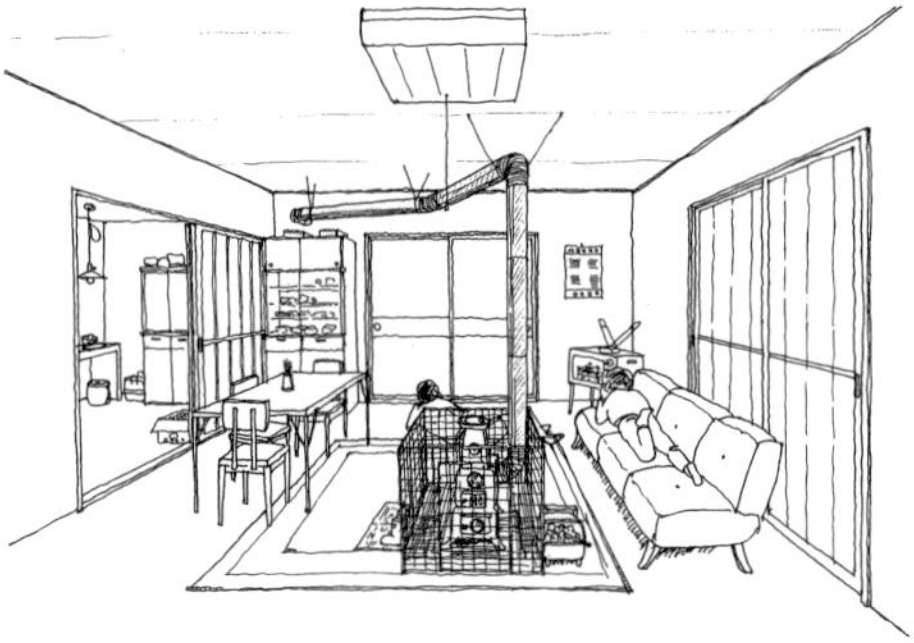
●図2−3−17　ストーブのある居間

## 雪国の冬の暮らし—生活の中心、ストーブ

北海道は冬が長く、記憶に残っている生活の状況、情景も冬のものが圧倒的に多い。当時は贅沢品だったストーブは一家に1台しかないのが当たり前で、暖房の効率性から、早くからLDタイプの住宅が導入されていたようである。冬の間はどこの家でもそうだったが、居間（L）に家族全員が集まっている事が多く、寝る時だけ寒い寝室に入っていく生活パターンが一般的だった。夜間、零下20度を超える環境では、石炭ストーブは常に生活の中心にあり、昼も夜も外出時にも火を絶やさずに燃やし続けていた。火力が強いので子供が火傷をしないよう周りを柵で囲ってあったが、子供たちは煙筒でよく火傷した。しかし反面、スルメや餅を焼いたり汁ものを温めたり、灰の中で芋や栗を焼くなどは冬の楽しみのひとつで、まさに囲炉裏のような活躍振りであった。

我が家の居間に鎮座していた貯炭式のストーブは、鋳鉄製でデザインも良くできており、最初に火を着けるのは難しいのだが非常に火持ちが良かった。火力の調節も自由自在で、外出時には目一杯石炭を入れ、吸気窓を小さく絞っておくことで、何時間でもチロチロと燃え続けた。そして帰宅して吸気窓を開けることにより急速に燃え始め、すぐに部屋は暖かくなった。この貯炭式のストーブもある意味では贅沢品であり、より廉価で簡単な鋼板構造の薪ストーブ（確かルンペンストーブと呼んでいた）も、割と一般的に見られた。

雪虫の飛び始める11月の日曜日にはどこの家でも家族総出で冬支度をしていた。家の中からも外からも入ることのできる物置に、夏の間ストーブや煙筒類は収納されている。まず絨毯を出して居間に拡げ、焦げないようタイル張りのストーブ台を置く。物置から重いストーブを出して乗せ、続いて煙筒を組み合わせてストーブと煙突を繋ぐ。針金で煙筒を吊り、柵を回すとストーブの準備は完了である。外では薪屋が廃材を丸鋸で手際よく切り刻んで薪（焚き付け）を大量に作り積んでいく。家族で薪割りをすることもあった。そうこうするうちにオート３輪がやって来て石炭庫にひと冬分の石炭（３ｔ）を放り込んでいく。石炭庫は北海道の住宅の重要なライフラインで、外から石炭を入れ、家の中から取り出せるように作られていた（多分ほかの家もそうだろう）。この家の場合は台所の横の物置が石炭庫とつながっており、新婚の頃、午前様となって閉め出された父が石炭庫から真っ黒になって侵入し、内鍵のかかった物置の扉を蹴破って入ったこともあったらしい。石炭庫が石炭で一杯になり、落とし込み式の扉が外から閉じられると冬支度は終わり、程なく長い冬がやって来た。

最近は都市化が進み雪も減ったようだが、当時は一夜に１ｍ以上の積雪は珍しくなく、降った雪が融けずに積もっていく真冬（12～3月）になると、軒下にはこの根雪と共に屋根からの落雪による雪の壁ができ、家の中は薄暗くなった。特に家の北側は陽が当たらないため雪が融けにくく、雪の壁はじきに軒まで達し、やがて屋根と一体につながってしまう。こうしてできた軒下の雪のトンネルをくぐったり、トタン屋根に登って滑り降りるのも冬の遊びのひとつだった。一方、昼間に屋根から落ちた雪が窓ガラスを押し破ることも少なくなく、雪の降る中、よく母とそりを引いてガラスを買いに行った。早く取り替えないと寒くて夜を過ごせないのである。

今の住宅と違い断熱が十分でなかったため、ストーブがない部屋は簡単に零度を下回った。特に北側に面する台所や風呂、開口部の多い南の洋室は非常に寒く、２重窓の外側の建具は結露が真っ白に凍りつき、春になるまで開かなかった。しかし窓ガラスに咲いた花模様を指で溶かして手形を付けたり絵を描くのも楽しかった。寝室では布団は前夜の寝汗が凍り付いていて、茶の間で暖めた丹前と湯たんぽが無いと、とても冷たくて凍えた。また家を出る前には、あらかじめ玄関の土間に凍り付いているゴム長靴をはがし、ストーブの周りに並べて暖めてからでないと冷たくて霜焼けが痛んだ。外が寒いのはネズミも同じで、冬になるといつも屋根裏にはネズミがおり、夜寝静まるとネズミの走る音が聞こえていた。

浴室は台所の横にあり浴槽は赤煉瓦積みだった（後に割れて水が漏ったためタイル張りに改修）。前夜の残り湯はガチガチに凍っており、流しの横の焚き口で薪を燃やして暖めるとようやく融け出した。入浴中も浴室内は零度近くで非常に寒く、窓から雪が吹き込んでくる有様で、湯から出ると寒いので体を洗うのもそこそこに、裸でストーブの側へと走って行き暖をとった。

石炭庫から石炭を運ぶのは6歳を過ぎたら子供の仕事で、薄暗くてネズミが怖い物置で小さなスコップ（ジョンバ）で石炭を取り出し、石炭箱に詰めてストーブの側まで運んだ。ストーブの灰受けを開けて火掻き棒（デレッキ）で灰落としをしたり、貯まった灰を外の玄関前に捨てに行ったりも子供の仕事だった。満タンだった石炭庫も少しずつ減っていき、ほぼ空になる頃、春の足音が聞こえて来た。

### 家の中での生活―季節によるイス式と座式の転換

生活の場所や起居様式は、冬とそれ以外では大きな違いがあった。冬は居間（L）に絨毯が敷かれているので、そこだけは座ってもそれほど冷たくなかったが、底冷えするため冬の生活は概ねイス式で、ストーブの周り以外はあまり床に座らなかった。父がごろ寝をする時も、場所はストーブの横と決まっていた。狭くなるが冬の間は食卓を居間に持ち込み、食事は居間でとり、くつろぐときも食卓のイスかソファに腰掛ける生活だった。食事だけでなく子供たちが遊んだり本を読んだりするのも、親しい人の接客もすべて居間で行われていた。しかし親戚が来たり、祝い事の時は食卓だけでは狭いので、開け放した四畳半に座卓を出して食事したり接客したりしていた。冬の間は何となく家族と親密に生活していた気がする。

一方、冬以外には食卓は台所に置いていた。ストーブや煙筒を掃除して物置に片付けるのと同時期に食卓を移動した。絨毯を巻き取り、代わりに薄い敷物（花ござのようなもの）を敷いて、ようやく座式の生活の始まりである。食事は台所の食卓でとるものの、居間や四畳半で座ったり寝転がったりして遊んだり、団らんしたりしていた。食卓を台所に移動した分居間は広くなり、夏は遊ぶスペースがたっぷりあった。夏の日曜日の夕食は成吉思汗（ジンギスカン）のことが多かったが、この時は油が飛ぶため居間に紙を敷きつめ、中央に七輪を置いて鍋を囲んだ。この頃の北海道の人は、家の中でも外でもいつも成吉思汗だったが、安く動物性タンパク質が摂れる理にかなった食事だった。人が遊びに来ると、必ず居間や庭で鍋を囲んだ。このように夏は居間の利用性や生活の展開性が拡がったが、季節ごとの食卓の移動が面倒臭かったのか、やがて年中居間に食卓を置き食事するようになった。

両親の寝室は奥の六畳の座敷で、子供たちはそれぞれ小さいときにはここで一緒に寝ていたが、３歳頃になると順次四畳半へと移って寝た。座敷には夏は蚊帳が吊され赤ん坊

（弟）が寝かされたが、その中は非日常的な空間として子供たちの格好の遊び場となった。しかし仏壇こそ無かったものの、この六畳には何となく子供には近寄りがたい雰囲気もあり、他の部屋で遊ぶことの方が多かった。母のミシンや裁縫道具、化粧道具をいたずらしてよく叱られたこともこの部屋に立ち入りにくかった原因かも知れない。

　私と妹の勉強部屋は増築された南の洋室で、明るいこの部屋はいつも子供たちの遊び場となった。暗い四畳半は昼間は単なる通過のスペースとなったが、相変わらず寝るのはここだった。

## 隣戸の建設―父の住宅像の変化

　１９６３年（昭和38年）頃に南の洋室が増築され、同時にガレージが南側に作られた。ガレージの中は広々としており、子供たちの雨の日のままごと遊びの場となった。夜寝ているときに、シャッターを降ろす音が聞こえると、父が帰ってきたことが分かりうれしかったことを憶えている。

　京都の田舎から北海道へ出てきた親戚一家の住宅が新たに敷地内に建設されたため、広々とした芝生の庭はどんどん縮小されていった。別の場所で解体された住宅の木材が庭に大量に持ち込まれ、これを再利用して建設された隣戸は、建蔽面積を抑えるために総二階建てで、我が家は薄暗くなった。それでも周辺の住宅地と同程度の密度となっただけだが、陽当たりの悪くなった芝は徐々に枯れて土の庭となり、芝生の庭に対する父の憧れはこの時に崩れてしまった。初めの頃こそきちんと刈られていた芝生も、この頃には伸び放題だったので、もはや執着は無かったのかも知れない。

子供たちにとっては庭が狭いのも別に悪いことではなく、越してきた隣戸の子供たちと仲良くなり、家と家の隙間を走り回ったりして、それなりに楽しく遊んだ。土の庭に池を掘ったりして遊びもした。建設の際に同じ敷地の変わり様に驚いたと共に、狭苦しいスケールの空間を縫うように回遊できること、同じ敷地にある二つの住宅を行き来できることは、私たちの好奇心を大いに刺激した。

しかし父の理想の住宅像とどんどん離れていく我が家は、もはや飽きやすい父の興味を惹くところではなくなったようで、きれいな花壇も冬を越すごとに荒れ始め、崩れた板塀にも手が加えられなくなり、結局１９６８年（昭和43年）頃に人に売却してしまった。代わりに車で10分ほどのところに住んでいた祖父母の住宅を、３世代同居の住宅に増改築して転居したが、そこの住宅では最後まで芝生の庭は作らなかった。私の元の家に対する記憶も、トラックの荷台に乗って引っ越した記憶と共に途切れてしまったが、それ以降も私の意識の中では常にこの家が、家族との親密な生活の思い出と共に我が家のイメージとして強く残っていた。

公共アパート

# 「型住宅」における多様な暮らし（現代8）

曽根　陽子

●千里ニュータウンの公団住宅
・大阪府千里ニュータウン青山台
・鉄筋コンクリート造　5階建の4階
・公団賃貸住宅
・住戸面積　49・5㎡
・居住期間　1969～1972年（27～30歳）

## 千里ニュータウンの公団住宅

結婚後、数年間の木造零細アパート暮らしを経て、住まいらしい住宅に住んだと言えるのはこの千里ニュータウンの団地からである。

ある朝、新聞を見て驚いた。公団の空き家募集の当選番号下2桁が我が家の葉書と同じだったのである。2駅先にある千里ニュータウンは、都市計画と建築を仕事とする我々にとって一度は住んでみたい「夢の街」で、空き家募集に応募と落選を重ねていた。9000円の家賃は痛かったが、飛び上がって喜んだ。当の住宅は私の通う大学から歩いて20分、その間に北千里のショッピングセンターと保育所があるという理想的な場所に位置していた。5階建の4階で、3K型と呼ばれる公団「型プラン」のひとつである。

わくわくと、これから住む家を初めて見に行った時の感激は今でも覚えている。千里が太陽と緑に満ちあふれて見えたこと、4階の高さにドキドキして3歳の長男に「窓に近寄ってはだめ」と怒鳴ってしまったこと、こんな広い家にどう住むのかと思ったこと等々。どれもこれもすぐ慣れてしまうことではあったが。

住まい方は、Kとそれに続く六畳の間の襖をはずし、六畳にちゃぶ台を置いてLDKにした。だが寝室については、どう使ったか気憶が定かでない。南四畳半が子供室、北四畳

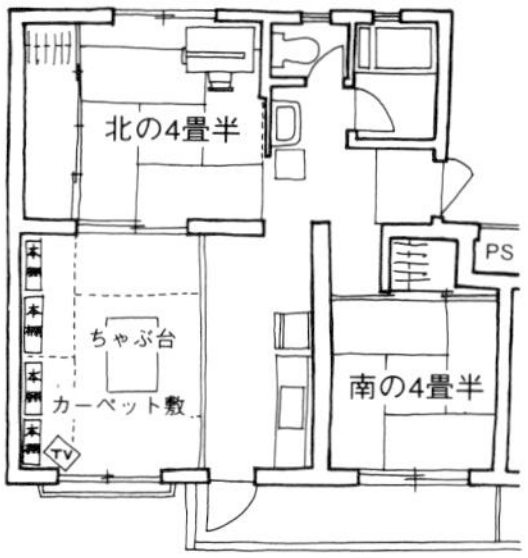


●図2－3－18　千里ニュータウンの公団住宅

半が寝室というのが当初考えた住まい方だった様な気がするが（？）。

なにしろ千里に住んですぐ、夫が勤めを変えて東京に住むようになり、浪人の妹が半年ほど一緒に住み、娘の出産で実家に帰り、子供が増え、泊まり客がしょっ中、という目まぐるしさであった。寝る場所が確定しなかったというのが真相かもしれない。それまでの1間暮しの延長で考えれば、３Ｋ全体が1室で、どこを誰の寝室と確定する必要もなかったのだ。事実、真冬以外は各部屋の襖、窓はすべて開けっ放しで暮らしていた。

ここで最大のイベントは万博である。関大前の時も泊まり客はしょっ中だったが、この時は、泊まり予定客の名前が電話の脇に貼ったカレンダーを埋め尽くしていた。親兄弟は勿論（これだけでも40人近い）、親戚、友人、その又親族。泊まり客が2、３人の時は南の四畳半を使って貰い、多い時には私と子供がそちらを使った。部屋の格がはっきりしていれば、目上の親戚を四畳半に泊めるわけにはいかないが（田舎の人はうるさいのです）、３Ｋ住宅はどれこれ格がなくて便利だった。

私の育った時、人を泊めると言うのは最も親しいもてなしであり、家を新築する時に泊り客の部屋を考えるのは当たり前のことだった。実際、その人の家に泊まるというのは、ホテルなどに一緒に泊まるのとは親しみの重さが違う。

近頃では人の家に泊まるという習慣は少なくなった。宿泊費が負担にならない経済力がつき、手ごろな施設が増えると、人の手を煩わす面倒よりホテルに泊まったほうが気楽ということだろう。施設の発達が濃厚な付き合いの場を一つ減らしたようで、個人的には淋しい気分がしている。

**●埼玉県西大和団地**
・埼玉県和光市
・鉄筋コンクリート造　５階建の３階
・公団賃貸住宅
・住戸面積　49・５㎡
・居住期間１９７２〜１９７５年（30〜33歳）

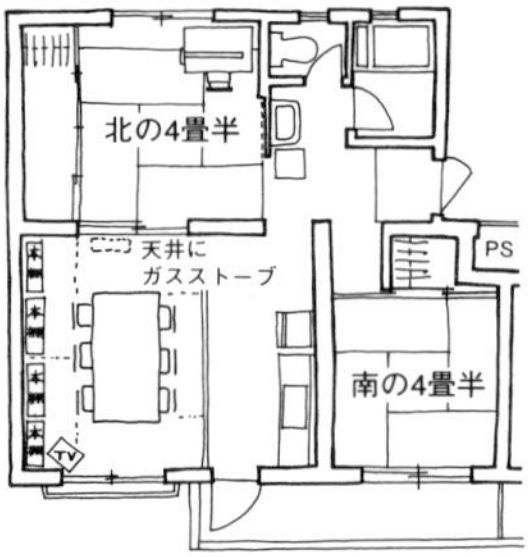

●図２−３−19　埼玉県西大和団地

**●浦和市の住宅供給公社分譲住宅**
・１９７４年建設
・浦和市
・鉄筋コンクリート造　４階建の１階
・公社分譲住宅
・住戸面積　61・77㎡
・居住期間　１９７５〜83年

## 埼玉県西大和団地

東京に戻って、夫と暮らすことになった。移転したのは東上線沿線にある西大和団地で、戸数２２００戸、１センター、並行配置の典型的な郊外型団地である。住戸の平面は千里と全く同じで、千里でも埼玉でも同じというのが「型プラン」たるところである。

ここで、ようやく生活も夫婦に子供２人の典型的な核家族となり、部屋の使い方が安定した。Ｋに続く六畳の襖を取り外しＬＤＫとして使うことは千里と同じだが、ちゃぶ台の代わりに１畳大のテーブルを買った。部屋に不釣り合いなほど大きかったが、何にでも使える研究室のゼミ机の便利さを実感したせいである。こんどこそ南四畳半が子供室、北の四畳半が寝室となった。

住宅が先に決まり、私はそこから通勤可能なＳ住宅供給公社に勤めることとなった。だが、いざ勤めてみると車で30分は意外と大変な距離である。勤め先から２キロと離れていない所に、公社の分譲集合住宅があったので、買って引っ越すことにした。

## 浦和市の住宅供給公社分譲住宅

１０８戸の小さな団地で、周囲はぐるりと田圃に囲まれている。この浮島のような敷地に、板状の集合住宅が４棟と集会所、まん中に児童公園がついていた。１０８戸と言うのは田舎の字ぐらいの規模で、小学生が50人ちょっと、居住者の殆どはホワイトカラーサラリーマンだった。

引っ越して、あっという間に団地中の人が知り合いになってしまった。前の千里や和光の団地では、付き合いは子供の保育園や学校を通じて広がっていた。だから、同じ棟、同

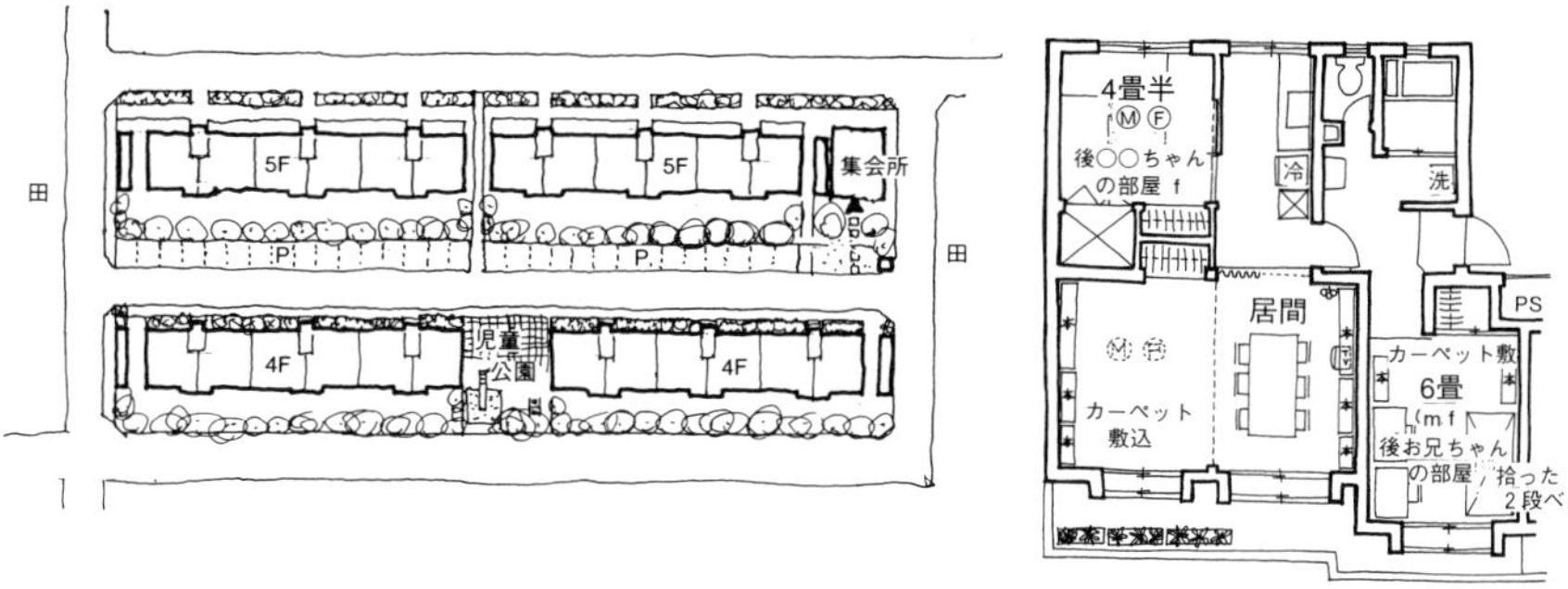


●図2―3―20　浦和市の住宅供給公社分譲住宅

じ階段といっても、気の合った一、二の人とつき合う程度だった。前の団地も自治会活動は盛んだったし、私はＰＴＡや子供会にも結構参加していたのだから、付き合いの広がり方の違いはほとんど団地規模の違いによるものだろう。

この団地は、わが家だけでなくどの家も全体に付き合いがいい。管理組合の役員をしたことを契機に付き合い始めた家族があったり、碁、麻雀、ゴルフなど趣味のグループもあった。折々の子供会の行事にもたくさんの父親が参加する。数年先の大規模修繕をにらんで、修繕積立金を大幅にアップしたり、外装の吹き直しや外構の改善などの改良工事が行われたのも、このような近隣関係があったからだろう。

集合住宅のグルーピング単位は近隣関係を形成する上で20～30戸が適切とされている。しかし、それは大団地の場合で、１００戸前後の小団地では全体が1グループにまとまる良さがある。これが２００戸になるともう無理だろう。この団地に住んだおかげで分譲集合住宅の維持管理とグルーピング単位は関係深いと分かった。

引っ越した当初の住まい方は、和光の団地と基本的に同じである。南2室の襖を払ってＬＤにし、南六畳を子供室に、北四畳半を寝室にした。机と本箱以外の家具を部屋に置きたくないという気持ちは、木造アパート時代から継続していた。居間と四畳半の間の押入を改造して両面使用の洋服タンスにし、子供室は押入にパイプを吊した。これで殆ど家具は不要になる。家具がないのでどの部屋も広々として、近所の小学生のたまり場になった。

長男が中学生になり、個室を欲しがった。もっともである。娘に北の四畳半を与え、居間の隣の六畳を夫婦の寝室にした。――これが参ったのである。夫は夜中の2時3時に帰ってくるから、朝7時頃、寝ている枕元で朝食をとる私たちの賑やかな話声はたまらないらしい。私にしても、寝入りばなに夫が帰ってきてラーメンを食べたりテレビをみるゴトゴト音を聞かされるのはかなわない。台所のドアに「静かにして下さい」と張紙のあるときはお互いこっそり振舞うことにした。

　こうした不都合が潜在的な要因となって、わが家の転居は突然決まったのだが、その頃から団地にぼちぼち転居する人がでてきた。戸建ての既存住宅地に比べその率は歴然と高い。子供が大きくなったという人や、やっぱり一戸建てという人、仕事の都合など、理由は様々だが、子供の多い家族にとっては、住戸の狭さがきっかけになっていると予想される。

　今も、時折友人宅を訪ね、この団地に行く。棟の脇に私が植えたシュロや楓が良く手入れされ見違えるほど大きくなっている。だが、遊んでいる子供達は知らない顔が殆どになった。子供の成長は早い。この団地がもう一間広かったら、子供室のためにと引っ越さずに済んだのになぁと、息子が下宿し、夫婦２人だけになりそうなこの頃になってみると、交通の便が良く仲間の多かったこの団地の良さがつくづく感じられる。

社宅アパート

# 3Kの社宅（現代9）

初見　学

## 社宅の建て替え

戸建平屋の社宅10棟を取り壊し、同じ敷地内に4階建のコンクリートアパート3棟が建てられたのは、小学6年の時（1960年）だった。工事中は若い現場監督の人に頼んで現場を見せてもらったり、材料の余りを貰って遊んだりした。それまで見たこともないような家の造り方や、コンクリートのなまぐさい臭いに興奮したりもした。社宅の周りの空き地にも、アパートや事務所ビルが建てられ始めた時期だった。建て替えによって敷地内の住戸数は約3倍半に増えた。敷地の有効利用が意図されたのであろう。

狭いながらも庭のある住まいから、コンクリートアパートの3階に引っ越すことに、母親も我々子供達も抵抗はなかったように思う。木造の古めかしい住宅から脱出し、近代の象徴のようなコンクリートのアパートに移ることに、むしろ喜びを感じていたのではないだろうか。鍵ひとつで外出できること、新たに設けられた浴室やステンレスの流し台、こうした新しい住まいを我々は素直に受入れた。また社宅特有の近所付き合いの難しさに辟易していた母にとっては、どこからでも自由に出入りできる開放的な平屋の社宅に比べ、玄関の扉を境に近隣との領域区分が明快になされているアパートの造りは大いに歓迎すべきものであったらしい。子供にとっては、電車通り（現在の新宿通り）や小学校まで見渡す

●
- 1960年（昭和35年）建設
- 東京都千代田区
- 鉄筋コンクリート造4階建　社宅
- 住戸面積　50㎡（15坪）

ことのできるバルコニーは魅力的な場所で、世界が拡がったように感じられた。また高い塀に囲まれた大企業の社長宅の様子も、上から覗き見ることができた。引っ越す前は、毎朝、迎えの車で出社するいかめしい姿しか知らなかった人が、休日には普通の老人のように土いじりをする姿を垣間見て、親しみを覚えるようにもなった。

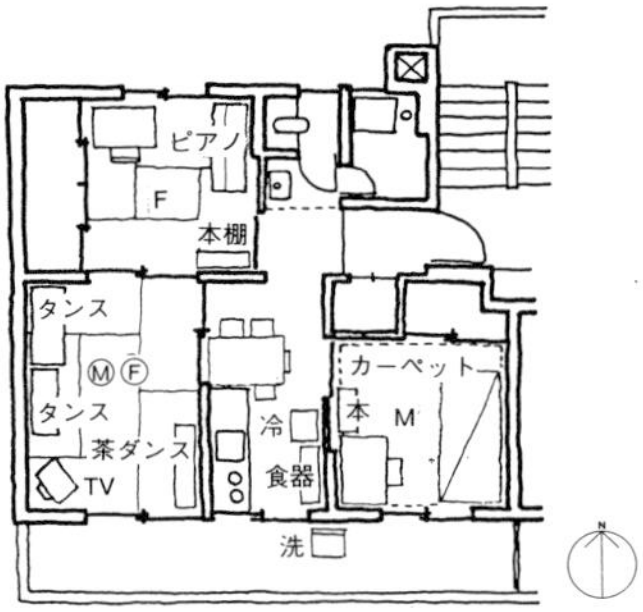


●図2－3－21　木造平屋の社宅10棟を取壊し、同じ敷地にＲＣ壁式の4階建集合住宅を3棟建設。社宅の数は10戸から36戸へと一挙に増加。住宅公団の標準設計57-4Ｎ-3Ｋ-4型とほぼ同じ形式

## アパートの造りとそこでの生活

3Ｋの間取りは、公団の57型標準設計に準拠したものであった。我が家では引越と同時に、小さなデコラ貼りのダイニングテーブルとスチールパイプでできた椅子を4脚購入し、狭い板敷の台所（Ｋ）の一部で食事をするようになった。公団アパートとセットになって普及し始めていたダイニングキッチンなる生活様式に影響されたのであろう。大学に入って建築を勉強し始めるまで、台所をダイニングキッチン（ＤＫ）だと思っていた。しかしそこが食事の場として安定して使われていたわけではない。「ＤＫ」のテーブルは朝食や父親の帰りの遅いときの我々の夕食の場ではあったが、家族揃っての夕食や冬の食事には隣の六畳が使われることが多かった。身体の大きな父が、狭い「ＤＫ」の椅子に座っている姿はいかにも窮屈そうだったのを覚えている。

部屋の使い方は、子供達の成長に伴って変化した。引越して2～3年の間は、玄関脇の四畳半が僕と妹の部屋だった。両親は「ＤＫ」に隣接する六畳に就寝し、北側の四畳半は父の書斎兼ピアノ置き場だった。妹が小学6年の頃、その四畳半は妹の部屋になり、父の机は妹の勉強机となった。妹の転出の折、父の部屋にあったソファベッドを自分の部屋に引き取り、念願のベッド就寝が叶えられた。

「ＤＫ」脇の六畳は両親の寝室であると同時に家族の集まり部屋でもあった。客は少なかったが、来ればこの部屋でもてなした。部屋の隅にはテレビが置かれ、夕食後しばらくは母や妹とテレビを見て過ごした。冬には電気炬燵が出され、なかなかその場を離れ難かった。こうしてみると、テレビと電気炬燵が戦後の核家族の結束に果たした役割は「ＤＫ」同様大きかったように思われてくる。

以上のような生活は、大学に入ってからもしばらく続いた。建築を勉強するようになってから、家の狭さが気になって仕方なかった。大学３年の時に祖母が病気になり、両親は新宿にある父の実家に移った。祖母が病気にならなくても、成長した家族４人が住むには狭く、転居を考えていた頃だった。この家でなんとか生活できていたことの一つには、別棟に用意された物置の存在が大きい。約１坪の物置には、炬燵やストーブや扇風機やスキー板といった季節の用品、火鉢などの古い道具類、父の書籍がぎっしりと天井まで詰め込んであった。この物置がなければ、我々の生活は物に押し潰され、転居はもっと早く訪れたかもしれない。

住宅を研究するようになってから、公団住宅の住み方調査の記録は多数勉強した。３Ｋでのわが家の生活も、そこに記された内容と大差はない。調査記録を違和感なく理解できたのは、そのせいかもしれない。

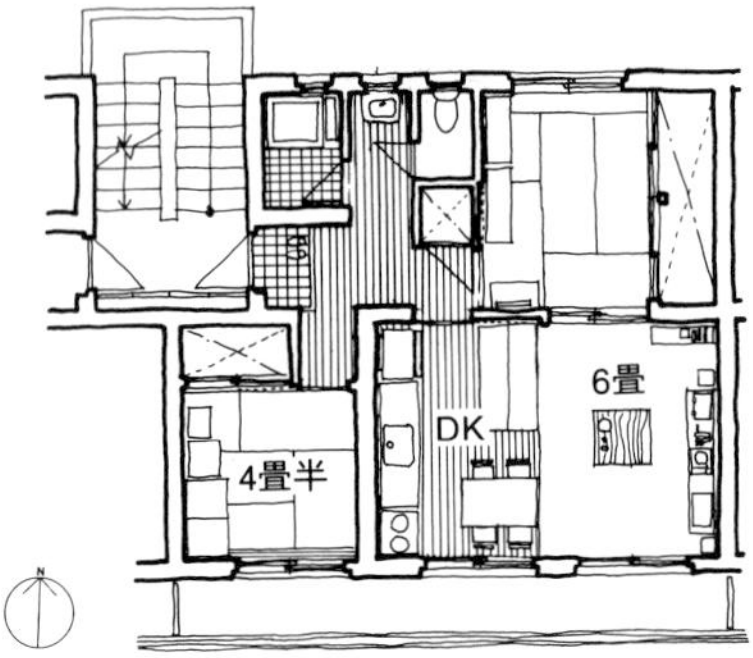


●図2-3-22　船橋・行田のアパート

公共アパート

# 4LDKの公団分譲アパート（現代10）

小柳津　醇一

### 前住居—公団3DK

このアパートに入居する前は千葉県船橋市行田にあるやはり公団分譲アパートの3DK（49㎡）に住んでいました。この3DKは実によくできたプランだったと今でも思っています。南面して六畳・DK・四畳半の3室、北側に六畳と浴室・洗面・便所を配したプランです。独立性の高い部屋を1室南側に確保し、残り2室とDKを連続性を持たせて計画していること、また合計幅2・5間強の押入を確保し、動線も家の中心部分に集約していること等々、50㎡弱の住戸規模でこれだけの平面計画はなかなか出来ないのではないでしょうか。その意味では、公団の住戸設計の蓄積を充分に感じさせるプランだったと思います。私たちはDKと六畳の境の襖と欄間を取り払いLDKとして住んでいました。

ただ、とても良くできたプランではあるのですが、なんとなく住み方が規定されてしまっているような気がしてきて、その点が漠然とではありますが不満に思っていたような気がします。しかしこの程度の住戸規模からすればこれも致し方ないことなのかも知れません。

### 転居の動機

この習志野の家に引っ越したのは、長男が8歳長女が3歳になる年の春です。子供が2

●
・1981年（昭和56年）建設
・千葉県習志野市
・鉄筋コンクリート造　4階建の2階
・公団分譲共同住宅
・住戸面積　93㎡（28坪）

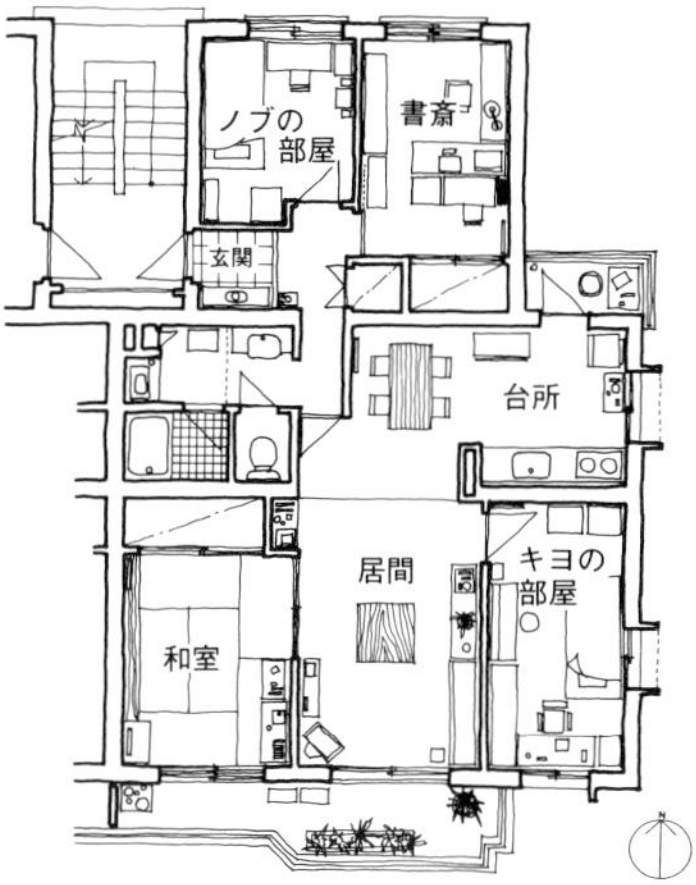


●図2-3-23　香澄の家

人になり行田の家もだんだん手狭になってきたことや、やがては両親を呼び寄せなければならないことから、適当な規模・価格の家への転居を計画していたところ、比較的近くにちょうど気に入った家の募集があったので応募してみたら当選してしまった、といったところです。

この住戸がまあまあよいのではないかと思った点は、4寝室あることと、住棟の端部住戸なので台所が東面していて明るく、しかも居間から死角になったアルコーブ部分にあること、そして台所と食事室と居間とが連続的であり比較的公室部分の面積が広くとられていることなどだと思います。

同じ時期にいわゆるタウンハウス（共用庭をもった全戸接地型の低層集合住宅・専用庭付き）の募集もありました。その方が少し価格が高いこともありますが、それよりも90㎡以下の住戸規模を2層にわけて、しかも間口を狭めた住戸計画を見ると私にはどうみても住みにくいような気がしました。また、もう少し部屋と部屋とのつながり、上下階のつながりがゆるやかに連続していて欲しいと思ったのです。このあたりの感覚は非常に微妙なのですが、自分としてはなにかこだわりたいところでした。おそらくそれまでの居住体験に拠っているところも大きいと思います。

## 部屋占有の主張、個室化

入居した当初は長男と長女は南側の洋室で一緒に就寝していましたし、私たち夫婦は北側の六畳で寝ていました。北側の洋室は私の書斎と長男の勉強部屋として使い、南側和室六畳は非就寝室として〈公室的〉に使っていました。

長男が中学に入学したのを機会に、彼の主張を取り入れて個室を与えました。長女のピアノ（ひとごとのようですが全く厄介な代物です）は湿気が大敵ということで南洋室に置くことになっており、必然的に長男は北側の洋室を使うことになりましたが、彼は今でもこの決定に不満を持っています。狭いうえに湿っぽくてかなわないと。しかし、かといって北側六畳の和室の占有を主張しないのは多少の遠慮もあるのでしょうが、この六畳には押入がついていて完全な個室にはなりえないこともあるのでしょう。

長男が個室を獲得したのとほとんど同時期に、この北六畳にはジュウタンを敷いて私の書斎に使うようになり、これに伴って私たちの就寝室は南六畳の和室へ移ることになりました。ここを書斎として使う住み方もあるのでしょうが、どうもしっくりこないのです。独立した夫婦寝室というイメージが貧乏育ちのせいかはっきりしていないこともあるのでしょう。ごくまれに客が泊まることがありますが、その時はこの南六畳の和室に寝てもらい、私たちはなんと居間に床をとることになります。

南洋室は現在長女の就寝室になっていますが、そこには家族共用の洋服タンスも入れており、完全な個室にはなっていません。家具配置上そうならざるを得ないし、完全な個室にしなくてもよいと私は思っているのですが、これまた長女には不満な点で、成長にともなって早晩占有化されそうです。

## イス坐とユカ坐

日常の食事はダイニングキッチンでしますが、客が来たときはほとんど居間の座卓で食事をします。妻はその方が台所が見えなくてよいといいますし、私もなんとなく客との食事は床に坐ってとるのが好きなのです。その方がくつろいで食事をしてもらっているような気がするからです。勿論これも自分勝手な思い込みなのですが。

客は全て居間に通します。入居当時から居間にソファーセットを置くつもりは全くありませんでした。ソファーを置くには居間の間口が少し狭いこともありましたし、そのこととは別に客をもてなすにはユカ坐がよいと、これまたなんとなく思い込んでいるふしもあります。別にむずかしい仕事の話をするわけでもないし、ゆっくりお茶を飲んで楽しい会話を楽しみたいし、それにはユカ坐が相応しいとか。

もっとも普段家族が音楽を聴いたりテレビを視たりしながらゴロゴロとユカに寝そべっている様を見ると、確かにくつろいでいる情景ではありますが、あまりにもダラシナイではないかと憤ったりもしています。

### 「公私室型」のプランで思うこと

このようないわゆる公私室型のプランでは「私室」はもはや完全に個人の領域なのでしょうから、同じ家族の一員であってもなるべくその部屋を使う者の個性を生かした使い方を勧めたほうがよいように思います。実際に子供たちはそれぞれに工夫して自分の領域のしつらえを楽しんでいるようです。親父としてはときどき部屋に入ってびっくりすることもありますが、その反面子供の知られざる一面が理解できて楽しくなるときもあります。子供部屋の個室化の進行に批判的な意見もあるようですが、子供の成長過程で個室をもつことの意味は大きいと思いますし、ひょっとして問題はむしろ親の側にあるのかも知れません。

それにひきかえ「公室」という呼称は、いわゆる住居計画研究者達の世界を除けば、いまだ一般的に定着してはいないように思います。そこは食事や接客・団らんの場であるとされていますが、それは生活行為を〈機能的〉に説明するときの軸に偏りすぎているような気がします。近代的な〈公〉と〈私〉の対立概念を住まいに形式的に持ち込んではみたものの、住まいにおける「公室」という概念そのものがはっきりしていないのが実情ではないでしょうか。とくに、住居として具体的な空間を考えるときに、「公室」はその家全体の生活上のこだわりが象徴的に表現されているものだと私は思いたいのです。しかし現実には驚くほど画一的な居間などの風景を思うと、各々の「家」あるいは「家族」を現代住居において表現するものがあるのか、あるとすればそれは何なのかは考えさせられます。私自身もあらためて自分自身の住居としてのそれが何なのかを考えると、意外に不明瞭であったり陳腐なものであったりして愕然とします。

ただ、私も少し歳をとってきたせいかとも思いますが、住居の中で家族が皆でくつろげる場所は必要だと考える一方で、何かしっかりとした形式を整えた空間が欲しいなあとも思うようになりつつあります。ある程度使い方を規制してもよいから、自分たちの住まいとして継承性のある意味を持った象徴的な空間として。その家の家族が、自分たちの住まいに対する思いを込めてしつらえることができるような、その表象をうながすような、さまざまな可能性を潜在させた「公室」の計画が、このような集合住宅においてはとくに必要だと思います。

民間マンション

# 2寝室型のマンション（現代11）

畑　聰一

●
・１９７４年（昭和49年）建設
・東京都世田谷区太子堂
・鉄骨鉄筋コンクリート造　９階建
・民間分譲マンション
・住戸面積　20坪

## 入居の経緯

このマンションは妹が我々の新婚旅行中に引き当て、女房が長女を産んで実家から帰る時期にちょうど入居になったもので、長女が小学校に入る直前までの６年７ヵ月を、育児に追われながら過ごした場所である。地下鉄二子玉川線（入居時は工事中）の三軒茶屋駅の出口から１、２分ながら、都営住宅越しに適度な緑と東横線の電車を望むことができた。

集合住宅の近隣関係を初めて経験する。このマンションは父の名義であり、我々はそれを借りて住む立場だったので、周りの居住者との所得階層、年齢階層に著しい開きがあった。７階に居住したが、同階には我々を含む８戸があった。そのうちの３世帯に長女より２歳年上の女の子がおり、入居早々それらの家族との付き合いが始まった。その後の交際は概ね子供の付き合いを介して広がっていった。

間取りは３ＬＤＫとして分譲されたものであるが、入居前に設計変更を申し出て、東南側にあった六畳の和室をなくし、これを居間の一部に変えた。私室に接続する行燈部屋の使い方がイメージできなかったことと、子育て期の家族の生活に対応可能な、広い居間を希望したからである。七畳半の広さの居間はどの世代にとっても狭すぎたようで、私が訪れた同タイプの住戸の多くは和室に絨毯を敷き、和室との間の襖を取り外して生活してい

●図2―3―24

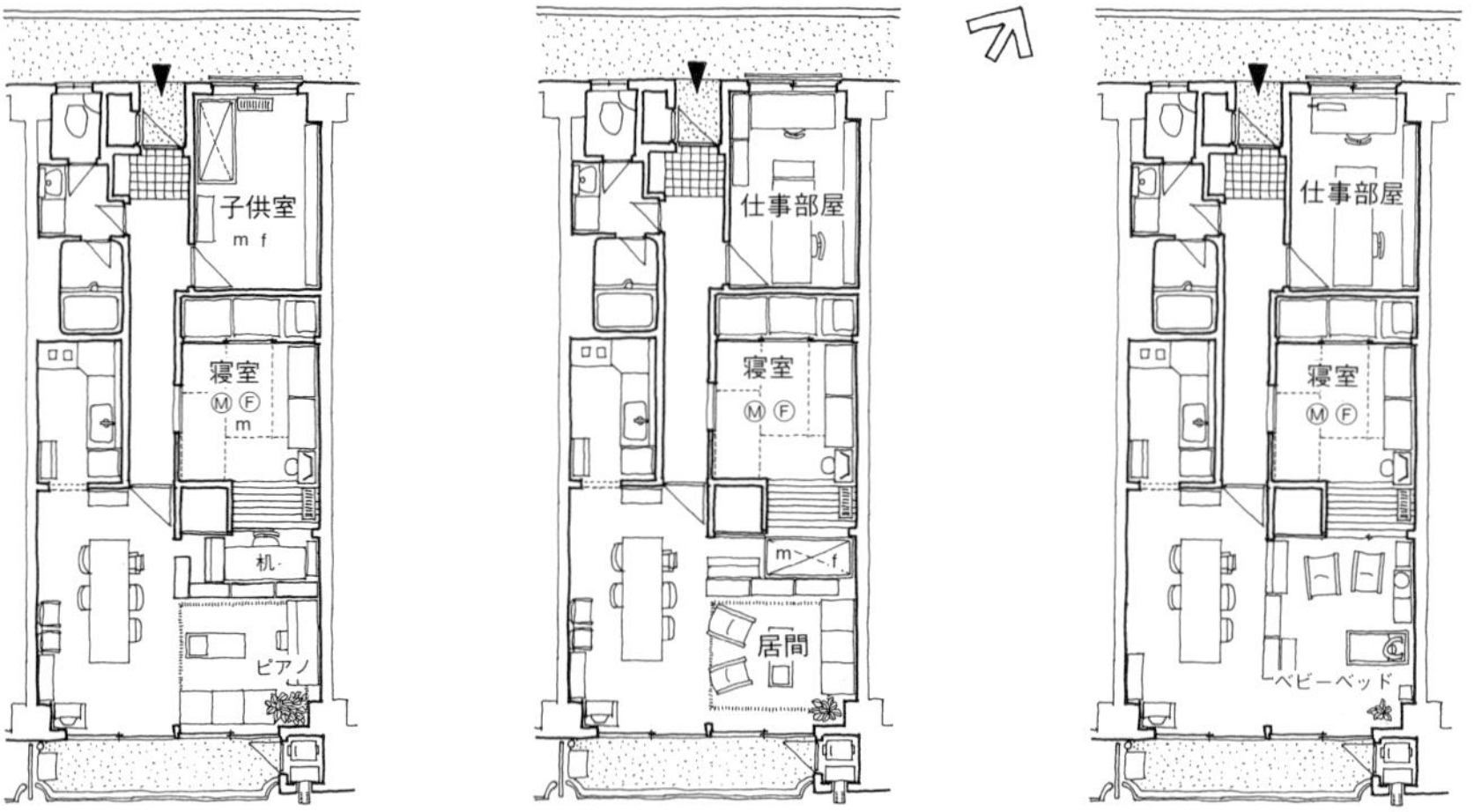


子供誕生期（1974～78年頃）　育児期（1979年前後）　通園期（1980～81年）

た。

**子供誕生期　1974～78年（昭和49～53年）頃**

家族が急に増えた時期で、常に乳児が1人いる状態。北側の部屋は事務所に使用し、南側の広い室で妻と子が1日中過ごす。夜は四畳半の和室で子供たちを間に挟んで寝る。当初は非常勤だったので、大学に居場所がなく、週1、2度の頻度で卒論などのゼミを食卓を使って行っていた。そういう場合の妻の避難場所もまた和室だった。南側の部屋には食器棚と本棚を配置し食卓ゾーンとベビーベッド・ゾーンに分けて使用していたが、後者は乳幼児の午睡や不意の客に対する裏方の空間として使用した。

私や妻の両親が時々泊まりにやってきたが、その場合は和室を開放し、我々は南の部屋で寝た。私の父が仕事で上京することも多かったが、その場合は父と私が和室で、妻と子供たちは南の部屋で寝た。

**育児期　1979年（昭和54年）前後**

次男が歩き始めてまもなくの頃。子供たちが活発に動き回るので目が離せない。長女は保育園に通う。家の中だけでは運動不足になるので、暇をみつけては近くの公園などに通う。畳の上での親子5人の就寝は子供たちの活発な寝返りにより、やがて困難をきたす。そこで一回り小さなパイプの2段ベッドを購入し、子供が和室の一部と感じられるような場所にこれを設置し、上に長女、下に長男を寝かせる。このあたりは日中、子供たちの拠点になる。居間にベンチ状のソファーを置き整えるが、この空間の実際の使われ方はプレイルームに等しかった。

### 通園期　1980〜81年（昭和55〜56年）

長女が幼稚園に通い、長男と次男はリュックを背負い、公園を渡り歩いて活発に遊ぶ自主保育の会に参加する。長女は隣近所の2歳上の友達の場合と比較し、子供室のないことを盛んに訴える。子供の圧力に負けて事務所を渋谷に移すことにし、これまでベッドを置いてあった位置にかろうじて書斎らしきものを確保する。この書斎コーナーはしばらく使ったが、やがて物置に変化していく。書斎机の代わりを果たしたのは食卓であり、誰もいなくなった食卓で仕事をする習慣はワープロの登場まで続く。居間は相変わらずプレイルームを兼ねるが、長女のピアノ練習は新たに居間の生活の一部となる。

# 3寝室型のマンション（現代12）

畑　聰一

●
・１９８１年（昭和56年）建築
・大手ゼネコンの設計施工
・東京都品川区
・分譲マンション
・住戸面積　23・３坪

## 都心型マンションの近隣生活

この住宅には１９８１年から８７年まで（昭和56年から62年まで）丸６年居住しました。都心型マンションのため入居層は多様でしたが、我々の年齢、収入は概ね平均的でした。この北品川５丁目、通称小関地区は品川神社の氏子であり、昔から住んでいるお年寄りも多く、外へ一歩出ると何となく下町の風情がありました。初めての祭りの時など、町内会の所有するハッピを子供たちが着せてもらい親子ともども大変感激した記憶があります。

このような近隣に対する新鮮な感触と、ちょうど子育てに多忙な時期でもあったことなどが重なって、われわれは自然に地域社会活動の一端を担うようになっていました。子供が次々と小学校に入学し３人目がお世話になる頃には、妻も心の準備ができ、推されてＰＴＡ執行部役員になり、私も翌年からマンション管理組合（２８６戸）の副理事長を務めました。

## 間取りと生活

住居は15階建ての最上階、向きは西に少し振れていましたが、そのため子供が学校から帰る頃には日差しが室内に深く延びていて、間口のハンディを感じませんでした。間取り

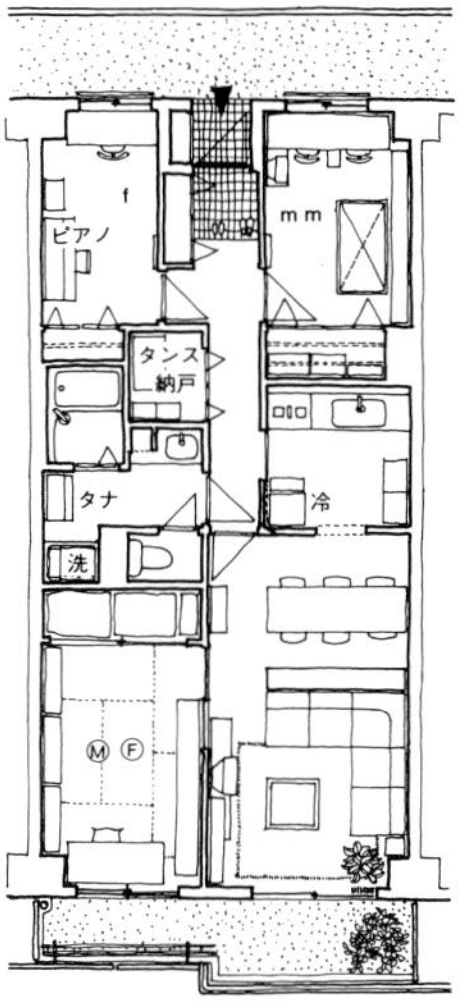


●図2-3-25　3寝室型のマンション／1981〜1987年

は南側に公室と和室を、北側に狭いながらも2室を確保したもので、その中間の水廻りがどの室からも近いというのもとても便利でした。ただ、このあまりの便利さに6年間も慣らされた功罪は大きいとつくづく考えています。

設計はとても親切で、いわゆる、かゆいところに手が届くとでも言うのでしょうか、特に水廻りの使い勝手は抜群でした。中でも、洗面・脱衣室における洗濯機置き場の位置、台所の動線と広さはとても気に入っていました。また、狭いながらも納戸が設けられている点、90センチ奥行きの押し入れに前後2本のパイプを通して2列の洋服箪笥としていた点なども気に入っていました。

6年間の住み方は基本的に変わっていません。ここへ住み替えたときに資金的に若干の余裕ができたので、これまで使っていた家具の半分を棄て、新しいシステム家具に変えました。初めてソファーなるものも購入しました。これは日常はソファーとして使い、来客時には2台のベッドになるように想定したものです。

今から思うと、入居時点でこの間取りのコンセプトをそれなりに受け入れていたのだと思います。いわば、設計者の呪文にまんまと引っ掛かって、設計者の思惑通りに住み始めたわけです。設計者の思惑とは、相手の生活構わず型に塡め込もうとするもので、われわれも住み方を変えることなく6年間過ごすことになったのです。

しかし、このような、夫婦は南に子は北にという想定は、幼稚園児や小学生をもつ家庭の生活にはなかなか馴染まないものでした。たまにおねしょをする子供たちを設計者の図式通りに配置して生活する不便は折に触れて感じていました。何かある度に子供たちは大挙して押し寄せ布団のなかに潜り込んできました。

　また、日中は子供たちが友人を大勢連れて台風のようにやってくることが多く、そのような場合は例外なく広くて明るい居間を占拠しましたが、そうした使い方など全く予想外のものでした。大切なシステム家具の上に乗ってソファーの上に飛び降りる遊びは格別だったようです。親がいないときなど、何をしていたかわかりません。子供3人はよく野球やバレーボールの真似ごとをやっていました。場所は居間と廊下の2ヵ所です。

　わが家に泊まりにくる客といえば、妻の両親、私の母が主で、他に私の友人がたまに来るくらいでした。親は孫と一緒に過ごすのが目的ですし、見栄を張っても仕方がないので、その都度対応していましたが、私の友人となるとそうともいかなかったようです。夫婦2人とも来客を住居に受け入れることは自然におこなっていましたが、泊めるとなるとこのスペースではややこしくなります。入居当初の何度かは、来客を和室に通してわれわれが居間のソファーへ移動していましたが、こんな所に来てまで来客はプライバシーを期待していない。被害者はわれわれだと分かり、そのうちに来客をソファーに泊めるようになりました。さらに長女が高学年になると長女を隣に移動させ、来客を長女の室に泊めるようにしました。

　かくして、間取りの特長を認めながらも、生活上の不便を感ずることが少なくありませんでした。

●
・1977年（昭和52年）建設
・名古屋市昭和区山里町
・片廊下型11階建分譲マンション
・住戸面積　3DK　61・2㎡、3LDK　71・6㎡
・居住期間　1978年～1999年

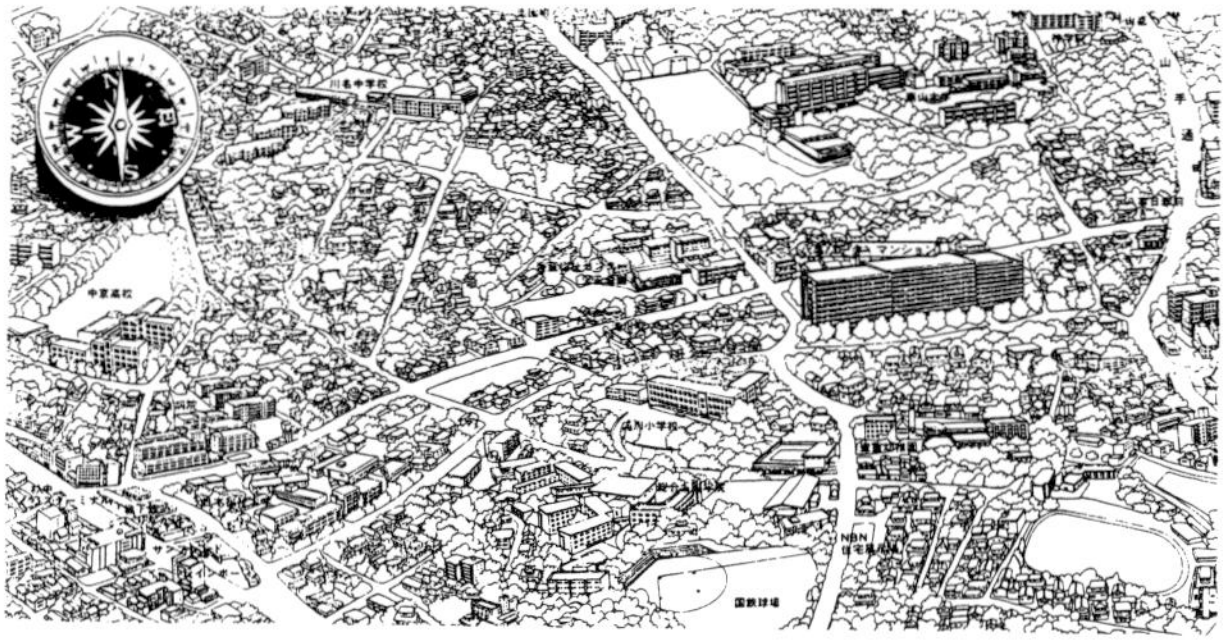

●図2－3－25　周辺の絵が描かれた転居の挨拶状

民間マンション

# 3LDKマンションの改造（現代13）

笠嶋　泰

## 名古屋での3DK住まいへ

### ・トラバーユを決意

1978年（昭和53年）4月、別にトレンディな生活を求めた訳ではないが、ダブルインカムの生活も持続が困難となり、夫婦ともトラバーユを決意することとなる。妻の実家のある名古屋に移ることとする。経済的に困った訳ではない。子供が誕生しても、保育ママ（私設の託児所の保母さんを横浜ではそう呼んでいた）の協力や勤めていた建築の設計事務所の理解（産後、妻の勤務時間を午後4時までとしてくれた）等で、最初の2年ぐらいはどうにかこうにかやっていた。しかし、そのうち妻の体調が勝れなくなると同時に、私の仕事にも影響が出だしたのである。藤沢にある私の実家に転がり込むことも検討したが、最終的には名古屋にある妻の実家に頼ることとした。私が次男であり、妻も自分の親の方が何かと頼みやすいであろうと考えたからである。

その時勤めていた設計事務所の仕事が最後まで忙しく、家捜しもままならない。名古屋の両親が仕事の都合で週に何回か使うために購入したマンションの中に売れ残っている物件があるとの情報を両親から得、確かめることもせず3DKのマンションを購入した。

そのマンションは1977年（昭和52年）建設の11階建てで、戸数220戸、3DK（約

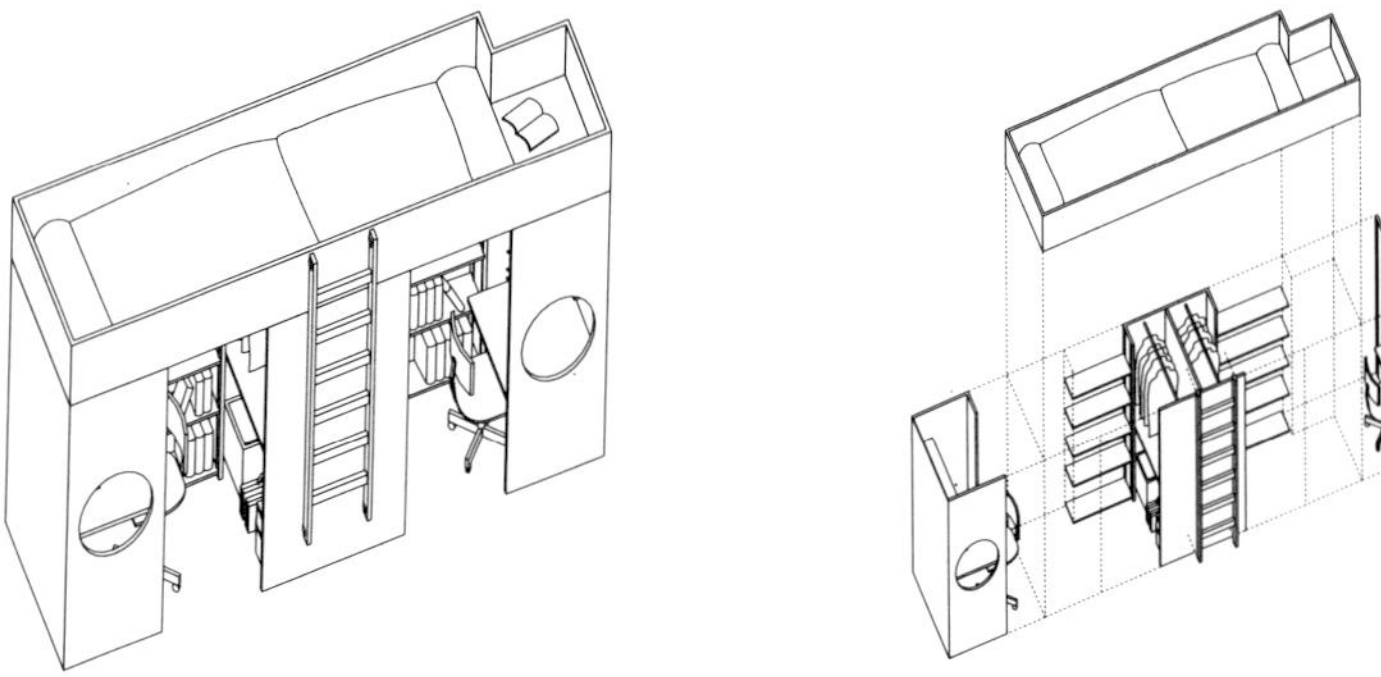

●図2-3-26　長男用のベッドと2つの机のある家具（設計／笠嶋淑恵）

60㎡）と3LDK（約70㎡）とが約半分づつであった。購入したのは、勿論安い方の3DKである。歩いて8分ぐらいの所にある地下鉄の駅は、名古屋の業務街の中心地である伏見から地下鉄で15分程度のところにある。向い側にはスーパーマーケット1店と飲食店が数店、裏側には戸建て住宅地が拡がり、その先にはポックリ寺で有名な八事興正寺の緑が続く。周辺にはアントニン レーモンド設計の南山大学他三つの大学があり、前面道路からの騒音を除くと、利便性、緑、文教性とも申し分ないところであった。（図2―3―25）

マンション全体は、雁行しているところで三つに分かれ、それぞれABC棟と呼ばれた。我々が入居したのはC棟であり、妻の両親の家は同じ2階のB棟内にあった。

・3DKでの暮らし

当時の家族構成は、私が30歳、妻28歳、長男2歳であった。設計屋らしからぬ行動で買ってしまった住戸の間取りは、フロンテージセーブ型の、いわゆる南面2室行燈DK型のものであった。

入居当初の住み方は、妻と長男が南側和室で、ソファセットは南側洋室に置き、この部屋を中央部のDKと連続した居間とした。私は結婚時に購入した二つのベッドのマット部分を北側洋室に持ち込みそこで就寝、当初、前の廊下を誰かが通ると目が覚めてしまうこともあったが1・2カ月経つとそれにもなれ、この住み方は長男が小学校に通い始めるまで続いた。

2人目の子供の誕生も控え、かつ長男が小学校に入学する時期を迎えた3月、部屋割りを変えた。居間として使用していた南側洋室に、中2階にベッドがありその下に二つの机と二つの本棚のある家具を設置（図2―3―26）、ソファは北側洋室に移動した。この移動

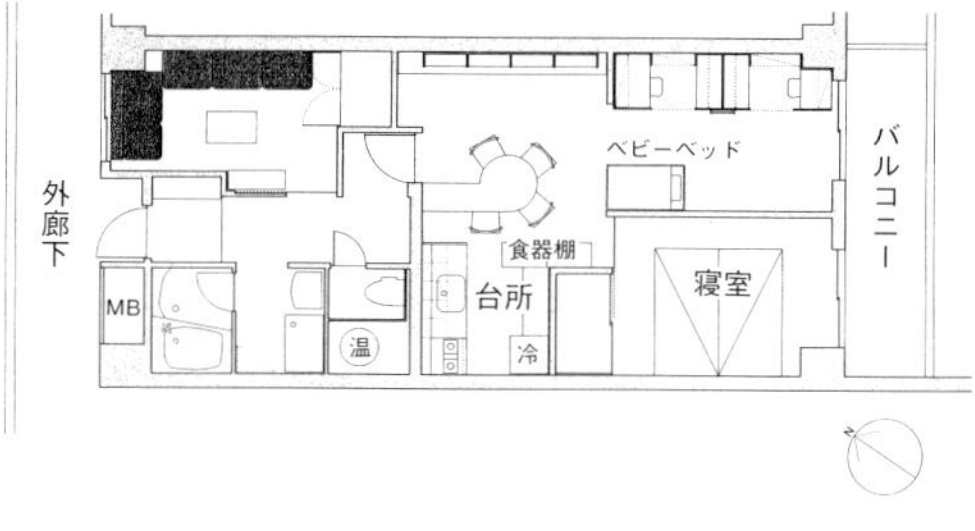


●図２−３−27　長女が誕生したころの住み方

に伴い私は妻と共に南側和室で就寝し、中央部のＤＫは食事室兼居間、南側洋室は長男の部屋兼居間として使った。なお、ソファを持ち込んだ北側洋室は居間にも接客用の部屋としても殆ど使われなかった。（図２−３−27）

　やがて二人目の子供が生まれ、予定していた通り、夫婦の就寝する南側和室にベビーベッドを入れ就寝させるが、夜泣きに耐えきれず、１年も経たない内に長男のいる隣の南側洋室で就寝させることになる。子供を比較的早く就寝分離させたように思われようが、その様な意識はなかった。南側の２室とＤＫとは一体の空間であり、子供が同じ部屋で寝ていると少しのことで起こされてしまうからこうしたのである。

## 同じマンションの３ＬＤＫ住まいへ

・転居理由

　３ＤＫ住まいのあまりの雑然さやＤＫの薄暗さからの脱出と言えば聞こえが良いが、生活の侘しさから脱出しようとしたと言った方が真実に近い。たまたま同じマンションの妻側住戸が空いたので、そちらの３ＬＤＫに転居した。

・３ＬＤＫでの暮らし

　転居した時の家族構成は、私36歳、妻34歳、長男８歳、長女２歳であった。夫婦は北側の六畳＋αの部屋で、子供２人は南側の六畳＋αの和室で就寝。夫婦はベッド、子供達は布団を使用。これまでは、夜でも子供達の気配を感じられる距離にそれぞれの寝室を確保することを考えてきたが、初めて親子が異なるゾーンで就寝したことになる。南側の洋間には長男用と家事用の机、本箱が置かれ、雨の日はこの部屋の空きスペースが洗濯干し場

●図2－3－28　3LDKでの当初の住まい方

となる。又、長女の遊び道具を置いておく部屋でもある。南側和室で寝る子供達の布団は毎日親が片付ける。この布団を片付けると、この部屋は何もない和室となる。

LDKはワンルーム形式であるが、食器棚でDL・Kの使い方をした。汚いところを見せたくないためである。居間に初めてソファセットが置かれたが、TVは食卓から見やすい位置に置かれ、公室の中心は生活的にも空間的にも食卓であった。お客さんは、同じマンションに週3日程住む妻方の両親を除けば、殆どなし。記憶に残るのは、長女が通う保育園の保母さんが訪れた時だけである。(図2－3－28)

ところで、妻側住戸に移った為、LDKはそれまでの薄ぐらいDKから明るいLDKへと変貌し、南側の2室をLDKへの光確保のために開けて置く必要がなくなった。だからと言って、二つの部屋を独立させて使用したかと言うと、全く逆である。子供達が就寝している南側和室の3枚引きの襖は、就寝時閉められるだけで、他の時間は殆ど開け放たれていた。むしろ、昼間はLの一部として機能していた。洋室の襖も同じようなものであった。夏ばかりでなく冬でさえ、LDKと南側の二つの部屋は一体的な空間として使われた。おそらく、当時それぞれの部屋を何かのコーナーとして位置づける必要はあっても、部屋として独立させる必要はなかったためと思われる。

### リフォーム

・改装理由

長男も中学生になり、独立した部屋が欲しくなるであろうと考え、住居の南側部分を改装することになった。中学生になったから独立室を与えるということではなく、受験期で

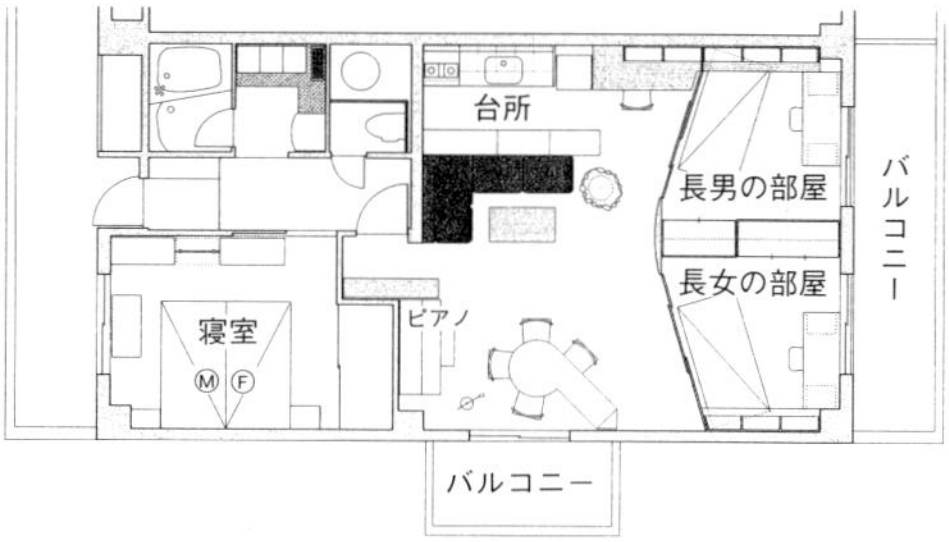

●図2－3－29 改装後の間取りとＬＤＫの様子（設計／笠嶋淑恵）

の改装は長男が不便であろうと考え、この時期に改装したのである。ところで、当時の南側の2室をそのまま子供室にしてしまえば、それで済むことであった。しかし、この2室には規模、仕上げ等の差があったこと、これを子供室としてしまうとＬＤＫが狭くなり過ぎること、二つの部屋とも子供室としては大き過ぎると考えたことなどが、そのまま子供室としなかった理由である。

なお、改装の設計上の意図は、改装は最小限とし、できるだけ費用を切り詰めること、子供が出て行ってしまった後広いＬＤＫを簡単に確保できるようにすること、実際より広くみえる工夫をすること等であった。このような意図のもとに、収納は全て家具工事で行われ、一部に曲線の壁が採用された。改装後、子供達にも、ここを訪れる人々にもこの家は好評である。

・改装後の暮らし

改装後の住み方は、南側の二つの部屋を2人の子供それぞれの部屋として、ＬＤＫは前と同じＬＤ・Ｋの構成で、北側和室も夫婦寝室として使用した。当時の年齢は私が40歳、妻38歳、長男12歳、長女6歳であった。奥に位置する長男の部屋は、その性格からいつも整頓されている。これに対し居間のソファやＴＶがすぐ側にある長女の部屋は、本棚が少ないこと、雨の日の洗濯干し場とされること、洗濯ものの一時置き場とされること、さらに本人の性格も手伝ってか、いつもゴチャゴチャの様相を呈していた。又、ＬＤＫに置かれたソファは、家族の他、改装前と比べ多くなった来客が使用した。（図2－3－29・30）

ところで、子供室の建具は板戸と障子の2重式とされ、改装前より遮断性が高められた。見た感じも、ＬＤＫと2つの子供室とはしっかり区切られているような印象を与える。

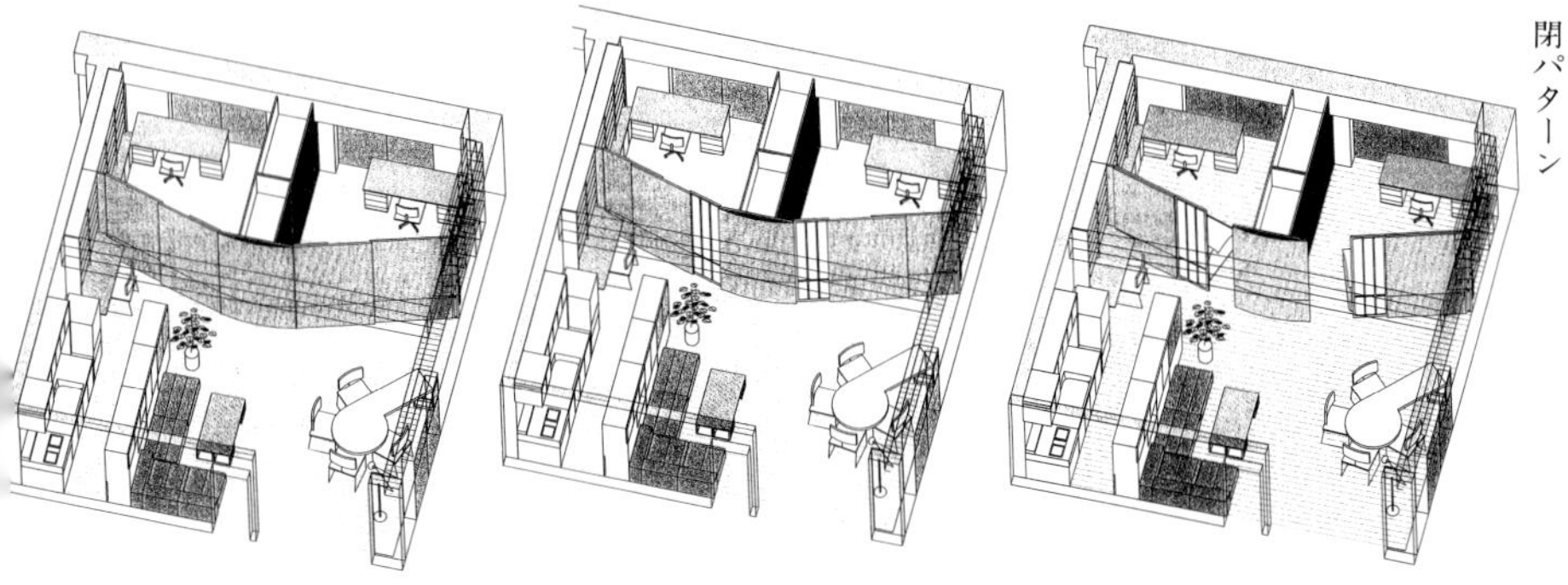

●図2－3－30　子供部屋の障子の開閉パターン

しかし長女の部屋は、バルコニーに至る動線上に、又洗濯物の一時置き場ともなっており、冬の就寝時を除いて、戸は殆ど開けっ放しである。長女も自分の机に向いながら母親を呼んだり、又逆の関係がみられたり、それぞれの部屋を分離する必要性は親子双方ともになさそうであった。長男の部屋も、勉強時（勉強時でも開けっ放しの時がある）と冬の就寝時を除くと、夏冬関わりなく開けっ放しである。当時、わが家には役立たずのクーラーとＦＦ式の暖房器がＬの壁に備え付けられており、ＬＤＫと南側の2室の暖房はこの暖房器で全て賄われていた。即ち、戸を開けておかないと夏は涼しくないし、冬も暖かくならないことになっていたが、これに対して子供達から文句が出ることはなかった。長男の部屋の戸が閉められることは以前より少し多くなったが、ＬＤＫと子供室との一体感は存続していた（図2－3－30）。

・受験期の暮らし

名古屋では1戸建ての住宅に住めないような男は甲斐性なしと考えている人が今でも多い。ダブルインカムのまま名古屋での生活も早21年になるが、今もってマンション暮らしである。夫婦とも相変わらず忙しく、庭の手入れなどもっての外などと妙な理屈を言いながらマンションライフを楽しんでいる。しかし一時期、現在の3ＬＤＫでも窮屈であると感じることがあった。長男の高校受験を控え、暮しぶりを少し変えたからである。親はもとより長女もＴＶを見る時間を少なくし、その上ＴＶを見る時は音量を小さくすることになった。画面に出る音量を示す数字が何を示すのか知らないが、10～13ぐらいにした。即ち、部屋割りを変更するのではなく生活を我慢することで、家族は受験期に対応したのである。妻と長女は、南側の長男の部屋のまわりを静かにしておく為とか言って、早く寝てしまう生活となった。どうしても生活時間が皆とズレてしまう私は、帰宅後一人で静かに食事し、静かに後かたづけし、本当に小さな音で、しかもCMの音量はさらに小さくしながらニュースステーションを見る生活を強いられた。

それから大分の時が過ぎ、既に長男は東京の大学に進学し、長女は高校生になっている。現在までに3回の受験期を迎えたことになるが、その度に同じような暮らしぶりをしてきた。帰宅後の居間にくつろげる雰囲気はなく、少々疲れはしたが、これで良かったと今でも思っている。

### 持続される公私一体型の住み方

わが家の職業は、夫が大学教員であり、妻が建築家である。どちらかというと近隣の人々や友達と交わるより、個人生活を大切にする人種に分類されようし、事実本人たちの嗜好もそうである。それにも拘わらずその住居内での住み方は、家族のそれぞれに専用の部屋を与えてはいるが、空間的には公私一体型の住み方をしている（現在、南の2室は妻と長女の、北の部屋は私の部屋として使用）。各自のプライバシーを尊重していない比較的保守的なものであるとの指摘を受けそうである。

今年の7月、長女が1年間の米国留学から帰ってきた。米国の二つの家でホームスティを体験しての帰国である。帰国後、わが家の公私一体型の住み方に不満を言い出すのではないかと思っていたが、現在のところその様子はない。自分の部屋の障子を閉めるのは着替えする時だけであり、読書や勉強をする時もその障子は開けられたままである。

現代住宅では、子供の自立性や個性を伸ばすために、個室は居間ゾーンから離されるのが一般的である。わが家の住まいのように各室が空間的につながっている間取りは、古い間取りであり、子供の自立心や個性を伸ばさない間取りであると言われかねない。しかし、そのような家に長く住み、その後東京の芸術系の大学に進んだ息子も、米国帰りの娘も、それぞれ個性的であり自立心に富んだ子供であるように思えるのは、親だからであろうか。

## 近隣とのつきあい

私が子供の頃、私は勿論のこと、兄や姉たちも近所に多くの友達がいた。学校が終わった後夕食時まで、友達と一緒に過ごすことが常であった。両親も近所の人々と様々なつきあいを行っていた。親たちは、それらの家の子供たちの名前を全て知っていた。

現在の私たちはこれとは全く違う近隣づきあいをしている。子供たちの友達は、マンション内の同年輩の子供たちではなく、マンションのそばにある保育園や学校の同級生だけに限定されていた。親たちの付き合いも、その保育園関係者と生協から共同購入をしているグループの人々との付き合い程度である。

住み替え

# 居住歴と住み方の型（現代14）

戸部　栄一

## 住み替えた住居の概要と住み方

私は、１９７５年（昭和50年）に結婚して以来、４軒の家に住んだ。東京都内のアパートに始まり、郊外の都営のアパート、八戸へ移ってからの教員宿舎、そして現在の一戸建てである。この住み替えは、住居規模の拡大過程であり、室数の増加過程である。その間取りは居間中心型という共通性はあるが、最後の例を除いて自分の選択したものではないため、同じ住み方を予定させるものではなかったといってよい。しかし、あらためて住み替えた住居を並べてみると、間取りの違いにもかかわらず同じような住み方をしようという姿勢がたえず働いていたことを感じさせる。住居は変わっても生活は変わらない、あるいは変えたくないというのが私の住み方だといえよう。

もう少し具体的にいえば、①食事空間の独立・専用化、②仕事空間の物置機能をかねた専用化、③家族の共同行為、空間の非属人化、④居間・共有空間の重視、⑤家具の継続、などをあげることができる。

①はいわゆる食寝分離論にみられる住要求と同じであり、食事空間は、専用空間として当初から他の空間からは分離されていた。これは、汚れ、後片付け、食器の安全などの問題からであると思われる。

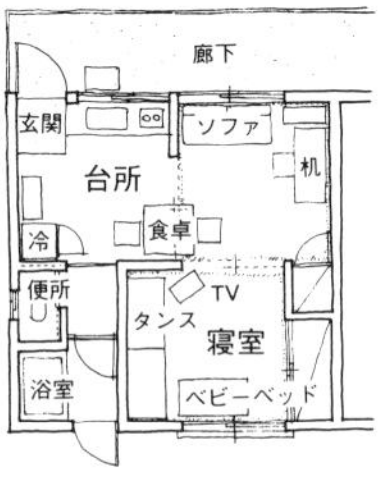


●図2—3—31　池袋のアパート

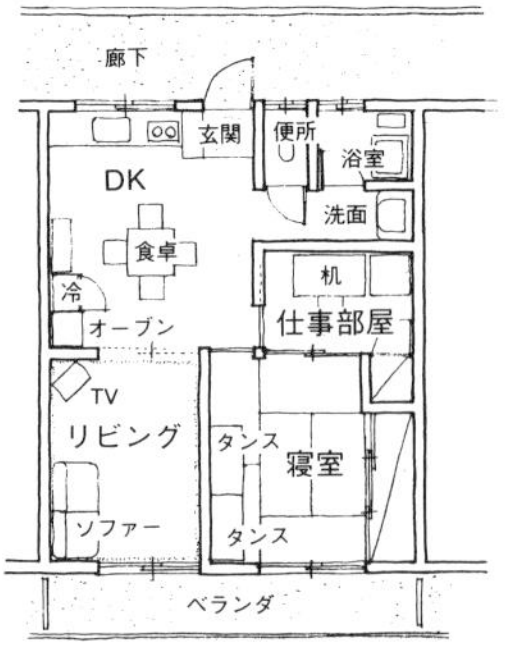


●図2—3—32　小平のアパート

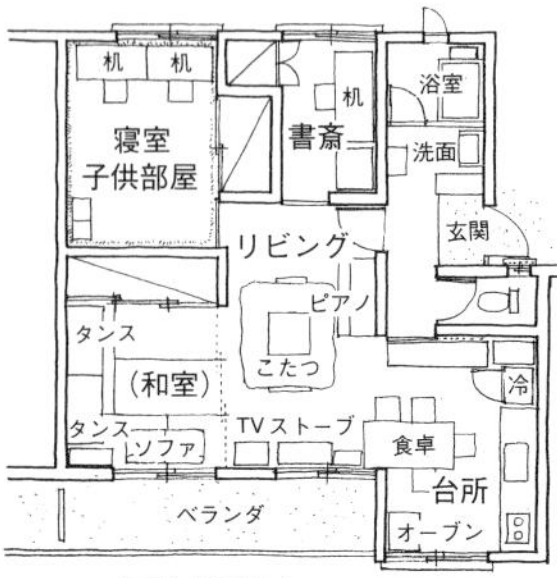


＊（和室）は呼称なし

●図2—3—33　八戸の教員宿舎

| | 住居概要 | | | | | | 居住期間 | 家族構成 | 住み方 | | | | | | |
|---|---|---|---|---|---|---|---|---|---|---|---|---|---|---|---|
| | 所在地 | 建設年 | 住居形式 | 構造 | 所有形式 | 延床面積 | | | 就寝 | 食事 | だんらん | 接客 | 仕事・勉強 | 遊び | その他の特徴 |
| 池袋のアパート | 東京都豊島区西池袋2-15 | 1965年頃 | 共同住宅（2階建て・10戸、その2階一番奥 | 木造 | 借家（民営） | 29・7㎡ | 1975年～1979年 | （1978年）M（本人）29歳、F（妻）27歳、f（長女）2歳、f（次女）1歳 | 寝室に全員 | 台所で | 食卓テーブルか寝室で、テレビとの関係もあって寝室の方が多かったと思う | 客が来ると食卓テーブル、または勉強机を台所とナシの中間において、そこでもてなす | 主人の勉強（仕事）は勉強机で、ここは荷物置場を兼ねている | 2人の幼児の遊びはもっぱら寝室で | 3室の建具なし |
| 小平のアパート | 東京都小平市水南町 | 1979年 | 共同住宅（3階建て・30戸位、片廊下式、その1階） | RC造 | 借家（公営） | 49・1㎡ | 1979年 | （1979年）M（本人）30歳、F（妻）28歳、f（長女）3歳、f（次女）2歳 | 寝室に全員 | DKで | リビングで | 接客はもっぱらリビングで行った。妻の親しい客はDKでも行った | 主人の勉強（仕事）は勉強部屋で、ここは主人と妻の荷物置場を兼ねる | 2人の幼児の遊びはリビングと寝室の両方、ベランダも使う | DKとリビングの間のふすまなし |
| 八戸の教員宿舎 | 青森県八戸新井田宇野場 | 1971年 | 共同住宅（3階建て・12戸、階段室型、その3階） | RC造 | 社宅 | 59・8㎡ | 1980年～1985年 | （1984年）M（本人）35歳、F（妻）33歳、f（長女）8歳、f（次女）7歳 | 寝室に妻、子ども2人、（和室）に主人 | 台所で | リビングで。冬はこたつ、夏はソファを出す | 主人の仕事は書斎で、ここは主人と妻の物置を兼ねる。子ども は寝室に机を並べている。勉強はリビング・食卓ですることが多い | 子どものあそびはリビング、（和室）、寝室で | 子どものあそびはリビング、（和室）、寝室で | DKとリビングと（和室）の間の建具なし |
| 八戸の持ち家 | 青森県八戸新井田字朴木沢 | 1985年 | 一戸建て | 木造 | 持家 | 145㎡ | 1985年～ | （1988年）M（本人）39歳、F（妻）37歳、f（長女）12歳、f（次女）11歳 | 寝室に全員（子どもも時に使う） | 食堂で。夕食などくつろいで食べたいときは居間で食べる | 居間で | 接客はもっぱら居間で行う。食事を出す時も居間で食べる。子どもに聞かれたくない話の時は客間に通す。泊り客は客間に泊める | 主人の仕事は書斎で、子どもの勉強は子ども室で、ただし、居間で仕事や勉強をすることはかなりある。妻の家計簿付け等も居間でなされる。書斎や家事机は物置的な性格が強い | 居間と子ども室の両方。友達を連れて来た時は必ず子ども室へ | 1階はワンルーム |

同じく早い時期から他の空間から独立していたのは仕事空間である。これは私の職業上の必要があってのことであり、当初は仕事机という形態であった。小平と八戸のアパートは、ほかに使いようがない三畳の部屋があったためにたまたまそこが書斎となったという

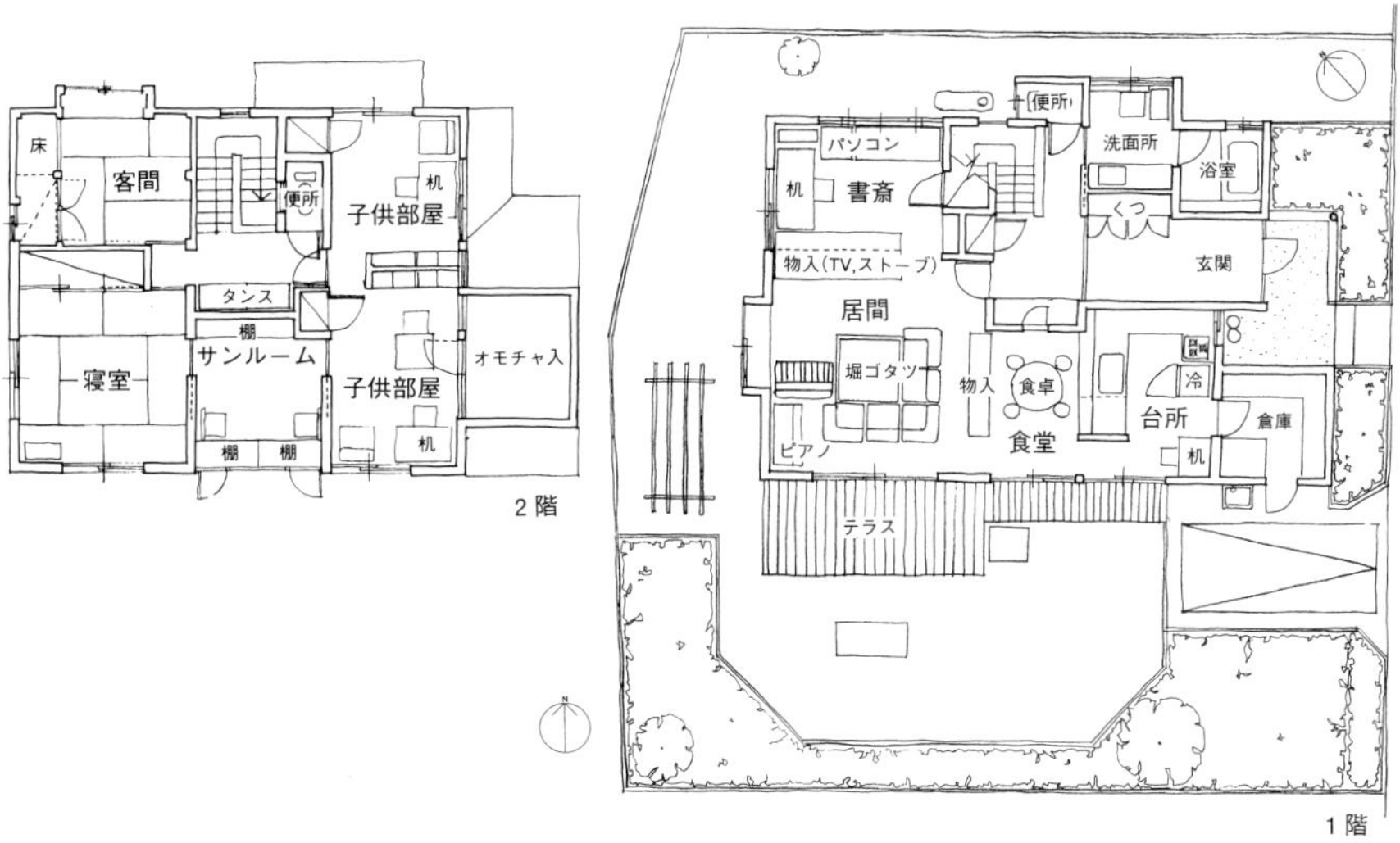


●図2－3－34　八戸の持家

側面もあるが、その後はつねに専用空間を要求してきた。この空間は臨時の物置としての機能も果たしてきた。共有空間・居間などは汚れやすく、各自の所有物が散乱しがちである。この時に必要なのが臨時の物置である。部屋の掃除が終わった時にはきまって私の机・書斎には家族・子供の衣服、所有物が山積みされる。それを女房がかたづけ、子供が自分の部屋へもっていきかたづけが終了するのである。私の仕事机・書斎はこのような重要な機能を果たしていた。

③は、子供が年少なためもあって、家族のプライバシーはほとんどなく、家族は多くの行為を共同でするという点をさしている。誰かの専用室というものは、最後の住居以外にはなかった。最後の住居でも、書斎、寝室は全員の共有空間であり、子供室は実際には子供の遊び部屋、子供の客（友達）がきたときの接待・遊び空間に過ぎない。さらに、この結果、家族の共有空間、居間での生活が重視された。ここは家族のだんらんのための空間であるとともに、家族それぞれの個人的な行為を勝手に行う場でもあった。我が家ではそうした「空間を共にするだけのだんらん」が重視されてきた。これも住宅規模にかかわらない共通性であった。

もう一つ、これは以上の点とやや異なるレベルであるが、こわれない限り家具を捨てたことはないという共通性がある。いったん所有した家具を生かしながら、また買い足しながら生活してきたのである。特に家具が増加したのは結婚当初の池袋のアパートである。わずか30m²のアパートに箪笥からソファ、ベビーベッド、仕事机を入れた生活はうまく住みこなす工夫を要求した。これが

●図2－8－35　八戸の持家の外観と内部の様子

次に述べるような空間利用の原点になっているのかもしれない。また、大きな家具を収めるための空間的な工夫もいろいろなされた。これはとくに現在の住居を考える際の参考となった。たとえば、八戸に行ってから購入したピアノ――大きな場所を占めるために最も面積の大きいリビングにおいていた――をどこに置くか、またずいぶんと面積を食っていた箪笥をどこに置くか等は現在の住居の間取りを考える際の重要な問題であった。

### 間取りの変遷と住み方の工夫

住み替えた三つのアパートを住みこなすために、我が家では、ほとんどの間仕切りをはずして一つの空間とし、それを必要に応じて区切って生活するというスタイルをとってきた。建設者が想定していた部屋の区分と利用区分は常に一致していなかった。この空間分割は、家具によるゾーニングや、また時々の必要に応じて可変的に対応されてきた。その典型ともいえるのが結婚当初の池袋のアパートである。ここでは、部屋が狭すぎるために、居間というよりは可変領域ともいえるスペースを用意し、食事にも、だんらんにも、接客あるいは家事・仕事にも使ってきた。核となるスペース――台所、勉強机、居間――は同時にそれぞれの生活のための物置・出撃基地であり、これが居間・共有空間に進出・撤退しながら生活を組み立ててきたのである。この住み方は、それ以降の住居でも継続されている。見方によっては、結婚当初にこのような住み方をしたため、以後の生活が規制され、それを住み方の継続性（居住暦による住み方の規定性）といっているにすぎないのかもしれない。しかし、ともかくも我が家は、与えられた間取りの枠を超えて同じような住み方を志向し、そのための工夫をしてきたといえるであろう。

# あとがき

本書は、我々の住居研究の仲間であるハウジング スタディ グループの共同作業であり、そのもとになったのは、かつて住宅総合研究財団の助成を得て行った2編の研究報告である＊。（＊『「型」の崩壊と生成－体験記述にもとづく日本住居現代史と住居論－』１９９０年、『現代型住居の解釈－続・体験記述にもとづく日本住居現代史と住居論－』１９９２年）

体験を記述するということは、住居およびその生活をありありと示すことになり、いわゆる調査では得られない深い内容を表すことが出来ることは「まえがき」にも述べたが、しかしそれなりの制約もある。それは、記述者個人の枠からはどうしても逃れられないこと、従って対象を自由に選ぶ訳には行かず限定されることである。本書の記述は、そのほとんどが我々研究グループのメンバーのものであるから、いわば成長の後に大学教員ないしは研究職に就いた者ばかりの例である。この研究の進展により既に学生たちの体験も多数収集され、その一部は前記報告書には含まれているが、やはり観察の深さや記述の点などから、また本書の紙数の関係もあって、残念ながら割愛せざるをえなかった。その意味から見れば、本書は広く事例を集めたとは言え、かなり偏った層のもの、いわばまっとうな生活を行う健全な優等生家庭の事例に限られてしまったということは否めない。しかしまたそれだけに、生活の内面までに亙るかなり突っ込んだ考察も行われていると言ってよかろう。

もう一つの偏りは、本書のもとになった研究報告書は１９９０年・９２年のものであり、その書かれた生活体験は概ね１９４０年代から80年代あたりまでのものである。これは確かに第二次大戦前から戦後の凡そ40年間で、日本の住居が激しく変化した時期であり、それ自体、伝統から脱皮して近代化の過程を歩み、そして現代の商品化された住居に至る、極めて変化に富んだ時期の記録ではある。しかし更にその後の80年代・90年代の、家族構成の多様化、単身居住の増加、高齢化、住居そのものの性格の変化、あるいは複数世帯のグループ居住といった、現代社会に現れたさまざまな新しい問題についてはほとんど触れられてない。これらはいずれ改めて取り上げるに相応しい問題であろう。

なお、体験記述は、住居に限らず他の種類の建築計画にも極めて有効な方法であると思われる。筆者は手術による入院体験や、阪神淡路大震災の際の学生たちの体験記述をまとめてレポートしたが、これは貴重な記録として評価された。しかし一方では、研究の客観性という点からの批判をする人々も無いわけではない。主観的観察を大事にした体験記述を研究の中でどう位置づけるかは、今後の興味ある課題である。

本書を読まれて興味を持たれた読者があれば、積極的に自らの住まいの体験を記述してみることをお勧めしたい。ただ漠然と回想していたときと比べ、驚くほど鮮明な記憶が次々と蘇り、間取りもかなり確実に再現できるものであることは、記述者全員が実感したところであり、これがたいへん愉しい作業となって面白い記述を生むことになろう。

本書の出版にあたっては、この建築ライブラリーのシリーズに加えることをお勧め下さった建築思潮研究所の立松久昌氏、編集の労に当たられた福島勲氏に深い感謝を捧げる次第である。

２００１年９月　鈴木　成文

**●各章分担執筆者一覧**

第Ⅰ篇
鈴木成文（執筆者代表・著者欄参照）

第Ⅱ篇
・伝統1・現代4・現代8
曽根陽子（そね・ようこ）
1941年福島生まれ。1964年日本女子大学家政学部生活芸術科卒業。1971年大阪大学大学院修士課程修了。
現在：日本大学教授
専攻：建築計画学・住居学

・伝統2
菊地成朋（きくち・しげとも）
1955年岩手生まれ。1980年東京大学工学部建築学科卒業。1987年東京大学大学院博士課程修了。
現在：九州大学教授
専攻：建築計画学・住居学

・伝統3
黒野弘靖（くろの・ひろやす）
1961年名古屋生まれ。1984年東京大学工学部建築学科卒業。1990年東京大学大学院博士課程修了。
現在：新潟大学助教授
専攻：建築計画学

・伝統4・　現代11・現代12
畑聰一（はた・そういち）
1943年金沢生まれ。1966年芝浦工業大学建築学科卒業。1973年早稲田大学大学院博士課程修了。
現在：芝浦工業大学教授
専攻：建築計画学・比較住居論

・伝統5
小林秀樹（こばやし・ひでき）
1954年新潟生まれ。1977年東京大学工学部建築学科卒業。1985年東京大学大学院博士課程修了。
現在：国土技術政策総合研究所室長
専攻：建築計画学・住宅問題

・近代化1
長澤　悟（ながさわ・さとる）
1948年神奈川生まれ。1973年東京大学工学部建築学科卒業。1978年東京大学大学院博士課程修了。
現在：東洋大学教授
専攻：建築計画学・居住環境、学校建築

・近代化2
鈴木成文（執筆者代表・著者欄参照）

・近代化3
在塚礼子（ありづか・れいこ）
1948年東京生まれ。1970年日本女子大学家政学部住居学科卒業。1977年東京大学大学院博士課程修了。
現在：埼玉大学教授
専攻：建築計画学・住居学

・近代化4・現代13
笠嶋　泰（かさじま・やすし）
1948年藤沢生まれ。1972年千葉大学工学部建築学科卒業。1974年千葉大学大学院修士課程修了。
現在：大同工業大学教授
専攻：建築計画学

・近代化5・現代1・現代10
小柳津醇一（おやいづ・じゅんいち）
1941年東京生まれ。1964年芝浦工業大学建築学科卒業。
現在：芝浦工業大学教授
専攻：建築計画学

・近代化6・現代9
初見学（はつみ・まなぶ）
1948年山口生まれ。1971年東京大学工学部建築学科卒業。1973年東京大学大学院修士課程修了。
現在：東京理科大学教授
専攻：建築計画学・住居学

・現代2
友田博通（ともだ・ひろみち）
1949年東京生まれ。1972年東京大学工学部建築学科卒業。1981年東京大学大学院博士課程修了。
現在：昭和女子大学教授
専攻：建築計画学・住居学

・現代3
井上えり子（いのうえ・えりこ）
1962年鹿児島生まれ。1986年東京理科大学理工学部建築学科卒業。1988年東京理科大学大学院修士課程修了。
現在：京都女子大学講師
専攻：建築計画学・住居学

・現代5
三井健次（みつい・けんじ）
1964年富山生まれ。1987年東京大学工学部建築学科卒業。1989年東京大学大学院修士課程修了。1997年マサチューセッツ工科大学大学院都市政策・計画修士課程修了
現在：野村総合研究所上級コンサルタント
専攻：都市地域政策、事業開発戦略

・現代6
蓑輪裕子（みのわ・ゆうこ）
1963年鹿児島生まれ。1987年東京理科大学工学部建築学科卒業。1989年東京大学大学院修士課程修了。
現在：聖徳大学短期大学部講師
専攻：建築計画学

・現代7
奥茂謙仁（おくも・けんじ）
1958年札幌生まれ。1982年東京理科大学理工学部建築学科卒業。1984年東京理科大学大学院修士課程修了。
現在：市浦都市開発建築コンサルタンツ東京事務所建築室長
専攻：建築計画学

・現代14
戸部栄一（とべ・えいいち）
1949年東京生まれ。1972年東京大学工学部建築学科卒業。
現在：椙山女学園大学教授
専攻：建築計画学

著者略歴

**鈴木成文**（すずき・しげぶみ）

1927年東京生まれ。1950年東京大学第一工学部建築学科卒業。1955年東京大学大学院（旧制）修了。

1959年東京大学助教授。1974年東京大学教授。1988年東京大学名誉教授。

1989年神戸芸術工科大学教授。

現在：神戸芸術工科大学学長

専攻：建築計画学、住居学

主な著書：『住まいを読む』（建築資料研究社）、『住まいの計画・住まいの文化』（彰国社）、『「いえ」と「まち」』（鹿島出版会）、『韓国現代住居学』（建築知識）、『建築計画』（彰国社）、『デザイン大学　学長日記１』、『同２』（神戸芸術工科大学）、他多数

建築ライブラリー12

**住まいを語る**

発行日――――2002年3月30日

著者――――鈴木成文

編集室――――㈲建築思潮研究所（代表　津端宏）
編集／立松久昌　福島勲　小泉淳子
〒130-0026東京都墨田区両国4-32-16両国プラザ1002
Tel.(03)3632-3236　Fax.(03)3635-0045

発行人――――馬場瑛八郎

発行所――――㈱建築資料研究社
〒171-0014東京都豊島区池袋2-72-1日建学院2号館
Tel.(03)3986-3239　Fax.(03)3987-3256

印刷・製本――大日本印刷㈱

ISBN4-87460-746-2